ちくま新書

平安王朝と源平武士
――力と血統でつかみ取る適者生存

桃崎有一郎
Momosaki Yuichiro

1785

平安王朝と源平武士——力と血統でつかみ取る適者生存【目次】

序章　王朝絵巻世界の裏面史——隣り合わせの血と暴力

†女性仮名文学と隣り合わせの武士の暴力

清少納言は目の前で兄を殺された、という伝承がある。鎌倉時代の『古事談《こじだん》』という説話集に伝わる話で、その殺人事件があった時、二人は同居していた可能性がかなり高い。

殺された兄の名を、清原致信《むねのぶ》という。寛仁《かんにん》元年（一〇一七）、貴族が多く住む都の高級住宅街で、それも白昼堂々と、二〇人ほどの騎兵・歩兵が家を包囲し、押し入って殺害した。あまりに大っぴらな犯行だったので、その日のうちに犯人が判明した。源頼親《よりちか》という武士が、手下を使ってやらせたのだった。

奇妙にも、世間は驚かなかった。人々は「またか」と思い、「頼親は殺人の上手」と噂し合った。いつも通り手際よく殺したな、という意味だ。そして興味深いことに、致信の無惨な死に、世間は同情を示さなかった。なぜなら、致信もまた殺人犯だったからであり、襲撃は彼が犯した殺人への報復だったからだ。

清少納言といえば、『枕草子』という傑作エッセイの著者として誰もが知っている。彼女は、豊かで繊細な観察眼と筆力をもって、世界と宮廷社会への愛着を叙述した。宮廷行事や奉仕や仕来《しきた》りをこなす宮中の日々を、遊び心とウィットで楽しもうとする上流階級の男女。その人々は心に余裕があり、その社会は温雅で安閑だ。清少納言と聞いて私たちが描くイメージは、雅やかで、のどかな平和そのものである。

しかし、それは彼女が極めて選択的に取り上げた、彼女の思念や生活のごく一部、氷山の一角に過ぎない。そこに取り上げられなかった、『枕草子』の裏側の、ありのままの実生活や実社会は、露骨な暴力とそれを生業とする人々の脅威と隣り合わせだった。

殺された兄の致信は、実は藤原保昌《やすまさ》という有名な「兵《つわもの》（武士）」の従者になっていた。その保昌の弟に、強盗や殺人を繰り返した保輔《やすすけ》がいた。彼ら兄弟の父も、複数の殺人を犯して流刑に処された粗暴な荒くれ者だった。そして彼ら兄弟の姉妹は、源満仲《みつなか》に嫁いでいた。満仲は武士の清和《せいわ》源氏の二代目で、気に入らぬ者を虫けらのように殺すことで有名だった。その満仲の次男が、致信を殺した「殺人の上手」源頼親である。

清少納言の兄は、そうした人々に囲まれ、そうした価値観と行動様式の中に生きていた。

暴力で問題を解決し、そのために躊躇なく他者の命を奪い、罪悪感も抱かない価値観と行動様式である。それに従って生きた右の人々は皆、武士といえる存在だった。その一員だった致信も同断である。清少納言の兄は武士か、それに極めて近い存在と見てよい。その生き方は致信を殺人に駆り立て、同じ生き方に従う競争相手に自分も殺されてしまうという因果応報を招いた。

雅な貴族社会の背後には、その社会が直視しようとしない、暴力の支配する地方社会があった。地方社会だけではない。都で、すぐ隣に、直視に堪えない暴力の世界があった。温雅で安閑として平和な清少納言の日常の隣に、粗暴で危険で暴力的な武士たちがいた。

清少納言だけではない。彼女の兄が仕えた、都の狂気じみた暴力的コミュニティの中心的な一人だった藤原保昌は、敦道《あつみち》親王（冷泉天皇の皇子）との恋の記録として有名な『和泉式部《いずみしきぶ》日記』を著した女流歌人・和泉式部の再婚相手だった。また、致信が殺された時、晩年の紫式部がまだ存命中だった可能性がある。紫式部は直接の関わりを持った形跡がないが、彼女と同時代を生きた清少納言や和泉式部は、蛮行に明け暮れる武士のコミュニティと背中合わせに生きていた。平安京と平安時代は、彼女たちが仮名文学に描き出した雅な王朝絵巻世界と、暴力が支配する武士の世界のモザイク模様で成り立っていた。

†女性仮名文学を支えた武士の収奪

この二つの世界は、単に隣り合っていただけではない。彼女たちが頑なに描くことを拒み、あたかも存在しないかのように扱った暴力的な武士社会は、彼女たちが熱心に描いた王朝絵巻世界を支えていた。彼女たちの生活と文化を成り立たせていたのは、地方から供給されて彼女たちの世界へと投入される莫大な富だったが、それは武士たちが暴力によって収奪した富にほかならなかったからだ。

彼女たちの愛した宮廷社会が、血まみれの手で弱者から搾取した武士たちによる、巨額の貢ぎ物によって成り立っていたことを、彼女たちは知らなかったのか。箱庭のような狭い貴族社会で生きた彼女たちは、物理的にも情報的にもそうした陰惨な搾取の現場から隔離され、何も知らなかった、と考えたくなるかもしれない。しかし、兄や夫がその暴力的搾取の当事者だった清少納言や和泉式部が、知らなかったはずはない。また、紫式部は父の藤原為時《ためとき》が越中守《えっちゅうのかみ》となった時に父に随行して越中へ下り、夫の藤原宣孝《のぶたか》も山城守《やましろのかみ》だった。彼女もまた、受領《ずりょう》（国守）が現地で搾取する現場を目の当たりにした人であり、何も知らなかったとは考えられない。彼女たちは、王朝絵巻世界が血塗られた収奪で支えられていたことから目を背け、世界のうち愛せる部分だけを〝世界〟として描いた。

彼女たちが見ないふりを続けられるよう、その非道な収奪と向き合い、暴力的な武士社会と雅な宮廷社会を結びつけた男がいた。紫式部の『源氏物語』執筆を支援し、彼女が才能を発揮できる場を提供した中宮《ちゅうぐう》（一条天皇の配偶）藤原彰子《あきこ》の父、藤原道長である。

彼は、片や一方の手で、武士たちが受領として地方で収奪した途方もない巨額の貢ぎ物を受け取り、彼らを繰り返し受領に任じて、貢ぎ物を継続させるサイクルを確立した。そして、片やもう一方の手で、受け取った富を宮廷社会に投入し、仮名文学の作者たちが愛した王朝絵巻世界を成り立たせていた。二つの相容れない世界は、道長を結節点とする一つの経済圏だった。暴力的な武士社会は供給地として、王朝絵巻世界は消費地として、密接不可分の関係で一つの富の流れを形成していた。道長は自覚的に両者を支配し、つなげ、そして収奪に熱中する者たちと、雅な文化の消費に熱中する者たちに、それぞれ没頭できる閉じた世界を用意した。

興味深いことに、道長の権力に富の裏づけを与えた武士は、奇しくも、ちょうどこの頃に一つの完成期を迎えていた。

誤解がないようにいえば、武士の成立自体は、すでに一世紀ほど前までには果たされていた。そこに至る過程は、前著『武士の起源を解きあかす――混血する古代、創発される中世』（ちくま新書、二〇一八年）で詳しく述べた通りだ。一〇世紀前半の平将門《まさかど》の乱が、武士の存在感を決定的にした。とはいえ、それまでの武士は受領ではなかったし、摂関政治の支えでもなかった。そして武士の有力者の中に、源氏の姿はなかった。

ところが、まさに道長が登場する直前頃に、清和源氏の満仲が、突然変異のように武士として圧倒的な力量を持ち始め、将門の乱に参加した父経基《つねもと》の代には武士の劣等生だった源氏を、いきなり武士の代表格へと押し上げた。そしてその間に、力任せに地方社会の富を収奪する受領が普通になり始めた。それらの流れの上に、新興の源氏が、武士としての存在感で先行した平氏と並び、追い越し、「源平」という武士の二大巨頭を成立させた。〈武士の代表格といえば源平〉という相場観が、道長の登場と前後して現れたわけだ。本書の主題はそこにある。

この相場観は、以後の武士社会を動かす基本軸として、戦国時代末期の天下統一までこの国のあり方を左右し続けた。この相場観の登場は、歴史上に何度かあった武士の画期《かっき》の一つであり、いわば〈武士の最初の完成〉を意味する。前著で扱った将門の乱は、〈武士の成立〉の前半の画期だった。本書の目標は、それに次ぐ後半の画期というべき〈源平という二大巨頭の成立〉が、なぜ、いかにして起こったかを明らかにすることにある。

本書は、〈武士の代表格は源平〉という相場観がかなり唐突に出現した経緯と理由を解明し、その延長上に起こった源平の興亡の意味を考え直したい。そこまで行うことで初めて、鎌倉幕府の成立へと接続できる、〈武士の成立〉を論じたことになる。本書は、前著の執筆時から構想していた続編だが、本書だけでも一つの時代の歴史として読めるように構成したので、どちらから読んでも、どちらかだけ読んでも問題ない。

平安時代を、綺麗でごく少ない上澄《うわず》み液と、その下の大量の濁った液体が入った、一つのビーカーだと想像して頂きたい。本書は、上澄みとしての平和で雅な女性仮名文学からは全く見えてこない、血で濁った武士の世界が、どのような化学反応によって、何世紀も幅を利かせた〈武士の代表格は源平〉というステレオタイプへと凝固したかを明らかにしたい。それは、利己的で退廃的な思考様式と怠慢によって王朝絵巻世界が目を背けてきた、すぐ隣にあった苛酷な現実の話であり、王朝絵巻世界の裏面史であり、古代的世界が自ら招いた断末魔の話である。

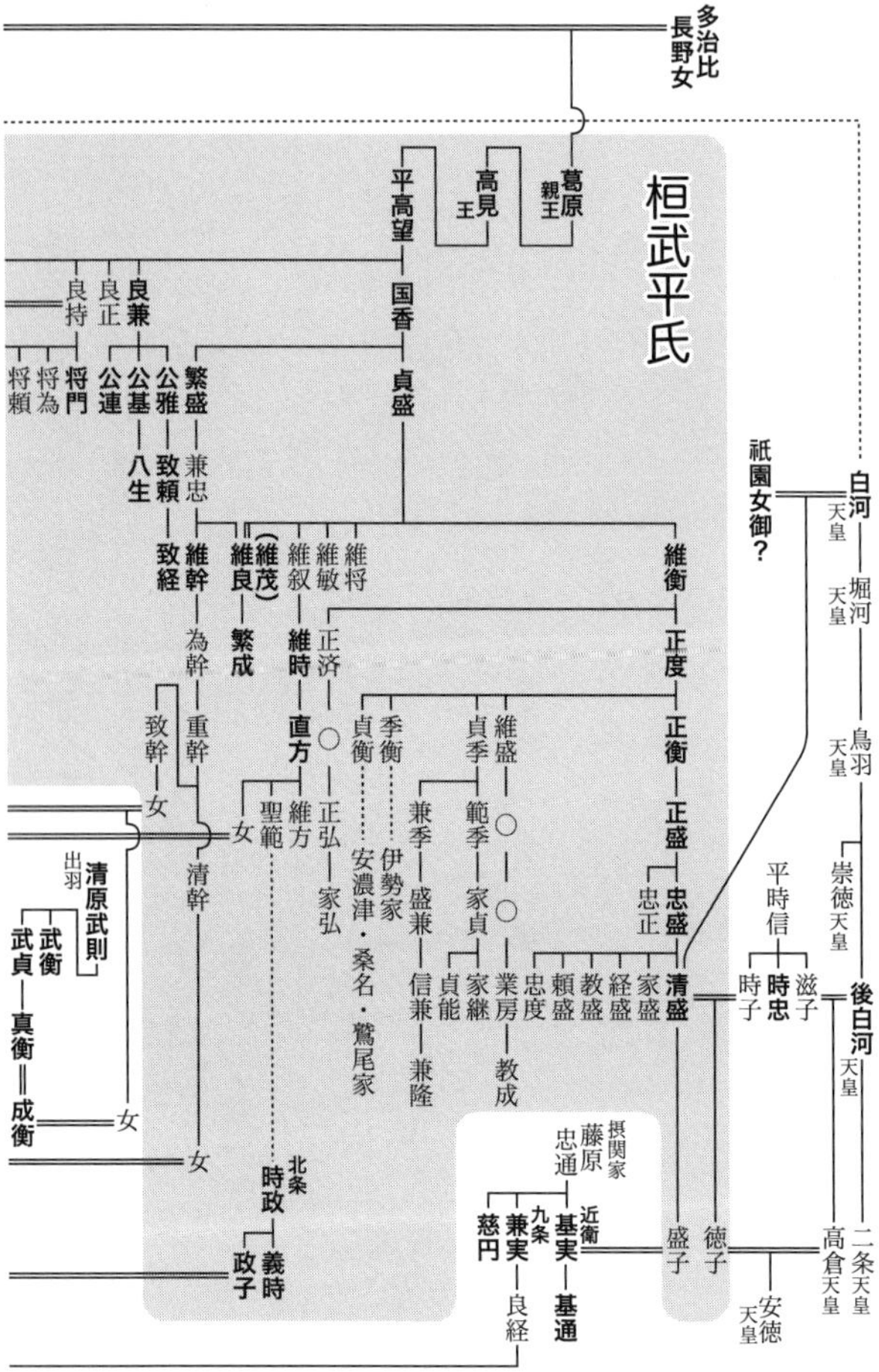

桓武平氏
多治比長野女
葛原親王
高見王
平高望
国香
貞盛
良兼
良正
良持
将門
将為
将頼
公雅
公基
公連
八生
致頼
致経
繁盛
兼忠
維幹
為幹
重幹
致幹
女
清幹
維良
(維茂)
繁成
維叙
維敏
維将
維時
直方
聖範
維方
女
北条時政
義時
政子
正済
○
正弘
家弘
維衡
正度
貞衡
季衡
安濃津・桑名・鷲尾家
伊勢家
貞季
維盛
範季
兼季
家貞
盛兼
家継
貞能
信兼
兼隆
業房
教成
正衡
正盛
忠盛
忠正
清盛
家盛
経盛
教盛
頼盛
忠度
盛子
徳子
出羽清原武則
武衡
武貞
真衡
成衡
女
女
平時信
時子
時忠
滋子
祇園女御?
白河天皇
堀河天皇
鳥羽天皇
崇徳天皇
後白河天皇
高倉天皇
二条天皇
安徳天皇
摂関家
藤原忠通
近衛基実
基通
九条兼実
良経
慈円

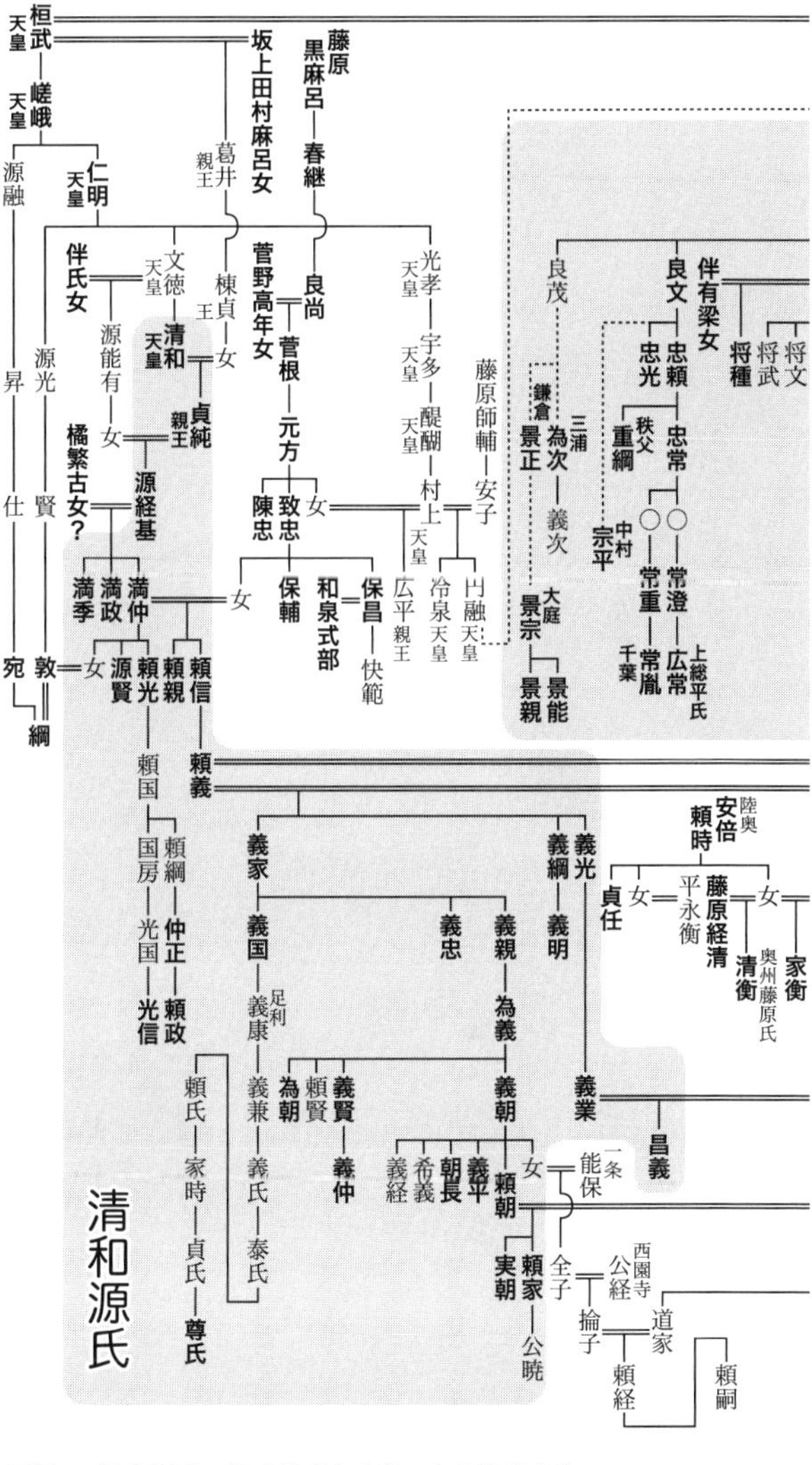

系図１　清和源氏・桓武平氏と本書の主な登場人物
（以下の系図の並び順は必ずしも出生順ではない）

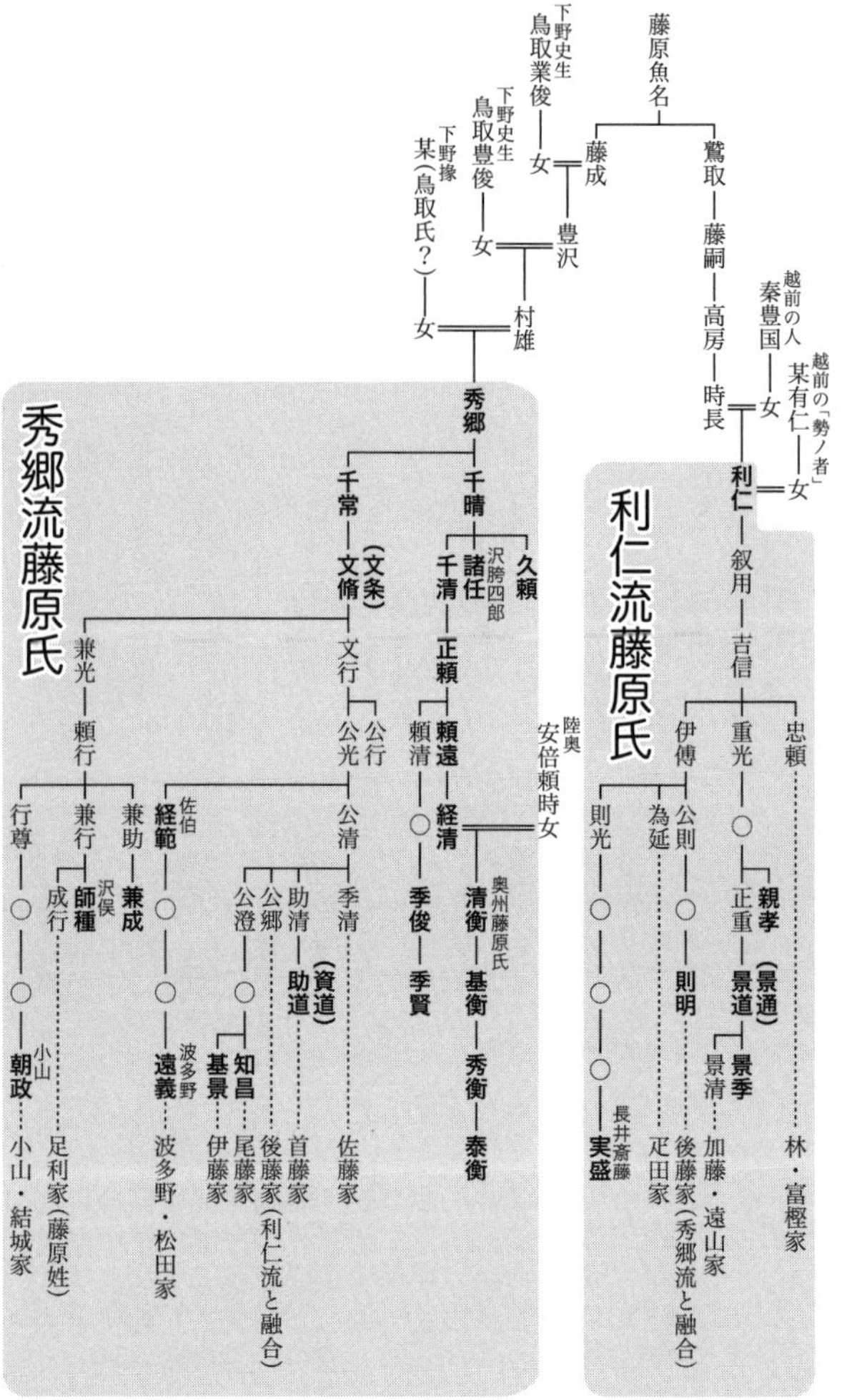

系図２　秀郷流藤原氏と利仁流藤原氏

†源平棟梁思想の呪縛

鎌倉幕府の創立から一世紀後の建治《けんじ》二年（一二七六）、法華《ほっけ》宗の開祖の日蓮は、法華経の効能を讃える手紙を信徒に出した。その中に、「たとえ卑しい農夫でも、法華経さえ持っていれば、どんな強力な仏教の守護神や、中国の皇帝や、日本の天皇よりも勝れている。まして、天皇未満の存在など目ではない」と豪語した一文がある。この末尾の「天皇未満の存在」を、日蓮は原文で「何況《いかにいわん》や、日本国の大臣・公卿《くぎょう》・源平の侍・百姓等に勝《すぐれ》たる事、申《もうす》に及ばず」と表現した(1)。「源平の侍」と書けば武士階級の代表格を端的に表現したことになる、と日蓮は考えていたのである。

これは、幕府や武士による政治的宣伝《プロパガンダ》ではない。日蓮は武家社会の部外者、庶民の一人として、日本社会の枠組みを右のように捉えていた。「源平」が武士の代表格であることは、この頃までに、身分・所属を超えた日本人の常識となっていたと見てよい。その認識の背後には、源氏と平氏が確かに武士の最高支配者を交互に担ってきた史実がある。

わが国で最初に最高権力者になった武士は、平清盛だった。その平氏を源頼朝が斃《たお》して鎌倉幕府を創ったが、源氏将軍は三代で滅びた。その後、幕府の実権を握った北条家は平姓で、彼らを滅ぼして室町幕府を創った足利家は源姓だった。そうした史実は、〈武士の首領は源氏か平氏に限る〉という原則がありそうだ、と人々に信じさせるに十分だ。そうした原則の存在を信じる考え方を、本書では便宜的に〝源平棟梁《とうりょう》思想〟と呼ぼう。後で詳しく述べるが、「棟梁」とは要するに〈集団を上から束ねる屋台骨〉である。そして中世の人は実際に、〈武家政権は、源氏と平氏が交互に担うものだ〉と信じた。この、あたかも二大政党制のような考え方を、学界では〝源平交替思想〟と呼んでいる。

その考えに立つと、一六世紀後半に、源氏の政権だった室町幕府が織田信長に屈服した時、〈また平氏の政権が樹立される番が来たか〉という人々の（無意識の）期待が生まれることになる。それを読み取った信長は、当初、藤原姓を名乗っていたにもかかわらず、世論の期待に沿うように「平信長」と名乗った。秀吉は独自に「豊臣」という姓を創ったが、江戸幕府を樹立した徳川家はやはり源姓を名乗り、明治維新まで変わらなかった。

源平棟梁思想が、かくも根強かった理由は謎だ。そもそも実力本位の戦国時代に、天下が取れるかどうかと、姓は関係ない。信長や家康は実力で天下取りを制したし、二人とも実は源氏でも平氏でもない。それでも、天下取りの仕上げに、〈織田政権＝平氏政権〉〈江戸幕府＝源氏政権〉ということにしておくと、座りがよく、皆の腑に落ちた。そうせねばならない理由は一つもないし、現実を何一つ変える力もないにもかかわらず、である。

それは、もはや思想というより呪縛だが、完全に形骸化してもなお呪縛としてしぶとく生き残る源平棟梁思想の生命力には、不思議な魅力がある。一体なぜ、何が、この思想にそこまで強靭《きょうじん》な生命力を与えたのだろうか。

†〝治承・寿永の内乱〟では見えない「源平合戦」の世界

源平棟梁思想が本当に現実的な意味を持ったのは、もちろん源平合戦の時代だった。学界ではここ数十年、その内乱を〝源平合戦〟と呼ばずに〝治承《じしょう》・寿永《じゅえい》の内乱〟と呼ぶのが主流だ。なぜそうなったのか判らないが、それが不適切であることだけは疑いない。

不適切といえる理由は五指に余るが、ここでは二つだけ挙げよう。

第一に、内乱があった九年間の年号は、治承・養和《ようわ》・寿永・元暦《げんりゃく》・文治《ぶんじ》の五つだった。その五つからなぜ、治承と寿永だけを特別扱いするのか、納得できる理由がない。

「治承」を採るのは、内乱が始まった時の年号だから、まだよい。しかし、それなら平氏が滅んだ壇ノ浦の合戦は元暦二年（一一八五、文治元年）、奥州藤原氏を源頼朝が滅ぼして内乱が終結したのは文治五年（一一八九）の出来事で、「元暦」「文治」こそ、内乱の決着と評価できる重要な年号だ。それらを切り捨てる理由がない。それに比べれば、「寿永」は、源頼朝・源（木曾）義仲《よしなか》・平家が三《み》つ巴《どもえ》で戦い、義仲が滅んで平家が都落ちして、内乱の勢力図が整理されただけで、何も決着に向かっていない。

それにもかかわらず「寿永」が大事だという理由は、もしかしたら、〝寿永二年十月宣《せん》旨《じ》〟を重視する説に基づくのかもしれない。高校の教科書にも載るそれは、寿永二年（一一八三）に朝廷が頼朝に東国《とうごく》支配（行政権）を公認した命令書で、それをもって鎌倉幕府の成立と見なすという、有力な説があった。(2) ただし、不動の定説ではないから、もしそれに基づくなら、その説に賛同しない研究者たち（私もその一人）が使う理由がない。

第二に、そして何よりまずいことに、〝治承・寿永の内乱〟と呼んでしまうと、当時の人々がこの内乱を〈源平が雌雄を決する対決〉と捉えていた事実に、背を向けてしまうことになる。〈中世の戦争の本質は人民の階級闘争だったのだ〉と主張することが〝学問〟だった時代ならまだしも、その段階を卒業してからかなり経つ今日、〝源氏vs平氏〟という一つの史実を切り捨てさせる価値が、〝治承・寿永の内乱〟という言葉にあるとは思われない。

大多数の中世史家は、次のように信じているように見える。〈源氏vs平氏の対決〉という構図は、この戦乱の一側面に過ぎない。それを重視する人は、『平家物語』のような表層的で文学的（感動できるなら史実は二の次）な歴史観に囚われているに過ぎず、戦乱の本質はそこにはない。それを源平合戦と呼んでは、その大事な本質が隠れてしまう、と。

一理はあるが、一理しかない。現代の歴史学者が大切だと信じている〝本質〟と引き替えに、中世の当事者たちが信じた世界観を切り捨ててしまっている。我々から客観的に見て当時がどのような世界だったかも重要だが、当事者が世界をどのようなものと信じて生きていたかも、同じくらい重要ではないか。詳しくは後で述べるが、私はこの同時代人の世界観を切り捨てたくないので、同時代人が使っていた「源平合戦」を採用したい。

†源平以外の伝説的武士はどこに消えたか

その源平合戦は、〈源氏と平氏が武士の代表格である〉と、最も劇的に天下に知らしめた。しかし、そもそもなぜ、源氏と平氏だけが武士の代表格ということになったのだろうか。その背後に、源氏と平氏を武士の代表格に押し上げた、優れた源平の武士がいたことは疑いない。彼らの多くは、中世に伝説化した。

伝説的な強い武士の代表格といえば、源頼光《よりみつ》だろう。冒頭に登場した、源頼親の兄である。前近代人は、畏敬の念をこめて偉大な先人の名を音読みしたので（小野道風《とうふう》・藤原佐理《さり》・藤原俊成《しゅんぜい》・藤原定家《ていか》など）、彼も頼光《らいこう》として著名で、四人の強力な従者「頼光四天王」とともに、様々な物語に登場する。彼の父の源満仲《みつなか》も「多田満仲《ただのまんぢゅう》」と呼ばれて人口に膾炙《かいしゃ》したし（晩年、摂津国《つのくに》多田に住んだことによる）、同じ時代の平維良《これよし》（維茂《これもち》とも）は「余五《よご》将軍」、長大な矢を操った平致経《むねつね》は「大矢左衛門尉《おおやのざえもんのじょう》」と呼ばれて、やはり伝説的存在だった（もっとも、名が音読みされない維良・致経は、満仲・頼光より格下と見なされたことになる）。

源平ばかりではない。強い伝説的武士は、藤原氏にも何人かいた。まず、「利仁《りじん》将軍」と呼ばれ、芥川龍之介の小説「芋粥《いもがゆ》」で近代文学の中に再生した藤原利仁《としひと》。次に、百足《むかで》退治など荒唐無稽な伝説が中世に生まれ、「俵藤太《たわらのとうた》」の名で親しまれた藤原秀郷《ひでさと》。さらに、近世までは彼らと同程度に有名だった藤原保昌《やすまさ》もいる。彼は袴垂《はかまだれ》という強盗を屈服させて有名になり、中世には「保昌《ほうしょう》」と呼ばれて伝説化した。

この通り、伝説化するほど強い武士は源平だけではなかった。ならばなぜ、源平だけが武士の代表とされ、武士が〈源平とその他大勢〉に二分されてしまったのか。利仁・秀郷・保昌といった人々は、なぜ源平のように武士を代表できなくなり、どこへ消えたのか。

†個人戦から団体戦、そして源氏の一人勝ちへ

それが、生存競争の中で働いた淘汰の結果だということだけは、判っている。武士の歴史は、九〇〇年かけて走る長距離走のようなものだ。一〇世紀頃に始まって、九世紀後半に終わる長いレースの間、個々の走者自身も変貌したし、走者の構成も変わった。

最初に一斉にスタートを切った走者たちの中から、次第にごく少数の先頭走者が飛び出し、逆に、ついていけず脱落する者が出るのはレースの常だ。しかし、このレースは何でもありなので、先頭走者の地位は、権謀術数と暴力で敵を蹴落とす形で争われた。暴力は源氏・平氏ともに日常茶飯事だったが、特に謀略が目立つのは源氏だ。その過程で勝ち残った彼らは権力者と手を組んだので、目を疑うほどの成長を遂げ、後続集団とは比較にならない力を手に入れ、両者の間には埋められない距離（実力の差）ができた。

こうして、レースが先頭集団（いわゆる武家の棟梁）と後続集団（その郎等《ろうどう》・家人《けにん》になる層）に綺麗に二分されてゆく中で、後続集団にも新たな工夫が生まれた。このレースは、脱落すると武士として生きてゆけなくなる。武士として生き残りたいなら、どんな手段を使ってでも、このレースに参加し続け、しがみついていなければならない。

そうしたわけで、脱落を避けたい者たちは互いに手を組み、集団の力で生き残りを図っ

た。そのために、彼らは驚くほど多様な手段と濃密な頻度で、網の目のように入り組んだ人間関係のネットワークを構築し、個人が孤立して脱落しないよう全力を尽くした。

また、レースに参加し続けること自体が大事なら、もはや自分でゴールを目指す必要もない。それよりも、安定した実力を見せる先頭走者を、伴走してサポートする下働きとして参加し、チームとして生き残れればよい。その結果、源氏・平氏のもとに様々な武士、特に先頭集団に残れなかった藤原利仁・藤原秀郷の子孫らが郎等（家人）として吸収された。

かくして、個人戦だったはずのレースは、途中から勝手に団体戦に変貌してゆき、最終的に源氏・平氏の二チームの団体戦に収束した。その決勝戦が、いわゆる源平合戦だったのだ。決勝戦を制したのは源氏で、以後、武士社会の先頭走者は源氏と相場が決まった。

源氏将軍が滅んだ後、鎌倉幕府を主導した北条家は平氏だったが、源氏の生き残りで最も嫡流《ちゃくりゅう》に近い足利家の登板を期待する声は、鎌倉時代を通じて燻《くすぶ》り続け、それが鎌倉幕府（という建前の北条家政権）打倒と室町幕府（足利家の幕府）創立の種火となった。〈武士の主導者は、やはり源氏でなければ〉という潜在的な武士社会の期待がなければ、鎌倉幕府は絶対にあのような形で滅びず、次の武家政権を足利家が創らなかったはずだ。それほど、決勝戦（源平合戦）で源氏が勝ったという事実のインパクトは強烈だった。

以後、源平交替思想という幻想とは裏腹に、武士社会の主導者となる平氏は二度と現れなかった（織田信長の平姓は詐称に過ぎない）。中世では、先頭走者は基本的に源氏だけで、平氏は源氏の調子が悪い時にその地位を乗っ取ったが、結局奪回された、という構図に落ち着いた。そして近世に入れば、一元的で安定的な幕藩体制の成立によって、すべての武士が、ただ一人の先頭走者である徳川将軍に奉仕する立場となり、もはやレースの体《てい》を成さなくなり、一つの護送船団のようになった。

†平将門の乱と平氏・藤原秀郷の存在感

以上のように、源平が武士を代表するようになってから、源氏の一人勝ちに落ち着くまでの大まかな経緯なら、判っている。しかし、そもそもの始まりが、まだよく判らない。中世に武士がいて、それを源平が代表することは、いつ、なぜ当たり前になったのか。

その疑問の一部は、前著『武士の起源を解きあかす』で扱った。〈武士はどこからどうして生まれてきたか〉という、すべての大前提となる疑問に、そこで一つの答えを出しておいた。詳しくは繰り返さないが、その本で扱ったのは、一〇世紀前半に朝廷を震撼《しんかん》させた平将門の乱が、いかにして準備されたか、という話だ。

乱が始まった時、坂東《ばんどう》（関東）諸国には平氏が拠点を設け、同族間で熾烈《しれつ》な争いを繰り返していた。その中で抜群の強さを誇った将門は、次第に坂東全域の紛争の仲裁者として振る舞い始め、ある段階で国衙《こくが》（朝廷の地方統治機関。国府）を襲撃し、国家の敵となる。その乱の経緯はよく知られているが、将門がそのように行動した動機は何か。なぜ、そのような行動が可能だったのか。そもそも平氏一族はなぜ、乱が始まった段階で、坂東の武力抗争の主役の地位に立っていたのか。将門の乱は、反乱者側も鎮圧者側も、とにかく軍事の主役の地位を、武士がごっそり占める時代が到来したことを初めて天下に知らせた事件だ。だから将門の乱の初期状態がどう用意されたかは、武士がどう成立してきたか、という問題に等しい。

前著では、この問題に一つの答えを出した。それで武士社会の基本的な仕組みが出来上がった、と話を終えたかったのだが、残された課題が大きすぎ、そうはいかなかった。何より大きな問題は、将門の乱の段階で、まだ武士の代表が源平ではなかったことだ。源氏に至っては、まだ武士と呼んでよいのかどうかさえ怪しい段階だった。

乱の発端は平氏の際限ない同族争いであり、乱の鎮圧に成功したのは藤原秀郷と平貞盛《さだもり》（将門の従兄弟）である。貞盛も粘り強く戦い続けたが、彼には将門を斃《たお》す力がなかった。下野《しもつけ》の強大な実力者（にして無法者集団の長）だった秀郷が、恩賞目当てに参戦して、初めて将門の討伐が可能になった。坂東の太平洋沿岸（常陸《ひたち》・下総《しもうさ》・上総《かずさ》）に広域で強力な拠点を持つ平氏一族と、平将門・藤原秀郷という圧倒的な立役者。これが、武士社会の存在感を全社会に見せつけた最初の大事件において、存在感を放った英雄的な武士たちだ。

†初期の東国武士社会と源氏の不在

その英雄の中に、源氏がいないことに注意して欲しい。

一般参加者の中になら、源氏もいた。平氏の同族争いを無闇に炎上させた張本人は、源護《まもる》という常陸土着の実力者だった。彼は将門の三人の伯父・叔父（国香《くにか》・良兼《よしかね》・良正《よしまさ》）を婿に迎え、その舅《しゅうと》として、彼ら兄弟と将門の争いを助長した。しかしこの源護は、鎌倉幕府や室町幕府の将軍を出した清和源氏ではない（嵯峨《さが》源氏か仁明《にんみょう》源氏だろう）。また、その実力は、よくて平氏一族と同等、乱の経緯を見ると少し劣っていた可能性が高い。しかも、将門が常陸国衙を襲撃し、乱が国家的反乱になった段階以降、どの場面のどの立場にも、坂東の現地で源姓の実力者が一人も現れない。坂東は明らかに、平氏の世界だった。

もっとも、この乱では源経基《つねもと》が重要な役割を果たした。彼は清和源氏の初代（清和天皇の孫。一説に曾孫。満仲の父）で、すべての伝説的源氏や鎌倉・室町幕府の将軍家の祖だ。

しかし、経基が乱で果たした重要な役割とは、次のようなものだった。彼は武蔵介《むさしのすけ》（武蔵国司の次官）として武蔵権守《ごんのかみ》（国司の定員外の長官）興世《おきよ》王と結託し、足立郡司《あだちぐんじ》の武蔵武《むさしのたけ》芝《しば》と紛争を起こし、武蔵国府で武力衝突する寸前の状況を招いた。そこに将門が仲裁に入って事なきを得たかに見えたが、経基は武芝の軍勢の多さに恐れをなし、「武芝が将門・興世王らと結託して自分を殺そうとしている」と疑心暗鬼に陥り、京へ逃亡し、「将門・興世王が反乱を企んでいる」と朝廷に密告した。その密告は全く事実に反し、ただ相手の影を恐れ、相手を陥れるためだけになされた、卑劣な誣告《ぶこく》としかいいようがない。

朝廷は、最終的にその密告を真実と認定したが、それは全くの別件で将門が常陸国府を襲撃したため、結果的に真実になっただけだ(密告の後に、密告の内容に相当する出来事が起こった)。将門の反乱が決定的になり、朝廷が討伐軍を編成すると、その一員に経基も加えられたが、何の活躍もしていない。彼はその後、瀬戸内海で暴れていた藤原純友《すみとも》の討伐軍にも起用されたが、そこでも目立った働きをした形跡がない。

記録を信じる限り、彼の振る舞いは臆病・卑劣そのものだ。『将門記』は、将門の乱の段階で経基が「未だ兵《つわもの》の道に練《ね》れず(武士としてまだ未熟だった)」と明記している。

†源満仲という突然変異と〝品種改良〟

将門の乱では、平氏と藤原秀郷が武士として一つの成熟・圧倒的存在感を示した一方、源氏は何の役にも立たなかったし、そもそも武士として未成熟で、武士と認定できるかさえ微妙だった。それが、一二世紀までには、〈武士といえば源平〉というほど、平氏と並ぶ地位を手に入れた。その間には、尋常でない飛躍がある。

将門の乱で、後の武士社会の主な役者は揃った。しかし、立場は後世と全く違う。乱で最大の勝者・受益者となった藤原秀郷の子孫は真っ先に転落して、武士の代表格になれなかった。逆に、最も未熟だった源氏が、かなり早い段階で先頭を独走し始め、武士の代表格となってゆく。その二つをもたらした人物、つまり源平棟梁思想が生まれる上で最大の鍵となる人物が、経基の子の満仲である。

満仲は伝説的な武士だが、その父は、武士の風上にも置けない経基だった。鳶《とんび》が鷹を生んだわけだが、物ごとには限度がある。源氏はわずか一世代で、武士の底辺から頂点へと、一足飛びに飛躍した。その落差は、〈たまたま優秀な子が生まれた〉で説明できるレベルを超えている。この満仲の達成は、武士の歴史上最大の謎の一つといってよい。

しかし、前著で武士の成立過程を解明するにあたって、専門家の著作を手当たり次第に調べてみたが、この謎を解いた本は見あたらなかった。もはや〝成長〟という表現さえ適切とは思えない満仲の跳躍は、一体何をどうすれば可能なのか。その謎を解かずに、武士の成立を理解したことにはなるまい。

本書ではまず、右の謎を解き、源平棟梁思想が出来上がるまでの過程と、それに関わった様々な出来事の全体について、きちんとした理解へと至りたい。

その謎をどう解くか。私は前著で、王臣子孫の〝品種改良〟が、武士の成立の根本にあると説いた。その延長上に、本書の話もある。人が優れた性質を手に入れるために、ゼロから勉強・修行する必要はない。というよりも、そのような地道な手段で、底辺の父から生まれた子が頂点に立つのは、不可能に近い困難さを伴う。それよりも、早くて効率的な道がある。家畜や農作物と同じように、意図的な交雑と、望ましい性質を持った個体の選別によって〝品種改良〟すればよい。本書はその観点から、右の謎に迫ってゆきたい。

†子孫が棟梁格になれなかった伝説的武士の謎

ところで、私自身も予期しなかったことだが、その謎解きの過程で、いくつかの副産物が生まれた。一つは、後世まで地位を保てなかった伝説的武士のことだ。

藤原秀郷の子孫が凋落《ちょうらく》したのは、安和《あんな》の変という政変によって、秀郷の子の千晴《ちはる》が失脚したことによる。その主謀者が、ほかならぬ源満仲だったことも周知の事実だ。しかし、藤原利仁や保昌の子孫の凋落はどうだろう。利仁こそ、伝説的武士の元祖で、史実としても武士の元祖というべき存在なのに、子孫は武家の棟梁になれなかった。政変に巻き込まれもせず、源平合戦のようにほかの武士団と雌雄を決して負けたわけでもないのに、である。

保昌にも同じ謎があるが、彼の場合は、さらにもう一つ謎がある。それは、利仁や秀郷のように戦で活躍した形跡がなく、地方の土豪と融合してその実力を自分のものとした形跡もないのに、そもそもなぜ伝説的武士になれたのか、という謎だ。

〝品種改良〟の観点から、源氏の飛躍という問題を解くうちに、副産物として、右の問題の答えが出た。それらはすべて、源氏の異常な成長を軸に、一つの問題としてつながっていた。利仁の出現も、子孫の凋落も、保昌の出現と一世代限りでの退場も、全部だ。

私は本書で、それらすべてを一つのテーマの歴史像として語れそうな見通しを得ている。将門の乱までに、武士の成立の最初の段階が一通り済んだ後、源氏の急速な成長を軸として、武士の整序が本格的に始まる。新たに参加する者、消えゆく者、淘汰圧に逆らって生き残りを図る者など、実に様々な立場の者が入り乱れつつ、一〇〜一一世紀の間に急速に整理される。そして源氏が武士社会最大の統合軸となって、〈武士といえば源平〉という構造が創られてゆく。その一見複雑なメカニズムが、〝品種改良〟という着眼点でどこまでシンプルに説明できるか。それに挑戦するのも本書の目的である。

†〝強い受領〟誕生の謎

その仕組みで絶対不可欠の役割を果たしたのが、地方行政の長である諸国の守《かみ》（長官）、いわゆる受領《ずりょう》だった。そういうと、拍子抜けするかもしれない。強い武士が自分の武士団を編成する手段として、受領の地位に就き、国内の武士や有力者を動員できる受領の権限を活用した、と説く、いわゆる〝国衙軍制論〟と呼ばれる学説が、学界で常識化して久しい。武士の成長に受領の地位が重要だった、という話は常識的すぎて新味がない、と。

しかし、今になってあえて語るからには、そのような手垢のついた話ではない。

一般の歴史愛好家はもちろん、日本中世史の専門家でさえ、一体どれだけの人がこれまで、次の疑問を抱いただろうか。受領はなぜ、国内の武士や有力者を動員できるのか、と。ほとんどの人は、これを疑問にすら思ってこなかったのではないか。そんなもの決まっている、受領は強大な権限を持った諸国の支配者なのだから、当然ではないか、と。

では、いつから受領は地方社会の強大な権力者だったのか。そんなもの、考えるまでもない。強力な中央集権国家が成立して、中央から国司（守）が派遣されてくるようになった、律令国家の成立段階から、そうだったに決まっている、と思われるだろうか。

学校の教科書も、一般向けの歴史本も、専門家向けの研究書も、平安時代中期の受領は、力を持った強大な存在だったという大前提で書かれている。一体、いつ、どうやって受領がその力を手に入れたのか。そのことに疑問や関心を向けた本は、受領をテーマとした本にさえ、これまでなかった。受領の力は、最初から自明のものと思われている。

しかし、前著で紹介した通り、平安前期の受領は、そのような権力者とはほど遠い。平安前期の地方社会は、王臣家《おうしんけ》（親王などの皇族や極めて高貴な貴族）やその子孫（王臣子孫）に代表される、無法者の天国だった。彼らは、その政治力や法的な免罪特権（何をしても事実上罰せられない貴人の特権）にあぐらをかき、法と制度を踏みにじり、力任せに百姓から収奪し、誰もそれを統制できなかった。

その中で、国の守（受領）の置かれた立場は、どちらかといえば悲惨だ。年貢を徴収しようにも王臣家人《おうしんけにん》（王臣家の従者）になった百姓らに拒否され、徴収した年貢は高利貸と化した王臣家に債権回収と称して強奪され、年貢を京に運ぶ役に指名しても郡司に拒否され、文句をいえば権勢に任せた王臣家やその家人に罵倒され、暴行された。しかも、部下や郡司・富豪百姓らや王臣家はしばしば結託して、簡単に受領を殺した。

それればかりでない。九世紀末から社会問題になった「群盗《ぐんとう》」、つまり強盗が集団化した組織犯罪に、朝廷は一〇世紀まで悩まされ続けた。群盗はあまりに強力で、朝廷の対策が少しでも有効だったためしはなく、一世紀の時間をかけて拡大・成長を続けた。そして遂には、宇多天皇の寛平《かんぴょう》元年（八八九）から醍醐天皇の治世まで一〇年以上も、物部氏永《もののべのうじなが》という「東国の強盗の首」が率いる群盗が坂東の北半分を支配し、無政府状態になった。

かくして、一〇世紀初頭までの受領は、「地方をきちんと統治して年貢を納めよ」と迫る朝廷と、国司の命令に何一つ従わない王臣家と、全く年貢を納める気がない王臣家人と、群盗の板挟みになり、翫《もてあそ》ばれ、痛めつけられ、殺されてゆく、無力な中間管理職だった。

その無力だった受領が、一体どのようにして、皆がよく知る強大な権力者の地位を手に入れたのか、きちんと説明した本を見かけない。私から見れば、この問題は源氏の成長と同じ謎を孕《はら》む。無力な者が権力の絶頂を短期間で極めるのに、「次第に成長していった」では説明にならない。その間には、何か特定の、特別で劇的な理由があったと疑うべきだ。

†すべては一つの話――平安後期社会のあり方を決めた武士

鍵は、群盗問題にある。手のつけようがなかった群盗問題が、ある時期を境に急速に終息してゆく。その時期とは、将門の乱を挟んだ前後だ。どうやら、将門の乱が、群盗問題の解決に、直接大きな役割を果たしたらしい。その将門の乱は、武士の成立の画期にほかならない。ならば、群盗問題の解決は、武士の成立と一つの問題である。さらに、武士とは、王臣子孫を軸に、地方の諸勢力が統合・融合して創発された存在だった。つまり武士の成立は、〈王臣家の進化〉という形で、地方における従来の形の王臣家問題を終わらせた。

群盗と王臣家、いずれも受領を侮《あなど》って虐《しいた》げた地方行政の最大の癌《がん》が、将門の乱を大きな契機として、武士の成立と軌を一にして除去されていった可能性がある。ならば、強力な受領の成立と武士の成立は、一つの大きな問題として捉えるべきではないか。〈武士が受領の力を手に入れて強くなった〉のではなく、〈受領が武士の力を手に入れて強くなったのだ〉という筋書きで。それが、二つ目の副産物である。

この問題を解く鍵は、意外なところにあった。受領に関するあの名台詞、「受領は倒る所に土をつかめ」である。「受領はあらゆる機会を利用して、私腹を肥やす努力を惜しまないのが当然だ」という意味で、受領が語った言葉として、『今昔物語集』に書かれている。受領の特質をたった一文で表現し尽くした象徴的な至言なので、学校の授業で聞いた覚えがある読者は多いのではないか。私も中学校の歴史の授業で聞いた記憶がある。

では、学校教育で伝える価値があるほどのその名台詞が、誰の台詞かを、覚えている読者はいるだろうか。賭けてもいいが、ほぼ皆無だろう。日本史家にもほとんどいまい。

答えは、藤原陳忠《のぶただ》という人だ。歴史上の大物ではない。彼は右の台詞以外に、歴史に爪痕を残さなかった。ならば、彼の台詞かどうかはどうでもよいではないか、と誰もが思うだろう。現に私自身も、本書を書くまで、彼の名前など覚えてもいなかった。

しかし、彼が何者かは、実は極めて重要な問題だった。強力な受領と強力な武士（特に源氏）、その両方が手を携えて、軌を一にして生まれてくるプロセスの結節点に、彼はいた。彼は、本書が扱うすべての問題が焦点を結ぶ、ある家族の一員だった。その彼があの格言を残したことは、あまりに象徴的で、偶然以上の何かを感じずにはいられない。

前著では将門の乱までを扱い、武士が成立したその瞬間で話を終えた。しかし、そこに成立した武士とは平氏と藤原秀郷の一族であって、源氏が武士の巨頭となる摂関政治末期までの間に、大きな空白がある。鎌倉幕府という純粋な武士政権の出現を〈武士の完成〉の最終段階と考えると、そこへ至るまでのこの空白を埋めなければ、武士の成立を解き明かしたことにならない。本書の最大の目的は、その空白を埋め、武士の起源・成立の話に一つの完結性を与えることにある。

その時期の武士の成長の話は、これまでもいくつも書かれ、その多くが名著になっている。それでも本書を世に問うのは、前著で得られた独自の視点を継承して、これまでにない視角から武士成立論の穴を埋めたいからだ。本書は、これまで謎とされてこなかった〈源氏の飛躍〉と〈強い受領の成立〉を、謎として認定し、解いてゆく。

武士の成立は、群盗問題の解決と表裏一体であり、強い受領の成立とも表裏一体だ。ならば、武士の成立は平安後期の地方社会のあり方を根本で決めたばかりか、経済的に受領に依存した摂関政治・院政のあり方を決め、したがって国家のあり方を決めた。本書はこれまでにないアプローチから、右の複数の話題を一つの大事件として捉え直し、ばらばらに語られてきた出来事を一つの歴史像に結びたい。そうして示す歴史像が、前著とセットで示したかった、〈武士はどこからどうして生まれたか〉の一つの終着点になる。

第二章　源平はいかにして武士の代表格たり得たか

†保元の乱と「武者の世」――王位争奪戦と人材争奪戦

武士の代表格は、なぜ源平なのか。その問いには様々な答え方ができるが、誤解を恐れずにいえば、こう答えられる。〈武士社会が到来した最初から、そうだったからだ〉と。

〝武士社会〟は、狭い意味なら〈武士を構成員とするコミュニティ〉だ。しかし、本書では広い意味で、次のように考えたい。〈最大の影響力を武士が持つ社会〉、したがって〈社会の行く末を武士の動向が決めてしまう社会〉を指す、と。摂関家に生まれ、保元《ほうげん》の乱から承久の乱まで、武士の権力が完成してゆく時代を生きた慈円《じえん》は、その希有な目撃体験や貴重な証言を織り込んで、『愚管抄《ぐかんしょう》』という歴史書を著した。その『愚管抄』によれば、保元の乱から「ムサ（武者）ノ世」が始まったという。彼のいう「武者の世」は、右の広い意味でいう〝武士社会〟のことで、当時の人は自分の社会をこう認識していた。

保元元年（一一五六）、後白河《ごしらかわ》天皇派が崇徳《すとく》上皇派と武力で争い、勝利した。それまで、武士の小競り合いも、武士と僧兵（嗷訴《ごうそ》）との衝突も珍しくなかったが、誰もそれを「武者の世」の到来とはいわなかった。争いの本質が、治安維持の問題でしかなかったからだ。

ところが、保元の乱は違う。それは「国王」の地位をめぐる戦争だった。一二世紀の終わり頃から、幼年・若年の天皇の父や祖父にあたる元天皇が政治の実権を握る〝院政〟が、この国の君主制の標準形になった。それを始めた白河《しらかわ》法皇は、自分が建てた壮大な法勝寺《ほっしょうじ》を「国王ノウヂデラ（氏寺）」として扱った（『愚管抄』四）。白河は、院政を敷く上皇・法皇（治天《ちてん》という）も、天皇も、十把一絡《じっぱひとから》げに、この国の君主と呼べるものを「国王」と認識したようだ。その考え方は中世に広く一般化して、ほとんどの人はこの国の主を「国王」とか「王」と呼んで、「天皇」という言葉を使う人はほぼ皆無だった（一六世紀に渡来したイエズス会の宣教師も、「日本人は自分の国の君主を『vo《オー》』と呼ぶ」と記録している）。

保元の乱では、「国王の地位を崇徳に奪われる」と疑心暗鬼に陥った後白河派が、根比べに絶えきれず、暴発して崇徳派を襲った（詳しくは拙著『「京都」の誕生』〔文春新書〕参照）。崇徳にとって、この乱は予測不能な事故だった。そして後白河にとって、この戦争は治安維持の問題ではなく、この国の主権の問題だった。まさに勝てば官軍で、勝利した後白河派は乱をそのような戦争と位置づけたため、戦闘の規模が小さくとも、この戦争は後に多大な影響を与え、人々の記憶に残った。

かくも重要な戦争の戦力が、両陣営ともすべて武士だった。国王の地位は、武士に代理戦争をさせて決めるしかない、という段階まで、天皇や貴族は当事者能力を失っていた。

問題は、武士が制度上の正規軍・常備軍ではないことだ。武士は、武士とその親族・従者で構成される武士団を構成して、武士団単位で行動した。院政期には、軍勢動員の必要が生じるたびに、武士を武士団単位で、治天が召集していた。彼らは単発の仕事を請け負う傭兵に近く、正規軍ではないので、指揮系統も動員令も絶対ではなかった。武士団の長は、通常は国王に従順だが、動員令に従わないこともあり、根本的には彼らの自由だ。

まして、保元の乱は、国王の候補者同士の戦争だから、「国王に従うのが筋だ」という強制的動員ができない。その結果、武士団はそれぞれ参加したい側へ参加する。すると、天皇や上皇にとっては、どれだけ優秀な武士を、どれだけ多く味方に取り込めるかが勝負となり、全く政治的な人材獲得競争になる。武士という人材は売り手市場で、武士を味方につけなければ、誰も国王の地位を確保できない社会になっていた。その現実を全社会に知らしめたという意味で、保元の乱は「武者の世」の始まりなのである。

†「武者の世」の最初から代表格は源平

その保元の乱を目撃した平信範《のぶのり》という廷臣が、乱の詳細を日記『兵範記《ひょうはんき》』に書き残している。両軍の衝突が六日後に迫ったその年の七月五日、後白河の陣営にいた信範は、続々と後白河派に参陣してくる武士の名を日記に記録した。その内訳は、平基盛《もともり》（清盛の子）・平惟繁《これしげ》・源義朝《よしとも》（頼朝の父）・源義康《よしやす》（足利家の祖）・源光保《みつやす》・平盛兼《もりかね》だった。

五日後の一〇日、崇徳上皇派の陣容も信範の耳に伝わった。源為義《ためよし》（義朝の父）と息子たち、平忠正《ただまさ》（清盛の叔父）、そして平家弘《いえひろ》・平康弘《やすひろ》・平盛弘《もりひろ》・平時弘《ときひろ》・平時盛《ときもり》・平長盛《ながもり》・源為国《ためくに》・源頼憲《よりのり》という面々だ。後白河派には平清盛とその子弟たちや、源頼政《よりまさ》・源重成《しげなり》・源季実《すえざね》・平信兼《のぶかぬ》らも集合し、これで役者が揃った。合戦は翌一一日の早朝、清盛・義朝・義康の率いる三隊が崇徳派の拠点を奇襲し、激戦の末、一日で後白河派の勝利が決した。

重要なのは、右に見える両軍の武士（団の長）の全員が、源氏か平氏だった事実だ。「武者の世」が始まったその最初から、「武者」のリーダーは源氏と平氏だけだった。ならば、慈円が「武者の世」と呼ぶ時代、我々が中世と呼ぶ時代に〈源平こそ武士の代表格〉という常識が形成されたのは、あまりに当然である。以後、源平以外の氏族が武士団の統率者に現れることは、戦国時代までない（唯一の例外は、後醍醐天皇に始まる政権＝建武《けんむ》の新政と南朝）。保元の乱後に起こったすべての出来事は、右の常識を定着させ、純化しただけだった。

保元の乱の結果、崇徳派の武士はことごとく処刑されるか没落し、平氏の有力者は清盛一家だけになり、源氏の有力者は義朝一家と、あとは格段に勢力で劣る義康・頼政・光保・重成・季実らのみになった。このうち義康は、乱後すぐに病没して脱落し、平治《へいじ》元年（一一五九）の平治の乱で義朝一家も主力が戦死し、処刑され、生き残りは没落した。

一方、平清盛は武士として史上初の公卿《くぎょう》に昇ったばかりか、廷臣の最高の官職である太《だい》政《じょう》大臣まで昇るという、異常な昇進を遂げた。門閥主義が最後に必ず立ちはだかる朝廷の人事において、彼の出自で太政大臣に昇れる可能性はない。清盛の出世は、「彼は白河法皇の子だ」という噂が、朝廷、特に彼を太政大臣まで引き上げた後白河によって信じられた結果だろう。そして今、最も重要なのは、源氏の主力が壊滅したばかりか、清盛に牽引されて平家一門が異常な出世を遂げ、武士の最上層部が平氏一色に塗りつぶされた事実である。

〈源平だけが並んで王を守護する〉理念

源氏は、全滅したわけではない。義朝に加担しなかった源頼政が生き残っていた。ただ、

〈一つの武士団の長〉という従来の地位を保っただけの彼は、相対的に、空前の出世を遂げる平家とは比較にならない、弱小勢力になってしまった。その状況を憂えたのは、何と清盛の方だった。治承二年（一一七八）、清盛は「平家一門ばかり栄華を誇っているが、源氏の有力者で、唯一官軍として戦い抜いてきた頼政にも相応の賞を与えるべきだ」と朝廷に申し入れ、頼政に従三位《じゅさんみ》の位階、つまり公卿の地位を与えるよう計らって実現させたのである。(3) 二年後にこの恩は仇で返されるのだが、もちろん清盛は知る由もない。

清盛が配慮したのは、平家だけでなく源氏も賞（官位）に恵まれるよう均衡させることだった。それを清盛は「源氏平氏は我が国の堅《かため》なり」と表現した。朝廷の敵を排除して治安を守り、わが国が動揺しないよう固める力は、源氏と平氏が並んで提供してきたし、今後もそうあるべきだ、という意味だ。清盛自身が、〈源氏と平氏で一セット〉と考え、しかも源平は単なる武士ではない、国家の維持に責任を持つ特別な武士だ、と自覚していた。

そうした認識は、当事者だけにとどまらず、源平合戦期にも限られなかった。日蓮が「源平の侍」に武士を代表させたことは、第一章で述べた通りだ。その三年後の弘安《こうあん》二年（一二七九）、日蓮は別の手紙で、「日本国の武士の中に、源平二家と申《もうし》て、王の門守《かどもり》の犬二疋候《ひきそうろう》」と書いている。(4) 源氏・平氏を「門の番犬」に喩《たと》える日蓮の口の悪さも面白いが、今は措《お》こう。重要なのは、〈数多《あまた》の武士の中で源氏・平氏だけが、王を守り、ひいては日本国を守るという重要な職責を担っている〉という、社会の共通了解だ。

日蓮と清盛の認識は、根本で一致する。源平が武士を代表するのは、武士の中で源平だけが〈並び立って王を守る〉最重要の仕事を担うと信じられていたから、といえそうだ。

†「源平の乱」として回顧される内乱

清盛がその枠組みを信じて源頼政を公卿に推薦した二年後、頼政は清盛に反旗を翻して反乱を起こした。以仁王《もちひと》の乱である。頼政や、彼と組んで総帥となった以仁王（後白河法皇の子）は敗死したが、「諸国の源氏は立ち上がって逆賊清盛を討て」という檄文《げきぶん》を以仁王が諸国にばらまいていた。それを知った清盛は急遽《きゅうきょ》先手を打ち、諸国の源氏の生き残りの処分に着手した。頼朝の弟で、土佐に流されていた希義《まれよし》のように討ち取られてしまった不運な者もいたが、頼朝ら諸国の源氏は実際に挙兵を成功させ、全国的な内乱に突入した。

これがいわゆる〝治承・寿永の内乱〟だが、〝源平合戦〟と呼んだ方が遥かによい、という私の見解は先に述べた通りだ。繰り返すが、当時の人々は口を揃えて、この合戦は「源平の」合戦だったと認識・理解しようとしていた。その事実は、一部学会の思いつきらしき〝治承・寿永の内乱〟という名と引き替えに切り捨てるには、あまりに重い。

源平合戦では、実に多くのものが失われた。土地の権利書もその一つだ。全国規模の内乱が一〇年近く続いた結果、多くの権利書が焼けたり、戦乱のどさくさで奪われた。権利書が失われたら、しかるべき役所に速やかに申し出て、権利書が失われた事情を説明し、自分が正当な所有者であることを確認してもらわねばならない。建保《けんぽう》六年（一二一八）、京の土地を売買する契約書に書かれた但し書きは、その一例である。そこには、「売り手が正当な所有者だと証明する重要書類が『源平の乱』の時に盗まれてしまったが、しかるべき筋に事情を説明して認められたので心配ない」とある。[5] 平家滅亡から三三年後、あの戦争を「源平の乱」と呼んで回顧する都人がいた。それが重要なことだ。

一八年後の嘉禎《かてい》二年（一二三六）、安芸の瀬戸内海の島嶼《とうしょ》部にある能美荘《のみのしょう》という荘園で、調査報告書が作成された。調査の主眼は、能美庄に幕府の地頭《じとう》が置かれ、荘官《しょうかん》（荘園の現地管理者である下司《げし》・公文《くもん》など）が地頭の支配下に入ってしまった理由の解明だった。地頭とは、謀反《むほん》や殺人などの凶悪犯罪が起こった土地に幕府が設置して、治安維持に専念させる役職である。

調査報告書によれば、かつて能美荘では荘官の権益をめぐって殺人事件があり、犯人たちは、現地の実力者として治安維持を担っていた城次郎頼宗《じょうのじろうよりむね》（『吾妻鏡』では葉山介《はやまのすけ》宗頼）という者に、事情を説明して受け入れられ、庇護された。ところが、たまたま「源平の御兵乱」が起こり、頼宗は平家に背いて源頼朝に味方した。戦後、その殺人事件が発覚して能美荘に地頭が置かれ、頼宗が地頭に任命された結果、犯人たちは地頭の配下になった。そして頼宗が罷免《ひめん》された後も、次の地頭の配下であり続け、そのまま幕府の指揮下に入ってしまったという。(6) 幕府の成立が荘園の秩序を書き換えてしまった好例だが、平家滅亡から半世紀後、幕府を成立させた戦争は、なおも「源平の御兵乱」と呼ばれていたことに注意したい（しかも、源氏・平氏の貴さに敬意を表して「御兵乱」と呼ぶところが奥ゆかしい）。

その二〇年後の建長《けんちょう》八年（一二五六）、宗像長氏《むなかたのながうじ》という人が、筑前の宗像社という大神社の頂点に立つ大宮司《だいぐうじ》の地位を、代々の先祖と同様に、自分の一家が子々孫々まで相伝する権利を確認する訴訟を起こし、領主の大宮院《おおみやのいん》に認定された。大宮院は後嵯峨《ごさが》天皇の中宮（後深草《ごふかくさ》・亀山《かめやま》天皇兄弟の母）で、なぜ彼女が裁定したかといえば、中世には神社も荘園のように領主がいて、大宮院のような皇室の貴人に財産として伝領されていたからだ。

宗像長氏によれば、彼の一家は一二世紀半ばの曾祖父の代に大宮司の地位を入手したが、祖父氏実《うじざね》の時に平家の家人の平盛俊《もりとし》が、平家の権威によって宗像神社を支配した。そしてちょうど折良く「源平合戦」が起こったため、氏実は「源家の御方《みかた》」(7) に加担して合戦に励み、重代の正当な領有者として、大宮司の地位を認定されたという。

このように、鎌倉時代の人は、あの戦争を「源平の乱」「源平の御兵乱」「源平合戦」などと呼んでいた。鎌倉時代の日本社会は、地頭の設置などの形で、全国の社会制度のそこかしこに幕府の支配が顔を出す社会だったが、〈その社会は、源平の合戦（兵乱）で源氏が勝ち残った結果なのだ〉という理解が、その時代を生きた人たちの共有した歴史認識だった。その同時代人の結論を、私はどうしても軽視する気になれない。

同時代に「源平の乱」「源平の御兵乱」「源平合戦」など、あの戦乱を過不足なく表現できる言葉があったのなら、それらを使わない理由はない。あとは好みの問題だが、〝治承・寿永の内乱〟が幅を利かせる以前、最も一般的な呼称だったのは、恐らく「源平合戦」だ。それが一三世紀半ばまでに出現して、確かに鎌倉時代人が用いたあの戦乱のラベルだったのなら、それを使うのが素直だろう。

†二度の講和交渉——源平並立の昔に戻す

その戦争を〝源平の決戦〟と捉える考え方は、鎌倉時代の人が後づけで勝手に作ったものではない。平家滅亡から九年後の建久《けんきゅう》五年（一一九四）、高野山は寺領の備後国大田荘《おおたのしょう》が、「源平の騒動」のダメージで荒地になり、二年前にやっと本来の作付け量に復帰した、と回顧した。[8] また、平家が滅んだ壇ノ浦の戦いからわずか四ヶ月ほど後に、右大臣の九条《くじょう》（藤原）兼実《かねざね》は、親しい僧が「源平の乱に依《よ》りて死亡の人、国に満《み》つ」と語るのを聞いた。[9] 戦争の大きな山場を一つ超えた段階で、戦争に巻き込まれた人々は、すでにそれを「源平」の戦争だと認識していた。

そうした社会全体の認識は、そもそも戦争中に、源氏・平氏自身が、この戦争をその構図に落とし込もうと働きかけた結果でもある。

源頼朝の挙兵から一年を経た養和元年（一一八一）の秋、内乱は膠着《こうちゃく》していた。源氏側の破竹の勢いは止まり、平氏側の反攻も功を奏さない。しかも清盛が病没して平氏のリーダーシップに穴が空き、翌年まで二年間も大飢饉が列島を襲い、戦争どころでなくなった。

その養和元年の秋、右大臣の九条兼実はある噂を耳にした。(10) 頼朝が密かに後白河法皇に使者を送り、「私は朝廷に反逆する気はなく、法皇の敵を討ちたくて戦っているだけです」と申し入れたという。二年前の治承三年、清盛はクーデターを起こして後白河を幽閉し、後白河の院政も停止させて、武力で政権を握った。源平合戦の開幕を告げた以仁王の乱は、法皇に対するその扱いに憤った以仁王（法皇の子）が「清盛一家を打倒せよ」と呼号して起こした反乱で、頼朝の挙兵をはじめとして、諸国の源氏と平氏の戦乱もその呼びかけに答えて始まったものだから、確かに頼朝のいう通りだった。

しかし、問題はそれに続けて頼朝が述べた、次の申し入れだ。「このままでは私たちが平氏を滅ぼすことになりますが、法皇がもしそれをお望みでないなら、昔のように、『源氏平氏相並《あいなら》ぶ』形で召し使われてはどうでしょう。国司は王（法皇や天皇）が普通に任命なさった上で、治安の維持だけは関東（東国）を源氏に、海西（西国）を平氏に統轄させて、どちらが王に忠義を尽くすか、お試しになってみては」という。戦線が膠着した当時の状態で、しかも頼朝勢力が坂東（関東）の実効支配を打ち立てた状況を、そのまま既成事実にして終戦にしてしまうのもありだ、という提案だった。

法皇がこれを平宗盛《むねもり》（清盛の三男。平家の総帥）に打診したところ、「個人的には、頼朝の提案ももっともと考えます。ただ、父清盛が、『私の子孫は最後の一人が戦死するまで、頼朝と戦い抜け』と遺言して亡くなりました。そのため、王のご命令でも、頼朝との和解だけは受け入れられません」と答えたという。宗盛が蹴ったため、この和議は成立しなかった。

ところが興味深いことに、三年後の寿永三年、同じ提案が蒸し返された[11]。この時は状況が変わっていた。平氏は都落ちし、平氏を都から駆逐した木曾《きそ》（源）義仲《よしなか》も源範頼《のりより》・義経《よしつね》兄弟率いる鎌倉軍に滅ぼされ、二月には一ノ谷の合戦で鎌倉軍に襲撃された平氏軍が敗走し、瀬戸内海を西へ逃れた。その翌月、後白河と平重衡《しげひら》（宗盛の弟）の間で連絡が交わされた。一ノ谷の敗戦を潮時として、そろそろ和平に転じ、そして「源平相並びて召し仕《つか》われる昔の形に落ち着かせたい、と重衡側は願っていたようだ。ただ、それは相手のあることなので、頼朝が受け入れないなら実現は無理だ、とも重衡は自覚していた。

†〈源平が並んで王を守護する〉が基本体制

結局、重衡が危惧した通り、頼朝側にはそのつもりがなかったらしく、講和は成らなかった。戦線はまたも膠着したが、翌年二月に屋島の戦い、三月に壇ノ浦の戦いと立て続けに決戦があり、平氏の主力を滅ぼす形で戦争は終わった。

現実の結末がそうだったので、我々はつい、〈源平合戦はどちらか（の首脳部）が滅亡するまで遂行されるはずのものだった〉と考えがちだ。実際、清盛自身もそれを望んでいた。平治の乱で、処刑する予定だった頼朝を、自分の継母の取りなしで恩情をかけて助けてやったのに、二〇年後に平氏政権に牙を剝《む》いた裏切りを、清盛は許せなかったのである。ただ、それはあくまでも清盛個人の怨恨に過ぎない。だから清盛も「私の子孫は最後の一人が戦死するまで戦い抜け」と遺言したが、子孫以外には強制していない。源平合戦が講和によって終戦することは十分あり得たし、相手を滅ぼすまで戦い続ける殲滅《せんめつ》戦は、日本では決して戦争の当たり前の形ではないし、現に右のように、何度か講和が模索された。

重要なのは、どちらが有利な状態で講和を結ぶにせよ、講和後の体制として、〈源氏と平氏が、朝廷の治安維持を担う二本柱として並立する〉体制が最も自然だと、法皇も源平勢力の主導者も、つまり主要な当事者たちが信じていたらしいことだ。

ここで、源平合戦が始まる二年前、清盛自身が同じ体制を理想として、源頼政を公卿に引き上げるよう願い出ていた事実を思い出されたい。〝源平棟梁体制〟とでも呼ぶべきこの体制こそ、源平合戦の直前までの、この国の武士を編成する体制の標準形であり、したがって戦後も当然、戻るべき体制・枠組みだったのである。

†源平合戦は基本体制が破れた異常事態

とすれば、源平合戦とは、本来なら肩を並べるべき源平の二集団が、成り行きと行き違いで正面から対立してしまった異常事態だった、ということになる。では、その異常事態はいつから始まったのか。多くの同時代人にとって、それは明らかだったようだ。

平家滅亡から一二年後の建久八年（一一九七）、頼朝は源平合戦の敵味方の戦没者を供養するため、諸国の御家人や寺院に分担させて、八万四千基の小さな塔を作る計画を立てた。その計画の趣意書に、次のようにある。(12)

保元元年、鳥羽《とば》法皇が没した直後に、崇徳上皇と後白河天皇が王位を争って以来、「源氏平氏の乱」が頻繁に発生し、王法（国王の統治）と仏法（仏教）が動揺した。特に、平清盛が急速な出世に驕《おご》り、趙高《ちょうこう》（秦の宦官《かんがん》。古代中国の典型的な奸臣《かんしん》）のように政治を私物化し、国王を軽んじ、物部守屋《もののべのもりや》のように仏教を軽んじて、奈良の大仏を焼き、後白河法皇を幽閉した。そこで王法と仏法を正しく取り戻すため、頼朝が平家を討った。

ここに、保元の乱から平家の滅亡までを、一つの連続した「源氏平氏の乱」と捉える、鎌倉幕府（頼朝）自身の歴史観が明らかだ。

もっとも、前述の通り、保元の乱に源氏・平氏は主力として参戦したものの、彼らは〈源氏 vs 平氏〉という構図で参加したのではない。源氏も平氏も、それぞれの内部で後白河派と崇徳派に分かれ、分裂して抗争した。三年後の平治の乱では、保元の乱がもたらした淘汰によって、平氏は清盛のもとに一本化された上で官軍に参加した。しかし源氏では、義朝が反乱軍、頼政が官軍へと分裂した。それらの争乱も、寿永三年（一一八四）まで平氏と源頼朝と木曾（源）義仲が三つ巴で争った源平合戦も、その後に平氏 vs 源頼朝の二大勢力の正面衝突へと収束した状況も、すべて一つの「源氏平氏の乱」だと、幕府は表明している。

ということは、幕府のいう「源氏平氏の乱」とは、〈源氏 vs 平氏の決戦〉という意味ではない。〈主要な勢力の主導者が源氏や平氏だった戦乱〉という意味である。その中では、源氏や平氏が同族同士で一本化する必要はないし、源氏の一部と平氏の一部が手を組んでもよい。頼朝や清盛のもとに源氏や平氏がまとまっていようと、保元の乱のように源氏・平氏の内部が小集団に分散（源義朝・源頼政・源義康など）していようと、とにかく〈源氏と平氏が国王のもとに立ち並んで国王のために治安維持に力を尽くす〉という理想的体制の足並みが乱れ、彼らの間で争いが起こることを「源氏平氏の乱」といったのである。

同時代人や直後の鎌倉時代人が用いた「源平の乱／兵乱／合戦」という呼び名も、そうした考え方と矛盾しない。源氏と平氏から成る一つの集団の中で対立があるなら、それは「源平の乱／兵乱／合戦」なのだ。もしそれらが〈源氏 VS 平氏の対決〉を意味したなら、源頼朝 VS 平宗盛の対決を遂げる前に果たされた源氏の内紛、源頼朝と木曾（源）義仲の対決まで含めて、「源平の乱／兵乱／合戦」と呼ぶはずがない。

ということは、ここでまた従来の誤解が明らかになる。「源平合戦」は、複雑な内乱を〈源氏 VS 平氏の対決〉という皮相的な構図に単純化してしまうから不適切だ、と信じた専門家たちは、そもそも「源平合戦」という言葉を誤読していた。「源平合戦」という言葉を、当時、誰もそのような意味では用いていなかったのだ。

†「武者の世」＝源平が国王より自己都合を優先する時代

鎌倉幕府にとって、平家滅亡をもって終わる〝一連の戦乱〟の起点が保元の乱だったことは、興味深い。その保元の乱こそ、慈円が「武者の世」の起点だと喝破《かっぱ》した争乱だったからだ。〈源氏平氏が一丸となって国土の治安を守る〉体制が保たれていた正常な状態は、まだ「武者の世」ではなかった。それが初めて全く破綻し、内部抗争に明け暮れ始めた異常事態の開始点こそ「武者の世」の開始点だ、という慈円の歴史観は、あまりに逆説的だ。

しかし、こう理解すればよい。源氏平氏が一丸となっている状態は、彼らを使役して治安を維持したい国王にとってこそ、最適な状態だ。つまりその状態は、源氏平氏が国王の都合を最優先した状態である。それに対して、源氏平氏が内部抗争を始めた状態とは、国王の都合より自己都合を優先し始めた状態だ。その、〈武士が国王の都合でなく自分の都合で動き、社会を動かし始めた時代〉こそ、慈円のいう「武者の世」の意味なのだ、と。

その保元の乱を目撃した廷臣の平信範は、後白河派の陣営に軍勢が続々と集まる様子を日記に描写し（前述）、そこで彼は「此《こ》の外《ほか》、源氏平氏の輩《ともがら》、皆悉《ことごと》く随兵《ずいひょう》を率《ひき》ゐて鳥《と》羽《ば》殿《どの》に祗候《しこう》す」と記した[13]。武士（武士団）をすべて十把一絡げに「源氏平氏の輩」と総称する捉え方が、すでに定着していたのである。

この「源氏平氏の輩」は、具体的にはその直前に名前を列挙された源義朝《よしとも》・源義康《よしやす》・平清盛らのことだ。ただ、実際に乱で戦ったのは、もちろん彼らだけではない。同じ日記によれば、後白河派として崇徳派を急襲した軍勢は、源義朝軍二〇〇騎、源義康軍一〇〇騎、平清盛軍三〇〇騎だった。[14]合戦の様子を描いた戦記文学の『保元物語』を読めば、右の合計六〇〇騎の武士団の内実は、源氏・平氏にとどまらない多様な人々で構成されていたことが明らかだ。「源氏平氏の輩」とは、その一〇〇〜三〇〇騎を率いた武士団の首領《ボス》の階級を指す言葉だった。

†建久七年の若狭国御家人交名――「源平両家に祗候の輩」

このように、武士が〈「源氏平氏の輩」+その配下(家人・郎等)〉という二層構造で把握されていたことを、よく示す事例がある。

平家滅亡から一一年後の建久七年(一一九六)、源平合戦の戦場にならなかった北陸の若狭では、現地のどの武士を鎌倉幕府の御家人に組み入れるべきかが問題になった。それを解決するため、若狭の国衙の在庁官人《ざいちょうかんじん》が、幕府の要請に応えて、一つのリストを提出した[15](在庁官人は在庁+官人の総称。官人は介などの四等官制度に基づく正規の国司。在庁はその仕組み・枠を超えて、「所《ところ》」と呼ばれる受領直轄の各部局に常駐して実務を掌握し、何世代も勤める土着の現地有力者)。それは、御家人とするにふさわしい三三人の候補者の名が列挙された名簿だった。

問題は、彼らが何ゆえに候補者に挙がったか、である。そのリストの冒頭には、「注進す、先々《さきざき》源平両家に祗候《しこう》の輩の交名《きょうみょう》の事」とあった。「（先祖も含めて）今までに『源平両家』に家人として仕えた経歴がある者たちを、リストアップして報告します」という意味だ。鎌倉幕府が全国の武士を御家人とそれ以外にふるい分けるにあたり、最初に設けた〈御家人の適格者〉の条件は、〈過去に源氏か平氏に仕えた実績〉だった。

興味深いのは、仕えた相手を源氏に限らず、平氏でもよいとしたことである。そこで問われたのは、源氏に忠実だったかどうかではなく、「源平両家」という集団に仕えたことがあるかどうかだった。源氏と平氏は同格だから、それを足し合わせた「源平両家」は、一つの階層といってよい。ならば、そこに家人として仕えた人々も、一つの階層と見なせる。これは忠義の問題ではなく、階層の問題としての実績の問題だったのである。

その二つの階層のうち上位層は、いわゆる〝武家の棟梁〟を輩出する階層だ。しかし、〝武家の棟梁〟という抽象的な概念は必要なかった。「源平（両家）」がその階層の代名詞、というより構成要素のすべてなので、ただ「源平」と呼べばこと足りたのだから。

†源平合戦の戦力＝源平武士＋住人（その他の武士＋郡司富豪層）

次に挙げる例を見れば、この〈源平＋家人層〉という二層構造が、武士という社会集団の基本構造として、広く受け入れられていたことには疑う余地がない。

寿永三年（一一八四）、木曾義仲を滅ぼした頼朝は、後白河法皇と連絡を取り、朝廷の今後の政治について数ヶ条の提案や要望を申し入れた(16)。その中に、「平家追討《ついとう》のため、畿内近国の戦える者に対して、私の弟の義経の指令に従って従軍するよう、法皇から命じて欲しい」という一項目があった。

ここで「戦える者」と書いたのは、私の意訳だ。原文では、「畿内近国の源氏・平氏と号して弓箭《ゆみや》に携《たずさ》はるの輩、幷《なら》びに住人等《ら》」とある。「武士」と書けばシンプルに済みそうなものだが、頼朝はあえて、義経軍に編成されるべき戦力を「源氏・平氏と名乗る弓矢の使い手」と「住人等」の二群に分けて呼びかけた。なぜか。

まず、この二群を合わせた全体がどこまでの広がりを持った集団かを、確認しておこう。武士のアイデンティティは、誕生から中世末まで一貫して「弓馬の士」だった。したがって、「弓矢の使い手（弓箭に携はるの輩）」が武士を意味したことは明らかだ。「源氏・平氏と号して弓箭に携はるの輩」とは、要するに源氏・平氏の武士である。では、そうでない武士は参戦しなくてよいかといえば、もちろんそんなはずはない。

右の段階、すなわち木曾義仲が滅亡した段階で、内乱の構図は〈（源頼朝率いる）源氏方 vs（平宗盛率いる）平氏方〉の、一対一の対決に整理された。その結果、（奥羽を除いて）この内乱に局外中立という立場があり得なくなった。諸国のありとあらゆる武士が、源氏方か平家方のどちらに味方するか、決断を迫られた。その雑多な（源氏・平氏でない）武士たちは、右の動員令では二群目の「住人等」に含まれていたに違いない。

重要なのは、その「住人」が、武士に限られたとは考えられないことだ。源平合戦は、保元・平治の乱までのように、武士団だけが戦う小規模な紛争ではない。奥州藤原氏という古い独立系勢力が中立を保った一部の辺境（奥羽）を除いて、坂東から九州まで、ほぼ日本全土を戦場とし、それらの戦場では、何らかの形で戦争に貢献できる者は誰でも、最大限の数まで動員された。武士は源氏や平家の家人でなくとも「駆武者《かりむしゃ》」と呼ばれて動員され、百姓でも輸送隊や工兵隊として動員される、総力戦だった。(17)

百姓まで動員した総力戦で、「武士でないから」というだけの理由で動員を免れる戦力があった可能性は、ゼロだ。武士かどうかを問わず、戦えるすべての勢力を徴募する権限を、頼朝が後白河に認めさせたと考えるしかない。武士でないが戦える人とは、郡司や富豪百姓だ。平安時代の地方社会では、彼らのような経済力を持つ人々、したがって食いつなぐための労働に時間を費やす必要がない人々の中には、その余暇を使って、弓馬の術という、習熟に途方もない練習時間を要する技術を身につけた人々がいた。

†源平以外は武士も郡司富豪層も「住人等」

詳しくは前著を参照されたいが、古代日本の地域社会で最初に弓馬術を身につけたのは、この層（私は〝郡司富豪層〟と呼ぶ）の人々だった。その弓馬術の能力は、自己防衛はもちろん、敵との抗争や、弱者からの収奪、そして政府への反抗にまで、存分に活用された。彼らは平安前期には、受領を襲って殺したり、群盗となったりして地域社会の脅威となった挙句《あげく》、多くが最終的に武士の家人として吸収された。

彼らは戦力として軽視できず、彼らを動員令から漏らすという選択肢はあり得ないが、彼らは必ずしも武士ではないし、下手をすれば百姓身分なので、武士を動員しただけでは漏れてしまう。そこで、〈地方社会に拠点を持つ有力者で戦える（＝弓馬術を使える）者〉をすべて包括できる「住人等」という表現で、武士も、そうでない郡司富豪層も、とにかく戦える者を一網打尽に掌握しようとしたのが、前述の頼朝の動員令だった。

したがって、頼朝が参戦を呼びかけた「源氏・平氏と名乗る弓矢の使い手」と「住人等」は、双方合わせると、要するに〈戦える者すべて〉に及んでいたと見るべきである。

その集団を二群に分けるなら、〈武士〉と〈郡司富豪層〉に分類しそうなものだ。歴史学者ならほぼ全員、そうするだろう。しかし、頼朝はそう考えなかった。重要なのは〈武士かどうか〉ではなく、〈源平の武士かどうか〉なのであって、源平でないなら、武士だろうと郡司富豪層だろうと、大差ない。頼朝にとって、武士かどうかの差より、源平の武士かどうかの差の方が、大きかったのだ。なぜ、そのような考え方になるのか。

ここで、保元の乱を思い出されたい。この乱に参加した武士は、源氏か平氏のいずれかを首領とする武士団単位で参戦し、一つの例外もない。少なくとも、保元の乱の時のように、都で、朝廷に直接掌握される武士は、必ず〈首領の武士＋郎等の武士〉という武士団の形で存在した。そしてその首領の武士は、必ず源氏か平氏だった。朝廷は、直接掌握できる武士を、〈朝廷↓源平の武士↓その他の武士〉という命令系統で把握していたのである。

その形が、遅くとも保元の乱までに、朝廷に半ば公的に認められた武士のあり方として固定していた。だからこそ、源平合戦の和平交渉で、「昔のように源氏と平氏が相並んで朝廷を守護する体制に戻ろう」という案が何度も出されたのである。

ただ、それは都で朝廷と直結した武士に限った話だ。地方には、朝廷と直結しない武士が多数いた。源義朝の配下の武士の出身国は、京に最も近い隣国の近江から坂東まで、広く東国に及んでいたが、それは出身国の多様さと広がりを意味するだけで、東国の武士全員を義朝が支配できたわけではない。源平の武士が支配下に収めた武士は、限られていた。

その証拠こそ、前述の、建久七年の若狭国の御家人候補者リストなのだった。「先々源平両家に祗候」した経験者を選別したリストが意味を持つのは、「先々源平両家に祗候」したことがない武士が存在したからにほかならない。すると、源平合戦のような、全国的な総力戦となる戦争で、源平の武士だけを動員したのでは、取りこぼしが出る。源氏・平氏の率いる武士団に属さなくとも、朝廷に直接把握されていなくとも、とにかく戦える者は全員動員したい。それが、源平の武士に加えて〈住人等〉も動員したことの意味だ。

†「棟梁」＝集団を上から束ねる屋台骨

このように、源氏・平氏は、朝廷に直接掌握される特別な武士だった。なぜ、源平だけがその地位にあるのか。それは、保元の乱までに、中央の政局と積極的に関わる武士が一人残らず、源氏か平氏を長とする武士団の家臣（郎等）として編成済みだったからだ。

そのような武士団の長、特に、ほかの武士を主人として持たない者を、日本史学界では〝武家の棟梁〟と呼んでいる。今でも大工の統率者を「棟梁」と呼ぶのと、本質は同じだ。「梁《はり》」は屋根の重さを柱に伝える水平方向の木材、「棟《むね》」は屋根の最も高い部分を水平に結ぶ背骨のような木材（棟木）である。家を建てる時は、柱を立てて梁で結び、それから棟（棟木《むなぎ》）を載せ、それで基本的な骨組みが出来上がる（そこで上棟《じょうとう》とか棟上《むねあげ》と呼ばれる祝い事をする）。棟も梁も建物全体の構造を支える重要な骨格で、しかも建物の上部にあるので、人の集団を家に喩《たと》えて、様々な集団の主導者を「棟梁」といった。

事例を探すと実に様々だが、それらから判るのは、棟梁が集団の頂点ではないことだ。たとえば、「顕密《けんみつ》の棟梁」[18]と讃えられた高僧が何人かいた。顕密は顕教と密教で、禅宗や専修念仏など中世に流行った新しい仏教とは違う、在来の仏教（旧仏教）である。しかし、制度上も実態上も、仏教界には〝ただ一人の頂点〟は存在しない。「顕密の棟梁」と呼ばれた一人の明雲僧正《みょううんそうじょう》は、もと天台座主《ざす》だった。天台座主は天台宗の頂点で、比叡山延暦寺の頂点だが、仏教界の頂点ではない。また、彼はもと天台座主であって、現職の天台座主ですらない。その彼が、旧仏教の代表格として「顕密の棟梁」と呼ばれた。「棟梁」とは、制度上の地位にかかわらず、集団の顔というべき〝大物〟を指したようだ。

似たような形で、「棟梁」のニュアンスがよく判る事例が、平重盛である。『平家物語』では、権勢に驕り、怒りに任せて暴虐に走りやすい清盛と対照的に、長男の重盛は平家を代表する良識派として描かれた。その重盛が治承三年（一一七九）、父に先立って没した場面で、『平家物語』の諸本の一つ『源平盛衰記』は、重盛を「当家の棟梁、朝廷の賢臣」[19]と讃える。「当家」は平家のことだから、重盛は〈平家の棟梁〉だった。

平家の最高権力者・実力者は清盛なので、「棟梁」が最高権力者・実力者を意味しないことは明らかだ。むしろ、清盛が無道にひた走る中、〈平家の良心〉である重盛が何とか平家を維持してきたのに、重盛が死んで清盛の暴走を止められる者はいなくなり、ますます平家が驕って滅亡へと突き進み、もう先がなくなった、という文脈の中で、重盛が平家の「棟梁」と呼ばれている。その立場は〈集団が崩壊しないよう、全体の枠組みを支える者〉で、これを建築物の比喩でいえば、〈家がばらばらの部材に崩壊しないよう支える屋台骨〉と同じで、それを「棟梁」といったのだろう。

†「棟梁」は輿望と実力で集団を導く

このように「棟梁」が、制度に拠らず、頂点にも立たず、実際上で組織を支える要であるならば、その地位は極めて相対的で、誰かに固定している必要はない。

挙兵直後の石橋山《いしばしやま》合戦に敗れ、房総半島に一度逃れた源頼朝が、再起を期して房総半島から武蔵に入った時、秩父《ちちぶ》党という武蔵最大の武士団をいかに取り込めるかが焦点となった。秩父党に一人の元締めはおらず、複数の有力者がいた。そのうち、畠山重能《しげよし》・小山田《おやまだ》有重《ありしげ》の兄弟は、平家が定めた大番役《おおばんやく》（京で一定期間ごとに、諸国の武士が順番で皇居を警備する責務）のため京にいて、当時武蔵に残った秩父党では江戸重長《しげなが》が最有力だった。

頼朝は重長を呼んで、「この状況では、お前が武蔵では『棟梁』だから、お前だけが頼りだ」といって参戦を促した。[20] この時に重能・有重が在京していたのは偶然、したがって重長が武蔵の「棟梁」扱いされたのも偶然で、「棟梁」の地位がいかに相対的かが判る。頼朝が重長を呼んだのは、重長を説得できれば秩父党全体が味方になるからだ。組織のトップでない重長にそれが期待できるということは、重長には武蔵に残る秩父党を率いられる輿望《よぼう》（人望）があったということを意味する。先の平重盛もそうだが、「棟梁」とは、制度（権限）ではなく、輿望によって集団を導ける存在なのである。

頼朝が挙兵した頃、藤原秀郷の子孫の足利俊綱《としつな》（後に室町幕府を開く源姓の足利家とは血統が異なる。藤原姓）は、本拠地の下野国足利郡で、数千町という尋常でない規模の田を所領として持ち、「郡内の棟梁」と呼ばれた。[21] これだけ見ると「郡内の最高実力者」を意味しそうに見えるが、先に見た事例を踏まえると、そうではない。〈足利郡内の現地諸勢力をまとめ上げる輿望の持ち主〉が「郡内の棟梁」なのである。

その下野は、かつて藤原秀郷の本拠地で、彼の子孫が繁栄していた。その中でも、秀郷やそれ以前の祖先から、代々下野の国衙で検断《けんだん》（治安維持）を担ってきたと自称する小山《おやま》朝政《ともまさ》は、「門葉《もんよう》の棟梁」といわれた。[22]「門葉」は一族という意味で、彼は秀郷流藤原氏の「棟梁」として扱われた。

それは一見、後世に（特に武士の）一族を率いた「惣領《そうりょう》」と似ているが、同じではないと、我々はもう推察できる。惣領は、一族の中で明示的に定められた地位で、法的にも幕府から認定される地位である。惣領は、誰がどう見ても惣領だ。逆に、実力や人望が伴わない惣領は、いくらでもいた。それは家督と同じで、つきつめれば単なる肩書だからだ。それらの点で、惣領は「門葉の棟梁」と違う。

「門葉の棟梁」を、「一門の棟梁」と呼んだ用例もある。鎌倉末期、宇佐八幡宮の神官宇佐氏のある人物がそう呼ばれていたし、[23] 鎌倉時代の創立当初には、頼朝が自分を清和源氏の「一門の棟梁」だと自称していた。ある行事で、頼朝が御剣役《ごけんやく》（行列で主人の剣を持ち歩く役）を武田有義《ありよし》に命じたところ、有義は渋った。自分は清和源氏の嫡流ではないが（源義家の弟義光《よしみつ》の子孫）、頼朝と血統上大差ないのに、家人（郎等）扱いされてはたまらない、という不満表明だった。それに対して頼朝は、「お前が先年、京で平重盛の御剣役を勤めたことは誰もが知っている。他家の役は勤めて、『一門の棟梁』である私の役は勤めないのか」と一喝し、有義は居場所を失って逃亡した。[24]

　頼朝が源氏の嫡流でないことは、比較的よく知られているだろう。頼朝は源満仲の三男頼信の子孫だが、源氏の嫡流は満仲の長男頼光の子孫だ。清盛の後押しで公卿に昇らせてもらった、あの源頼政が嫡流に該当する。頼政は以仁王の乱で滅んだが、一家の生き残りが若干いた。彼らが生きている限り、頼朝はどれだけ自分の組織を大きくし、多くの源氏を従えても、〈源氏の嫡流〉とは自称できない。しかしそれでも、源氏で最も声望があるまとめ役は自分だ。その思いが、「(源氏)一門の棟梁」という自称なのである。

†「棟梁」は集団存続の要

藤原定家《ていか》の父俊成《しゅんぜい》は「此《こ》の道(和歌の道)の棟梁」と呼ばれ(25)、また摂関家に仕える「料理の棟梁」などという者もいた(26)。和歌の道も料理界も、制度上のボスはいない。あるのは、業界を背負って立つと期待される最高レベルの実力と、声望だ。〈彼がその世界を主導する間は心強いが、彼が去ったら業界は傾くかもしれない〉と思わせる重鎮が、「棟梁」なのだった。

「軍勢の棟梁」も同じニュアンスで使われた。建保元年(一二一三)の建保合戦(和田義盛《よしもり》の乱)の時、反乱軍の和田義盛の孫の朝盛《ともより》は、幕府を裏切る気がなく、祖父とも敵対できず、進退に窮して出家してしまった。祖父の義盛は慌てて彼に撤回させようとしたが、それは彼が「殊《こと》なる精兵《せいびょう》(特別に強い戦士)」で、「軍勢の棟梁」だったからだった(27)。和田軍の頂点(主将)が和田義盛なのは明らかなので、朝盛が期待された「軍勢の棟梁」は頂点ではない。〈勝敗を決定的に左右する〉と思わせる重鎮が、「軍勢の棟梁」である。

文治四年(一一八八)、摂政の九条兼実が、鍾愛《しょうあい》していた長男良通《よしみち》を病気で喪《うしな》った。兼実は日記に、彼がいかに父母に忠実で、勉学に励み、有能で有望かを切々と長文で綴ったが、その文を総括して「国家の棟梁、末代の重臣なり」と記した。[28] 父兼実も後白河法皇も健在の中、わずか二二歳で、まだ内大臣に過ぎない良通が、国家の頂点であるはずがない。しかし、彼は国家を最上層で支える屋台骨だった。彼のような人材なくして、この国はこれからどうなってしまうのか。兼実はそう述べたのである。

鎌倉幕府では、執権を「棟梁」と呼ぶようになった。貞応《じょうおう》三年（一二二四）、承久の乱で幕府軍をまとめ上げ、朝廷と決戦して勝利した執権北条義時が没すると、まだ北条家の支配が当然でなかった当時の幕府では、政情不安が起こった。次のリーダーとして有望視されたのは相模《さがみ》の大豪族・三浦義村《みうらよしむら》だったが、義時の姉（頼朝の未亡人）の政子は義村の家に乗り込み、「幕府の次の主導者は、義時の長男泰時しかいない」と強く説得して、義村を折れさせた。その時、政子は「承久の乱の時、天命とはいえ、幕府が勝った功績の半分は、京に攻め上る幕府軍の主将だった泰時のものだ。何度も幕府の政争を鎮めてきた義時の地位を継承して『関東の棟梁』となるべき人は、泰時しかいない。彼以外の誰が主導して、我々幕府が生き延びられようか」と述べている。[29]

鎌倉末期には、最後から二番目の執権となった金沢《かねさわ》（北条）貞顕が、「政《まつりごと》を扶《たすけ》て天下、棟梁の重臣と成り」と事績を讃えられた。[30] 執権政治が定着し、北条家の嫡流（得宗家《とくそうけ》）の絶対的支配が確立して、幕府が皇位さえ自在に左右した得宗専制の時期には、執権はもはや「関東（幕府）の棟梁」ではなく、「天下（日本国）の棟梁」と呼ばれた。

執権は、幕府の事実上の最高指導者だが、幕府の長ではない。長はあくまで将軍だ。そしてもちろん、日本の長は国王（治天である上皇・法皇か、天皇）である。しかし、その体制を実務レベルで支え、回していたのは執権だった。

頼朝の時代には、将軍自身が源氏「一門の棟梁」であり、同時に「関東の棟梁」であったが、源氏将軍が滅んで、幼少の摂家将軍を立てた幕府では、もはや将軍が「関東の棟梁」の役割を果たせなくなった。泰時を「関東の棟梁」とした政子の主張は、平重盛に対する賛辞と同じく、「泰時なくして組織の存続は危うい」と明言したのと同じだった。

†源平合戦の時代に「武家の棟梁」はいない

以上から、次のように総括できるだろう。〈「棟梁」とは、ある集団（組織・世界・業界）の最上部付近の地位にあって、制度や権限によらず、輿望（声望）とその裏づけとなる（集団内で）最高レベルの力（実力や血統）によって、集団を望ましい形に束ねて維持する役割を、衆目が一致して期待する人物である〉と。建物の比喩でいえば、集団の個々の構成員は、柱なのだろう。それらを上の方で束ねる梁や、それらすべてを頂点で束ねる棟と同じような役割の人が、集団には必要で、それが棟梁だ。集団の最上部にあり、最重要人物の一人であり、集団の顔（代表的な構成員）でもあって、棟梁は様々な要素を持つが、要するに一言でいえば〈要となって集団を束ねる屋台骨〉である。

なぜ本書は、右のような迂遠な考証をして「棟梁」の意味を考えようとするのか。それは、多くの本や事典が、武士の世界にも「棟梁」がいて、それを「武家（武門）の棟梁」という、と説明しているからだ。源平武士について考えるためには、それが何を意味するかを知らなければならない。ならば、「武家（武門）の棟梁」といわれた人物を列挙して、その共通点を探るのが早いではないか、と思われるかもしれない。

私もそう思っていた。本書のために、「棟梁」の用例を本気で探すまでは。探してみて、私は驚いた。それらの本や事典は、武士の世界の主導者を「武家（武門）の棟梁」と呼ぶ、と口を揃えていう。しかし、探してみると、記録のどこにも「武家（武門）の棟梁」がいない。その言葉が一番意味を持っていそうな平安末期～鎌倉期の人の発言や記録の、どこをどう探しても、私は「武家の棟梁」という言葉を見つけられなかった。

いかにも平安末～鎌倉期に特有の、同時代の言葉のような顔をしているこの言葉は、実は当時存在しなかった、後世の造語である。歴史学の主な素材は、先人の言葉だ。その学問で、存在しなかった言葉をさも存在したかのように語ってきたのだから、学問としての武士論が停滞したのは当然である。武士論はいつも、究極のところ、歴史上に実在しない幻影を追ってきたように見える。本書は幻影ではなく実態を追って、話を進めたい。

南北朝時代の最初期、一四世紀の半ば頃、室町幕府が創立されるまでの経緯を、足利家に近い立場の人（九州の有力大名・少弐《しょうに》家か）が書いた『梅松論《ばいしょうろん》』という史書がある。内容から見て、ほぼ同時代に書かれたことが間違いない、信頼できるものだ。

建武三年（一三三六）、足利軍と後醍醐軍の戦争は決着の兆しを見せ、後醍醐は捕らえて幽閉されたが、脱出し、大和（奈良県）の吉野山中に逃亡した。その一報を聞いた足利尊氏は、慌てもせず、「いつまでも幽閉すると警備の費用がかさむし、昔みたいに遠くに島流しにするのも気が引けて、どうしようかと悩んでいたが、陛下が逃亡してくれたので、悩みから解放された。それでよい。なるようにしかならないのだから」といい放った。『梅松論』はその大器を讃えて、「実《げ》に天下の将軍、武家の棟梁にて御座《ござ》有《ある》」と表現した。

私が調べた限り、これが「武家の棟梁」の用例として、最も古い。しかも、「天下の将軍」と同じニュアンスで使われているから、〈武士のトップ〉に近い用法だ。今日、歴史学者もこの意味で使っている。源平合戦の時代の前後には、そのような意味ではなかったし、そもそもそんな言葉が存在しなかったのに、である。『梅松論』の段階までに、〈トップではないのに輿望と実力で組織の要となる大人物〉という本来のニュアンスは、失われていた。

「武家の棟梁」という言葉は、源平合戦の前後に実在しなかった。それは重大なことだ。その時代には、「武家の棟梁」という言葉が必要なかったことを意味するからである。必要ない理由は、二つしか考えられない。「武家の棟梁」という言葉で表すべき何かが存在しなかったか、存在してもそれを表す別の言葉が先にあって、こと足りていたか、だ。

我々はすでに、答えを知っている。正解は後者だ。「源平（の武士）」といえば済むのに、「武家の棟梁」という概念など、必要なかった。「源平（の武士）」が、そもそも一つの概念だったのだと、気づかなければならない。もちろん、源平の全員が武士のリーダー格だったわけではない。ほかの源平の家人の地位に甘んじた源平は、少なくない。しかし、現に武士のリーダー格は全員、源平だった。ならば、武士のリーダー格を意味する概念を「源平」と呼んで、何の差し支えもない。当時の人は、そう考えたのだろう。

†「源氏平氏」の別格化は白河院政期

武士のリーダー格が全員源平である状況は、前述の通り、保元の乱の段階で完成していた。後白河も崇徳も、動員できる武士は全員動員したはずで、源氏や平氏でない武士は動員しない、と選り好みする選択肢はなかったはずだ。そうしてリーダー格の武士を全員動員して、応じた全員が源平だったのなら、それは源平以外の武士がリーダー格から淘汰された結果と考えるしかない。では、その淘汰はいつ、なぜ果たされたのだろうか。

保元の乱から九年前の久安《きゅうあん》三年（一一四七）、比叡山延暦寺の大衆《だいしゅ》（末端の武装した僧。いわゆる僧兵）や、延暦寺と一心同体の日吉《ひえ》社の神人《じにん》（末端の神社の奉仕者）の嗷訴に備えて、鳥羽法皇は自分の宮殿だった白河御所に、武士を召集して自ら監察し、閲兵式を行った。そこに呼ばれた「武士」の内実は「源氏平氏の輩」で、源氏か平氏でない者は一人もいなかった。(31)「武士を呼ぶ」といえば「源氏平氏の輩を呼ぶ」のと同じ、という状況は、保元の乱を待つまでもなく、鳥羽院政期には出来上がっていた。

その三九年前、鳥羽法皇がまだ六歳で天皇だった天仁《てんにん》元年（一一〇八）、政治は祖父白河法皇の院政だった。その年も、延暦寺・日吉社の嗷訴が京を脅かし、数千人が京中を目指していた。嗷訴が京中に入ると多大な混乱が予想され、しかも嗷訴は内裏《だいり》（天皇の住居）を目指すので、朝廷は何としても食い止めねばならない。そこで京の入口や京中に防衛線を設け、物理的に侵入を諦めさせるが、そのために動員されたのは、当時の記録によれば「検非違使、并《なら》びに源氏平氏、天下の弓兵《きゅうへい》の士、武勇の輩《ともがら》、数万人」だった。(32)

これは、「源氏平氏の輩」だけが召集された鳥羽院政期や保元の乱と、様子が違う。召集されたのは①検非違使、②源氏平氏、③「天下の弓兵の士」の三群に分かれ、源氏平氏に限られない混成部隊となり、それら全体を合わせて、「武勇の輩」数万人と一括された。

検非違使は京中の警察・治安維持を担うのが本職なので、筆頭に挙がるのは当然だ。それよりも、「検非違使では心許なく、本職であろうとなかろうと、とにかく戦える者は集まって戦え」という白河院政の姿勢を示す②・③の動員が重要である。

③の「弓兵の士」は「弓馬の士」と同じ意味と見てよく、つまり武士と同義だ。「天下の弓兵の士」で、〈日本国内の武士全員〉を表していることになる。この段階ではまだ、「源氏平氏」でない武士も、朝廷から直接把握されようとしていたことが興味深い。源氏と平氏さえ動員すればすべての動員可能な武士を動員したことになる、という鳥羽院政期までに済んだ整理（統合・淘汰）が、白河院政期にはまだ果たされていなかったことを意味するからだ。この整理は、二つの院政の間に進行したのである。

ただ、ここでは、〈武士全員〉の中からわざわざ②の「源氏平氏」だけを抜き出し、〈武士全員〉より前に置いて特記して、武士を〈「源氏平氏」とそれ以外〉に二分し把握していたことが興味深い。白河院政期にはすでに、「源氏平氏」は単なる武士と切り分けられ、独自の集団として確立していた。そして私の知る限り、この嗷訴の記録が、源氏と平氏を併記して武士を代表させた、最も古い記録である。

†「源平の習い」という治外法権

その「源氏平氏」の独自の立ち位置は、必ずしも朝廷が好んで与えたものではなかったらしい。現に、その白河法皇自身が、源氏平氏の扱いに手を焼いていた形跡がある。後にも触れるが、白河法皇が殺生《せっしょう》禁断の命令を出していた時期に、平忠盛《ただもり》（清盛の父）の郎等の加藤成家《なりいえ》という者が、平然と鳥を捕獲した。白河院は成家を召喚して尋問したが、成家は「主人忠盛の命令で鳥を捕りました。怠れば重科《じゅうか》（重い罰）に処されますが、『源氏平氏の習《ならい》（習わし）』で、重科とは斬首です。私はそんなことで死にたくありませんが、朝廷の命令なら背いても死罪にならないので、喜んで今日この法廷に出頭しました」と述べたという。白河は呆れて「そんな白者《しれもの》（馬鹿者）は追放せよ」と命じた。[33]

初めて院政を確立した白河は、強大な専制君主として振る舞ったが、その彼の命令より、主人たる源平の命令を、郎等は優先した。源平の郎等は、院という専制君主でも統御できず、その主人たる源平を通して間接的に把握するしかなかった。そして、主人たる源平は院の命令に必ずしも絶対従順にはならないから、完全な把握は絶対不可能だった。

源平は郎等に、院の命令と矛盾する命令に従わせ、朝廷の刑罰ではあり得ない死刑（平安初期の藤原薬子《くすこ》の変を最後に、死刑は実質廃止された）を簡単に科した。命令系統も法体系も、源平の武士団は朝廷から独立した別世界を形成していた。その世界は、「源氏平氏の習」という、独特で局地的《ローカル》な法・慣習が支配する、一種の治外法権的な世界だった。

その「源氏平氏」の内部世界が、どれほど独特で外部世界と切れていたかは、万人に共通のはずの官職の常識が通用しない、ということに象徴的だ。

古代日本は、中国の《礼》という思想（儒教の世界観に基づく行動規範の体系）を導入するにあたり、《礼》思想が理想と見なす古代中国の周王朝の身分制度を模倣した。

周では、世界の頂点に君臨するのが「王」、その王に国土と民を分与されて国を建てた（封建という）諸侯《しょこう》が「公《こう》」、王や公に仕える臣の最上層が「卿《けい》」、卿の部下として働く官僚の上層部を「大夫《たいふ》」、下層部を「士」といった。日本ではこれを模倣して、日本独自の位階に（無理やり）あてはめ、親王待遇でない皇族を「王」、大臣を「公」、大臣以外で一位～三位の者を「卿」といい、公と卿を合わせて「公卿《くぎょう》」といった。また、五位の者を「大夫」といい、現に四位《しい》・五位にある人々や、生涯の大半を四位・五位として過ごすことを当然視される人々を総称して「諸大夫《しょたいふ》」と呼んだ。そして「士」は六位の者に該当し、「武士」がちょうどこの階層にあたる。

朝廷にはまた、どの位階の人がどの官職に就くべきか、という対応関係を定める、〝官位相当〟という慣習がある。たとえば衛府《えふ》の第三等官、具体的には衛門尉《えもんのじょう》や兵衛尉《ひょうえのじょう》ならば、六位に相当した。武士の大多数は「士」身分であり、つまり六位であるから、衛府に任ずるならば、六位相当の衛門尉や兵衛尉に任ずるのが相場だった。

ところが、実際には武士は次第に社会的地位を上げ、五位に昇る者が珍しくなくなり、中には源義家や平正盛《まさもり》・忠盛親子のように、四位に昇る者まで現れ始めた。つまり六位と対応する「武士」という肩書とは裏腹に、彼らは諸大夫の階層に昇ったのである。

そうなると、彼らを衛府の第三等官（尉）に任じては、官位相当制から逸脱してしまう。かといって、彼らを第二等官（佐《すけ》）に任ずるのもおかしい。衛府の佐は武官だが、当時は武人でない廷臣（貴族）の官職であって、犯人追捕《ついぶ》（追跡・逮捕）など武力を必要とする実務は三等官（尉）の仕事だった。その実務こそ衛府で武士に求められた役割であって、武士を衛府に任ずる意義は、第三等官（尉）に任ずることにあった。

このため武士に限っては、位階が「諸大夫」身分であっても例外的に、「士」相当の衛府の尉に任じられ、官位相当制を逸脱した。そのことを、源平合戦期の右大臣九条兼実は、日記に「源氏平氏の習、諸大夫と雖《いえど》も、皆、衛府に任ず」と端的に記録した(34)。またしても「源氏平氏の習」だ。単なる武士ではなく、源平だけが、位階・官職の常識を逸脱した独自ルールに生きており、それを朝廷から公認されていた。朝廷の仕来《しきた》りにうるさい兼実も、右のように述べてその例外を認めており、一言も苦言を呈していない。やはりここでも、治外法権的な源氏平氏独自の内部世界を見て取れる。

自ら支配者として君臨する、これほど独自の世界を持ち、それを社会に認めさせたのなら、「源平」は独立性が高い一つの集団・階層であり、一つの概念だと考えた方がよい。

では、源平はなぜそこまで強く、自立性を確保できたのか。なぜ源氏と平氏だけにその成長・達成が可能だったのか。藤原氏にも、利仁・秀郷・保昌などの伝説的な強さを誇る武士がいたはずだが、彼らの子孫はなぜ、源平のように成功できなかったのか。

それらの疑問の答えを探ると、すべて平将門の乱に行き当たる。将門の乱が、どのように始まり、展開し、誰によってどのように解決されたか。それらが決定的に重要なのだ。それは、「源平の武士」の確立にとって重要なだけではない。前著で述べたように、武士の成立そのものと関わる話であり、しかも古代史に関わるいくつかの謎と直結している。武士は、古代日本が手を焼いたいくつかの問題の〝解決〟そのものとして生まれてきた。その解決の形が、後に源平の圧倒的な地位を作り、特に源氏の飛躍的な成長を可能にした。

そうした観点から、将門の乱の経緯、特に前著で詳しく触れなかった解決の経緯とその後の展開を、洗い直してみよう。

王臣家・群盗問題の解決と将門の乱

†群盗問題と王臣家問題の解決——忽然と消えた地方の支配者

平安前期の地方社会には、大きな謎がある。この時代、全国に群盗《ぐんとう》という強盗団が横行していた。彼らは通行人や家を襲って財物を奪い、放火・殺害し、徒党を組んで京や地方村落を横行した。群盗問題は九世紀前半の仁明《にんみょう》天皇の時に表面化したが、朝廷は有効な手を打てないまま、半世紀以上の時間を浪費した。その間、群盗は増長し続け、宇多《うだ》天皇の寛平元年（八八九）以降は、物部氏永が率いる大集団が、約一〇年も北関東を無政府状態に陥れた（詳しくは前著参照）。

その群盗が、醍醐天皇の時を最後に記録から消える。朝廷が手を打った形跡がないのに、である。

いや、平高望《たかもち》（高望王）・藤原秀郷・藤原利仁が鎮圧したのだ、だからこそ彼らが〝武士第一号〟なのだ、と主張する説もある(35)。しかし、前著でも述べたように、その説は証拠に乏しい。唯一、利仁には下野で群盗を鎮圧した伝承があって、その伝承は大筋で信憑性がある。また、利仁は上野《こうずけ》・上総の受領と鎮守府将軍だったと伝えられ、それらの在任中に群盗鎮圧に従事した可能性もある。しかし、利仁以外は群盗征伐に関わった形跡がなく、高望は武人だった証拠すらない。秀郷に至っては、将門の乱以前には、朝廷から何度も取り締まりを受ける側だった。しかも、物部氏永らの主な活動範囲は上野・信濃・甲斐・武蔵だ。それは秀郷の本拠地の下野とも、高望の子孫が蟠踞《ばんきょ》した常陸・下総・上総とも重ならない。彼らが地域的に棲み分けたことに、気づかねばならない。

延喜一六年（九一六）、秀郷を含む一八人が何かの罪で流刑判決を受けたが(36)、下野の国衙は刑の執行に失敗したらしく、秀郷らが刑に服した形跡はない。むしろ、一三年後の延長七年（九二九）に、下野国衙は「秀郷一派の横行に対抗できない」と朝廷に泣きつき、支援を要請している(37)。国衙が全く対抗できない秀郷は、事実上、下野の支配者となっていたといっていい。その秀郷の一家は祖父豊沢《とよさわ》の時から、つまり物部氏永の蜂起より遥かに前から、下野の現地豪族（鳥《と》取《とり》氏）と何度も婚姻を重ねて、深く根を下ろしていた（巻頭の系図2参照）。氏永が登場した時、下野はすでに、氏永も手を出せない秀郷一派の勢力圏だった可能性が高い。

その物部氏永の乱は、一〇年も朝廷を悩ませたのに、うやむやのうちに終息してしまう。朝廷の鎮圧軍が征伐した形跡もなく、鎮圧軍が編成された形跡さえない。氏永は忽然と姿を消し、群盗も急速に下火になり、すぐに坂東から姿を消してしまう。一体なぜだろうか。

同じ謎が、王臣家の横行問題にもある。これも前著を参照されたいが、「王臣家（院宮《いんぐう》王臣家）」は最上級の皇族・廷臣などの貴人で、その子孫を「王臣子孫」という。地方社会では、この連中と結託して家人（従者）となった「王臣家人」というゴロツキが横暴の限りを尽くした。彼らは百姓に強制労働で田畑を開墾・耕作させ、狩に使役し、財物や田畠を奪った。また、郡司や富豪百姓が職務によって徴収・保管して京に運送する年貢を、債権回収と称して奪い、運送用の馬や船を奪い、地方の特産品を不正に買い占め、およそ当時の地方社会で可能なあらゆる収奪に手を染めた。

しかも、王臣家は桓武《かんむ》朝以降に激増し、官職の獲得競争に敗れる落伍者を量産した。彼らは地方に勝手に下り（これは違法である）、元国司と徒党を組んで集住し、王臣家人と合流し、同様の収奪に勤しんだ。彼らは国司の命令も法も守らず、国司・郡司を威嚇《いかく》し、天皇さえ冒瀆《ぼうとく》した。

貴人に手厚い刑罰の減免を認める律令制度上、彼らは強力な免罪特権に守られ、ほとんど何をしても実刑を受けなかった。それだけ甘い法の中で、流刑の実刑判決を受けた秀郷らは、よほど重い罪を犯したわけだ。しかし、国司が彼らの流刑を執行できなかったように、王臣子孫は有罪判決を受けても、罰の執行を諦めさせる強大な武力を持った。

この免罪特権と武力が、王臣家（を擁《よう》して暴れる王臣子孫・王臣家人）を、地方社会最強の集団にしていた。彼らは増長し、遂には醍醐朝までに、地方社会の民事紛争・刑事事件の裁定・取り締まりを担う法廷を開き、公権力のように振る舞い始めた。そこまで成長し、全く朝廷が制御・制圧できなかった王臣家の動向が、一〇世紀半ば以降、不明になる。

†無力だった受領がなぜ力を得たか

興味深いことに、同じ頃から受領の横暴が目立ち始める。

我々は学校で、〈受領は地方で威張りくさり、力づくで収奪の限りを尽くした〉と習った記憶がある。しかし、受領は王臣家に手も足も出ない無力な官吏だったはずだ（前著）。

この問題は、武士の成立についての、次のような学説と関わる。九世紀に諸国の軍制が改革され、国司が国内の弓騎兵《きゆうき》（「弓馬」を扱える者や、朝廷に帰順した蝦夷《えみし》である「俘囚《ふしゆう》」）を統率・編成する権限が与えられ、その仕組みが武士の成立に大きな役割を果たした、という学説だ。(38) また、その説と密接に関わって、国司が編成すべき国内の有力者（「国ノ兵共《つわものども》」とか「国の侍」と呼ばれる）をあらかじめリスト化し、「譜代図《ふだいず》」と呼ばれたその台帳をもとに、国司の狩猟や国内の大規模祭礼に武士を動員していた、という指摘もある。(39)そして、後者の説では、諸国の雑多な弓騎兵たちが「武士」と認定される最終ステップとして、その譜代図に登録されること、つまり国司の承認があったのではないか、と推測されている。(40)

〝国衙軍制論〟と呼ばれるこれらの説はいずれも有力で、私も異存がない。ただ、これらの説を〈武士は国衙軍制から生まれた〉と要約してしまうと、誤解を招く。

これらの説は、あくまでも国衙の外に自生した郡司富豪層の弓騎兵を、国衙のシステムの中へ、つまり国司の指揮下へ朝廷が取り込んでゆき、制度の枠組みにあてはめて統御する工夫を跡づけたものだ。〈国司の指揮に服する武士〉という、平安期の武士の最終形態へと至る過程の話であり、鎌倉幕府の御家人や守護・地頭が生まれる直前までの各段階を明らかにして鎌倉幕府の理解を深めようという話であり、武士が朝廷の制度とどう関わり合ってきたか、という話である。

後者の説は、いわば国家が運転免許証を与える相手をどう選んで登録したか、という話であって、登録された者たちに運転技術や運転の心得を身につけさせたのが国家だ、という話ではない。それらは国衙の外で、国衙の関知しない場で身につけられた、という大前提の話であり、国家が彼らをどう把握し、管理し、活用するかという制度側の都合の話だ。国司が武士を台帳に登録することは、国家の制度側の観点から見る場合に限って「武士」成立の総仕上げなのであり、純粋に制度の話、国家の都合の話であって、登録される武士側の立場で見れば、総仕上げですらない（登録は一つの選択肢に過ぎず、彼らが目指してきた共通のゴールでもなければ、唯一の必然的結末でもない）。国衙軍制論は、既存の武士をどう制度が捕捉したかの話であって、武士がどう生まれてきたかの話ではない。

これらの説では、国司が、主従関係にない管内の武士を編成していった実例として源頼信・頼義兄弟らが着目されており、彼ら特有の条件がそれを可能にしたという自覚が示されている。しかし、彼らのような武士でない、一般的・平均的な国司に、そのような管内の武士の編成が本当に可能なのか、という疑問は解消されない。

朝廷の法や制度の、権威や効力を過信することはできない。制度や権限を決めても、人が従わなければ意味がない。その従わせる力が、朝廷自体や一般的な国司にないことを、忘れるべきでない。平安前期の地方社会は、法や朝廷の権威を蹂躙《じゅうりん》しても罰されないと見抜いた人々が際限ない収奪に走る、無法者が笑う自力救済社会だった。

右の説では、国衙が率いたとされる有力者は、末端の王臣家（王臣子孫が率いる王臣家人の集団）や、任用《にんよう》国司（次官＝介以下の国司）や郡司富豪層だった、という。しかし、前著で力説したことだが、九世紀以降、王臣家がどれほど法と国衙と朝廷を無視し、蹂躙してきたことか。受領の号令や朝廷の法に王臣子孫・王臣家人が素直に従うなら、そもそも地方社会の王臣家の無法があそこまで猛威を振るい、治安が悪化しなかったはずだ。

この時期の受領は、任用国司や郡司富豪層に嫌われ、結託した彼らに命を狙われ、油断すれば殺され、王臣家には年貢納入を拒否され、民が納入した年貢を強奪され、罵倒され、暴行される、無力な中間管理職だった。そこには、永延《えいえん》二年（九八八）の著名な「尾張国《おわりのくに》郡司《ぐんじ》百姓等解文《ひやくしようらげぶみ》」で悪行の数々を指弾された尾張守藤原元命《もとなが》のような、強力な受領はまだ存在しない。

武士は遅くとも平安前期の宇多・醍醐朝までに成立していたが、国衙が有力者を編成する軍制の成立は、それより後の、受領が地方の権力者として確立した平安中期の話だ。その前後関係を無視して武士や国衙の問題を考えると、因果関係が狂う。そもそも、権限の有無と、それに人が従うか否かは別であることを、この問題では特に軽視できない。

それらを織り込んで、問題は次のように問われるべきだ。平安前期まで自分の権限を行使できなかった無力な受領が、なぜそれを克服できたのか。その克服に、先んじて成立した武士はどう関わるのか、と。受領が権力を握るには、どうしても王臣家や群盗を一掃せねばならないが、それは不可能に近い。それを一体、誰がどう成し遂げたのか。

その答えは、将門の乱にある。この乱は、国司と群盗と王臣家（王臣子孫・王臣家人）のあり方を、すべて、決定的に変えた。特に重要なのは、誰がどう鎮圧したか、だ。そうした観点から、将門の乱の具体的な経緯を、振り返ろう。

前半は、常陸の源護に振り回された平氏の同族相食《あいは》む抗争だが、それは武士の成立に関連づけて詳しく述べた前著に譲り、ここは後半に絞ろう。重要なのは、将門が常陸国衙を襲撃し、諸国の国衙も接収して、「新皇《しんおう》」と名乗って坂東全域に君臨し、弁護の余地がない国家的反乱に成長した後であり、特に終盤、朝廷がその鎮圧に本腰を入れ始めた段階だ。

†武蔵の紛争と将門の介入

将門の乱は、坂東で国司のあり方を劇的に転換した事件だった。その要因として最も重要なのは、将門への取り締まりが、国衙の人事を通じて行われようとしたことである。

天慶《てんぎょう》元年（九三八）二月、武蔵国で、武蔵権守興世《おきよ》王・武蔵介源経基《つねもと》と、足立郡司武蔵武芝《むさしのたけしば》が対立した。本来、年貢は郡司富豪層が百姓から徴収し、保管して、調《ちょう》（諸国の特産品）と庸《よう》（労役の代わりの布や特産品）を京へ運送する仕組みだったが、『将門記』によれば、興世王らは足立郡司の武芝をさしおいて、足立郡に踏み込んで直接年貢を徴収しようとした。職分を侵された武芝が抗議すると、興世王らは「郡司の分際で無礼だ」として合戦の準備を始めたが、武芝も人望があって予想外の軍勢を集め、両者は一触即発の状況で対峙した。

そこへ、将門が下総から来て介入した。彼は純粋に調停者になりたかったようで、それは、地方社会の裁定者へと成長した王臣子孫として、自然な行動だった(前著)。

将門の強引な仲介で興世王と武芝は和解したが、武芝軍が深く考えずに経基の拠点を包囲するように駐屯した。経基は恐慌を来《きた》し、将門・興世王・武芝が自分を殺そうと結託したと疑い、京へ逃亡した。将門らを反逆者だと讒言《ざんげん》し、陥れるためだ。敵だと誤解して恐怖に駆られて逃げ、讒言して国家の敵として葬り去ろうとした経基の行動は、武士として言語道断の怯懦《きょうだ》で卑劣な振る舞いだが、それが武家の棟梁・源氏の祖の実態だった。『将門記』は経基の行動を「未だ兵《つわもの》の道に練《ね》れず(まだ兵として未熟だった)」と断言する。

翌天慶二年三月、京に戻った経基は武蔵の出来事を(歪曲して)報告し、興世王と将門の反逆を告発した(41)。そこで、かつての将門の「私君《しくん》(私的な主人)」で、朝廷を主導していた摂政藤原忠平《ただひら》が事実確認に取りかかった。動きを知った将門は、常陸・下総・下野・武蔵・上野の五ヶ国の国司に、「反逆の告発は無実」と証言する解《げ》(上申文書)を書いてもらい、提出した。将門の弁明が京に届いたのは五月二日だった。

三日後の五月五日、忠平は坂東諸国に、管内の粛清不行き届きを叱責する太政官符《だいじょうかんぷ》(最高行政府の命令書）を下し[42]、五月半ばには坂東国司の人事を刷新した。素早い対応といえよう。

紛争の現場だった武蔵では、急遽、武蔵守に百済王貞運《くだらのこにきしていうん》が起用された。彼は直前まで上総介だった人物で、任期後も交替業務の完了を待つため上総にいた。朝廷は、その完了を待たずに、直ちに彼を武蔵守として赴任させる手続きを取った[43]。貞運の実力で、速やかに武蔵の混乱を鎮めるためである。

†百済王貞運の武蔵守登用と失敗

「百済王」とは不思議な姓だが、「百済」が氏、「王《こにきし》」がカバネで、出自は文字通り百済王族である。彼らは七世紀半ばの白村江の敗戦を機に、日本（当時は倭国）に亡命して帰化し、その出自を示す「百済王」姓を賜った（コニキシは百済語で「王」の意味[44]）。彼らは異国人らしく、漢字二文字を音読みする名を伝統的に名乗った。また、桓武天皇の母が百済系渡来人の高野新笠《たかののにいがさ》だったため、桓武は「百済王らは朕《わ》が外戚なり」と宣言してこの一族を重用した[45]。

百済王室の扶余《ふよ》氏（余《よ》氏）の祖の朱蒙《しゅもう》は、中国北東部の夫余《ふよ》国の出身と伝わる。その王族に生まれた朱蒙は、七歳で弓矢を自作し、射れば百発百中の腕を誇り、〈弓術の達者〉

を意味する「朱蒙」という夫余の言葉を、そのまま名としたという。(46)

この朱蒙を祖とする扶余氏の末裔が百済王氏で、弓術の達人を祖とする氏族の特性を反映してか、武人的資質を持つ者を代々輩出した。正史の上では、左衛門督《さえもんのかみ》となって狩猟を好んだ百済王勝義《しょうぎ》のほか、(47)辺境（陸奥《みちのく》・出羽《いでは》）の国司を何人も出した。著名なのは陸奥守の百済王敬福《きょうふく》で、彼は辺境陸奥の防備を担いながら、天平勝宝《てんぴょうしょうほう》元年（七四九）に初の国産の金を発見して聖武天皇に献上し、奈良東大寺の大仏の鍍金《めっき》を実現させた功績で従三位の公卿にまで昇った。(48)

貞運もこの武人輩出氏族の資質を期待されて、武蔵守に起用されたのだろう。実際、国司の任期直後にすぐまた国司に起用される人物は、顕著な実績を挙げた人物であるのが普通で、彼も上総介として期待に応えていたようだ（前著で述べたように、上総は俘囚の反乱が何度も起こった、南坂東の火薬庫だった）。

しかし、貞運は着任すると、権守の興世王を政務から疎外して憤らせ、将門の許に奔《はし》らせた。貞運は武蔵の紛争を助長し、しかもその年の暮れ、将門らが常陸国府を襲って戦乱が本格化すると、京へ逃げ帰った。(49)彼は、従来型の武人輩出氏族の百済王氏が、将門のような王臣子孫から生まれた新しい実力者に対応できないことを証明してしまったのだ。百済王氏は以後二度と、武人的資質を朝廷で期待されることがなかった。

†勅旨牧別当の押領使登用と国府の臨戦体制構築

武士化した王臣子孫に対抗できるのは、同類しかいなかった。百済王貞運が武蔵守に起用されたのとほぼ同時に、相模権介に橘是茂《これもち》（最茂とも）が、武蔵権介に小野諸興《もろおき》が、上野権介に藤原惟条《これえだ》が任じられた[50]。

小野諸興と藤原惟条は、勅旨牧《ちょくしぼく》の別当《べっとう》だった。勅旨牧とは、朝廷の馬生産を担う牧の中から選んで、天皇個人の利用に供する馬を生産させた牧で、別当は現地管理官である。

承平《じょうへい》元年（九三一）に武蔵国の小《お》野牧《ののまき》が勅旨牧に指定された時、小野諸興が別当に任命され、その二年後に武蔵国の秩父牧《ちちぶのまき》が指定された時、藤原惟条が別当に任命された[51]。いずれも将門の乱の直前だ。彼らは乱の勃発後もその任にあり続けたと思われ、特に藤原惟条は天慶二年二月にも秩父牧の別当だった確証がある。小野牧・秩父牧は毎年八月に決められた数の馬を京の天皇に貢納する義務を負ったが、天慶元年の春以来、武蔵は興世王・経基らと武蔵武芝の紛争・将門の介入などで騒然としており、恐らく八月の貢納を果たせなかったのだろう。惟条は私財をもって馬の貢納を果たした（その功績で翌天慶二年二月に位階を授けられる[52]）。彼が上野権介に起用されたのは、その三ヶ月後である。

朝廷の中央では、左《さ》馬寮《まりょう》・右《う》馬寮《まりょう》が朝廷の馬を管理した。彼らの職務は戦闘ではないが、帯剣する武官であり、衛府に準じる軍事・警察の役所だった。[53] 馬の主な用途が軍馬だからだろう。そこから類推すると、地方で同様の職責を持つ諸国の牧の別当も、武官相当だった可能性が高く、少なくとも軍馬の扱いに習熟した「弓馬の士」＝武士が適任だったことは間違いない。

物部氏永の乱の最中の寛平五年（八九三）に、右馬助《うまのすけ》（右馬寮の次官）の源悦《よろこぶ》という人が「検甲斐武蔵信濃上野等国御牧使」という肩書で、東国（甲斐・武蔵・信濃・上野）の牧の馬牛の数を検査するため下向していた[54]（この肩書は音読みできない。「甲斐《かい》・武蔵《むさし》・信濃《しなの》・上野《こうずけ》等の御牧《みまき》を検《おさ》むる使《つかさ》」と訓《よ》まれたのだろう）。彼は嵯峨《さが》天皇の孫（大納言源弘《ひろし》の子）で、後に諸国の権介・介・権守・守などの国司を歴任し、太政官の文書行政の中核である弁官《べんかん》となり、参議に昇って議政官となり、春宮亮《とうぐうのすけ》・大宰大弐《だざいのだいに》・修理大夫《しゆりのだいぶ》・宮内卿《くないきょう》などを兼ねた。その経歴は、大納言だった父の弘と同じく文官に見える。

しかし実は、彼の官歴は右衛門大尉《うえもんのだいじょう》から始まり、左衛門大尉・右馬助を経てから右の官歴をたどる。[55] つまり、彼は武人の資質を持ったが、醍醐朝で文筆の才を見出され、惜しまれて文官の出世コースが用意されたのだろう。まして、彼の任務は、戦時に戦地で（氏永の乱の最中に、乱の被害が最も大きい四ヶ国で）軍馬の検査を行うことであり、武人と見た方が辻褄が合う。

平貞盛も将門の乱の勃発段階で左馬允《さまのじょう》（左馬寮の第三等官）であり、この頃の馬寮や牧の別当には、弓馬術に習熟した武人の起用が多い。ならば、小野牧別当の小野諸興や秩父牧別当の藤原惟条もその同類で、武人的資質・能力が期待されて彼らが坂東諸国の国司に起用されたと推測できる。小野氏が「累代の将家《しょうか》（代々武将を出す家柄）」だったことも、(56)この推測を裏づける。

起用の目的は、任命の一ヶ月後の六月にはっきりする。六月七日、「問密告使《もんみつこくし》」という、経基の密告の真偽を確認するため現地に下る使者が任命された。その二日後、経基が京で左衛門府に身柄を拘束された。この拘禁は、密告が正式に受理された場合の手続きだ。(57)律令の定めによって、他人の罪を告発する密告が受理された場合、公正を期すために、犯罪の事実が確認されるまで密告者の身柄も拘禁することが定められていたのである。(58)

その経基の拘禁と同じ日、相模権介橘是茂と武蔵権介小野諸興が押領使《おうりょうし》に任じられた。(59)押領使は、国衙軍の指揮に専従する国司が帯びる肩書だ。つまり橘是茂・小野諸興は、それぞれ相模・武蔵の国衙軍を統率する任務を帯びて着任した武人だった。そしてその一一日後、上野権介藤原惟条を加えた三人に、「件《くだん》の国々の群盗を追捕《ついぶ》すべし（それぞれ任国の群盗を逮捕せよ）」と命じられた。(60)

経基の拘禁と同じ日に諸興・是茂が押領使になった事実は、将門が反逆した可能性を摂政忠平が否定できなくなり、事実だった場合に備えて押領使を任命したことを意味する。
将門の紛争介入で国衙が機能不全に陥った武蔵に、将門と対立する経基の訴えに基づいて、守の百済王貞運と権介の小野諸興が任命され、「群盗を逮捕せよ」と命じられた。ならば、この人事は、将門を中心に結束して国衙に対抗する、群盗まがいの勢力への掣肘《せいちゅう》だ。そして、朝廷が最初、将門の乱を群盗問題として捉えていたことが、ここに明らかになる。将門の乱の解決が〈群盗問題の解決〉に等しい、という私の主張を裏づける事実である。

ただし、橘是茂らを権介に任じた点に、これがあくまでも一過性の臨時体制だという朝廷の主張が見える。権介は〝定員外に置いた権《かり》の介〟なので、既存の守・介以下の国司の体制を完全に温存して、誰も罷免せずに、彼らを国衙に押し込むことを意味する。また、彼らを守・権守でなく権介としたことで、彼らに各国の主導権を完全に握らせず、あくまでも既存の受領の部下として、軍事指揮官に専従する地位にとどめ置いたのである。

†瀬戸内海の海賊対策が将門の乱を誘発したか

忠平はこうして万一の事態に備えてから、現地で事情聴取を行う問密告使を三人任命し、事態の把握と処理を穏便に進めた[61]。ところが、問密告使らは口実を設けて京を出ようとせず、罷免されて本官も剥奪された。もし反逆が真実なら、生命の危険に晒《さら》されるのだから、誰も貧乏くじを引こうとしなかったのである。

そうして事実確認が遅れる中、一一月に藤原玄明《はるあき》を支援する将門が常陸国府を襲撃し、翌一二月には興世王の進言に沿って下野・上野などの国府を襲い、印鎰《いんやく》（国府の公印と倉庫の鍵。最高責任者としての受領の象徴）を奪い、受領を京に追放し、自ら「新皇」と名乗って君臨した。この急展開で、右のような悠長な対応が不可能になった。そればかりか、将門が「新皇」になった一二月、瀬戸内海で藤原純友が挙兵し、反乱に踏み切った。

将門の乱より少し前の承平元年（九三一）頃、南海（瀬戸内海）で海賊（海の群盗）の横行が本格化していた。承平二年に摂政忠平が海賊の追跡・逮捕を任務とする「追捕海賊《ついぶかいぞく》使《し》」を定めたが、[62]海賊を制圧できるどころか、翌年には海賊が海上に満ち溢《あふ》れ、諸国を警備する警固使《けいごし》を定めねばならなかった。[63]翌承平四年に入るとますます事態は悪化し、方々の神社に懸命に祈禱《きとう》させたり、「弩《ど》」という機械式の弓の動作確認を行うなど、朝廷が危機感を強めて鎮圧に本腰を入れ始めた。その中で、七月に海賊追捕のため「諸家《しょか》の兵士」と「武蔵の兵士」が徴発され、南海に送られた。[64]その年の一〇月に改めて任命された「追捕海賊使」[65]は、恐らく彼らの統率を任務としたものだろう。将門と伯父の平国香《くにか》が東国の常陸で合戦を始める、前年のことである。

前著で述べたように、「諸家の兵士」は〈武士とその郎等〉を指し、要するに個別の武士団である。朝廷は、武士団の長を官職と無関係に個人単位で把握し、彼らが一族や郎等を抱えて形成する「家」型組織を、丸ごと動員して群盗と戦わせたいと目論んでいた。朝廷は把握した彼らを、天皇直属の親衛隊である「滝口《たきぐち》」となる人々と、それ以外の〝無印〟の武士に分け、前者を京の守備に、後者を群盗制圧の攻勢に投入しようとしていた。

それに対し、「武蔵の兵士」は武蔵の国衙で受領（押領使がいれば押領使）が率いる軍だ。王臣子孫の武士が率いる階層は「諸家の兵士」として別に編成済みだから、それに入らずに国単位で徴発された「武蔵の兵士」は、別種の集団である。この当時、兵士として使い物になるのは、武士とその家人を除くと、かつて健児《こんでい》に動員された、郡司富豪層の出身者で騎射を扱える層に限られる。前著では、食うに困らない廷臣や郡司富豪層で、余暇に修練して騎射術を習得した人々を〝有閑弓騎〟と呼んだ（弓馬術は修練に集中できる有閑階級しか習得できない）。「武蔵の兵士」は、武蔵で徴発された彼らだろう。

東国出身者を遠く西国の防備のため徴発するのは、奈良時代の防人《さきもり》と発想が同じで興味深い。そして「武蔵の兵士」の調達は、間違いなく武蔵の郡司富豪層に負担をかけた。そう考えた時、将門の乱後半の発端となった武蔵の紛争で、当事者の足立郡司武蔵武芝が、郡司富豪層の一人であることに注意されたい。右の調達の直後に始まる、彼と興世王・源経基ら任用国司との紛争が、この調達と無関係とは考え難い。興世王・経基らは、武芝の治める足立郡の百姓から容赦ない収奪を試みた。(66) 武芝の反抗には、〈海賊退治に動員されて疲弊していた中での、彼らの暴挙に対する反抗〉という意味が含まれた可能性が高い。とすれば、西国の海賊問題と、西国の軍事問題のために安易に東国の人材を徴発する朝廷の伝統的手法が、東国の国家的反乱の発端を作ったことになる。

そうした無理を冒しても、海賊は鎮圧できず、その年の冬には伊予の喜多《きた》郡を襲撃して不動穀《ふどうこく》（年貢として徴収した租《そ》の米。緊急事に備えた備蓄）を三千石《こく》も奪った。(67) そこで忠平は切り札として、翌承平六年に藤原純友を海賊追捕に起用し、一定の成果を挙げたが、三年後の天慶二年（九三九）の末、純友は突如として反逆者に転じた。(68) その理由は本書とさほど関わらないので、ここでは踏み込まない。ただ、将門が坂東を制圧したという情報は全国を駆け巡ったはずで、純友は朝廷の注意が東国に釘付けになる好機と考え、挙兵したに違いない。重要なことは、腹背に二つの反乱を抱えた朝廷が、二正面作戦を強いられたことである。

†褒賞と私怨を活用した国衙軍の再構築

年が明けて天慶三年正月の元日、朝廷は将門対策に東海道追捕使の藤原忠舒《ただのぶ》と東山道追捕使の小野維幹《これもと》、そして純友対策に山陽道追捕使の小野好古《よしふる》を任命した。(69) 今回もやはり、

「累代の将家」小野氏の武人的資質が期待されている。二日後の正月三日には、万一の襲来に備えて、京の宮城《きゅうじょう》の四方の諸門に矢倉《やぐら》を設けた。(70)宮城は大内裏《だいだいり》のことで、天皇の住む内裏とそれを囲む官庁街を指し、矢倉は遠方の監視と防戦のための見張り台だ。天皇の宮殿が敵に襲われる可能性が、本気で心配され始めたのである。

ここに至り、六日後の正月九日、朝廷は武蔵介源経基の拘禁を解いて、彼の密告を賞した。(71)将門反逆という経基の密告が、遂に事実と認定されたのである。

そして二日後の正月一一日、最も重要な手が打たれた。東海道・東山道諸国の国司に、次の通り布告させたのだ。「賊の主将の将門を討った者に『朱紫《しゅし》の品《ほん》（五位以上の位階）』と『田地』を与えて子孫に永久に伝領させ、副将を討った者には勲功の程度に応じて官職・位階を与える」と。(72)これで将門は賞金首になった。そしてこれは、官職の職務として将門追討に従事する者だけでなく、誰でも自分の意思で将門を追討すれば褒賞を与えるという、成功報酬型の反乱鎮圧の始動でもあった。欲に訴えるこの成功報酬の布告こそが、乱の鎮圧を最終的に成功させる原動力となった。報酬を狙って有力者が動き始めたのであり、その中に藤原秀郷がいた。

三日後の正月一四日、坂東八ヶ国に一人ずつ、新たに掾《じょう》（第三等官）が任命され、(73)追捕凶賊使《ついぶきょうぞくし》という肩書きを与えられた。将門の制圧だけを目的とした、国司の人事である。こうして国衙では急速に、国単位の軍を組織する態勢が整えられてゆく。

　この人事のうち、上総掾の平公雅《きみまさ》と、下総権少掾《ごんのしょうじょう》・下総国押領使の平公連《きみつら》は、将門の宿敵良兼《よしかぬ》（将門の伯父）の子だ[74]。また、将門に父国香（将門の伯父）を殺された貞盛は常陸大掾になった[75]。将門に恨みを抱く宿敵なら将門征伐に熱意を持つだろう、と期待して、朝廷は私的な怨恨を正規の戦争に利用したのである。

†将門の坂東制覇と共存できない藤原秀郷の参戦

　さらに、これまで将門関係の紛争に関わった形跡がない藤原秀郷が下野掾となり、下野国の押領使を兼ねた。朝廷は秀郷に、下野の国衙軍の統率権を正式に与えたことになる。それは、元から存在する秀郷一派を官軍に認定したに過ぎないともいえるし、あれだけ国衙と敵対して朝廷に逆らい続けた秀郷に、罪を不問にして権限を与え、賞を約束するという屈辱的な手に出るほど、朝廷が恥も外聞も捨てて本気を示したともいえる。それほど手がつけられない暴れ者ならばこそ、同類の将門の征伐が可能と考えたのだろう。

　秀郷の立場は微妙だ。将門は下野国衙を襲って印鎰を奪ったが、そもそも下野国衙は秀郷と敵対関係にあり、その意味で、将門はまだ秀郷と直接敵対する行為をしていない。

　しかし、将門が新たに自分の弟将頼《まさより》を下野の国守に任命した段階で、秀郷の権益と抵触し始めた。「新皇」将門一派が支配する下野国衙が国内の実効支配を進めようとすれば、すでに不法に実効支配を握っている秀郷と必ず衝突するからだ。平氏が房総半島や常陸・武蔵にとどまる限り、何をしていても秀郷の利権と棲《す》み分けられたが、将門が坂東八ヶ国すべての支配へ邁進し、下野に手を伸ばしたため、共存が不可能になったのである。

かくして秀郷は将門と利害が対立し、朝廷と利害が一致し、朝廷の下野掾のオファーを受けて働く動機ができた。群盗そのものというべき王臣子孫が不法に築いた勢力圏が公認され、一挙に体制側の人間として名実ともに支配を完成させる、またとない好機だった。

逆に朝廷から見れば、無法者と握手することで、自分たちの実力で取り返せない彼の勢力圏を、朝廷（側の人間）が実効支配できている状態と見なせるようになる。この退廃的だが画期的なアイディアの出現こそ、国司や受領の歴史を変える将門の乱の効用だった。そして、この退廃的な手法に踏み切ったことで、危機の収拾に協力すれば結局何をしてもチャラになる、ならば無法を貫いた方が結局得をする、と人々が考え始めた。

†秀郷が将門を討つ

四日後の正月一八日、朝廷は藤原忠文《ただふみ》を征東《せいとう》大将軍に任命し、大規模な征東軍の編成を開始した。源経基は、その征東軍の副将軍五人の一人に組み込まれた。彼らは十分に準備を整えて東海道を下ったが、東国に到着する前に将門は討たれていた。

右のように朝廷が将門包囲網を作り上げていた頃、将門は平貞盛と藤原為憲《ためのり》を追って常陸に出兵したが、二人は行方を晦《くら》ましていた。彼らの行方を問われた常陸の有力者らは「彼らは浮雲のように飛び回り、定住しないので、行方が判りません」と答えている。[76]土着とはほど遠い、流浪する群盗に似た武士のあり方を伝える、貴重な証言だ。

為憲は常陸介《ひたちのすけ》維幾《これちか》の子で、将門が匿《かくま》った藤原玄明《はるあき》と敵対関係にあり、将門は摂政忠平に送った書状で、「受領の父の権威を笠に着た無法者」と非難している。[77]後世の系図類によれば、彼の母は平高望（高望王）の娘、つまり将門のおばだった。[78]

拠点の常陸国府を将門に襲われて甚大な被害を出した藤原維幾・為憲親子は、屈服せずに潜行して、復讐の機会を待っていた。将門は消えた敵の追跡を諦め、彼らとの決戦はまだ先と踏んで、千人に満たない兵だけを残し、坂東諸国から徴発した大軍を解散した。

その途端、貞盛らは姿を現した。しかも、秀郷率いる四千人以上の兵とともにだ。貞盛は秀郷に匿われて好機を待っていた。将門はただちに軍勢を発し、二月一日に下野の秀郷らを攻め、二月中旬まで戦ったが、押し返されて下総の幸島《さしま》（猿島）で戦死した。

†王臣家問題・群盗問題の解決——統合と淘汰

以上に見た将門の乱は、二つの意味で画期的な成果をもたらした。坂東から群盗を一掃したことと、従来の〈王臣子孫vs国司〉の対立を一掃したことである。

将門の乱は、途中まで王臣子孫問題の延長上にあった。武蔵や常陸の紛争に積極的に介入し、常陸国司と対決して国衙を襲う将門は、宇多朝に完成の域に達した王臣子孫の典型だ。

ところが、従来の王臣子孫と違い、将門の成長はうまくいきすぎた。その結果、足立郡司武蔵武芝・武蔵権守興世王や常陸国の住人藤原玄明ら、郡司富豪層や国司、末端の王臣子孫など、様々な現地有力者の勢力を味方に吸い上げ、肥大化した。

しかも、将門自身が卓越した武芸の使い手であり、軍略家だった。その個人的資質と、肥大化した勢力、特にその勢力を支える調停者としての輿望によって、将門軍は力をつけ、実力で坂東八ヶ国を制圧した。この段階で、群盗が従来型の群盗のまま生き残ることは、不可能になった。将門に屈服するか、駆逐されるか、いずれにしても将門という嵐の洗礼を浴び、従来のあり方を捨てるほかなかったはずだ。将門の乱後、東国で群盗事件が起きなくなったのは、将門に吸収もしくは淘汰されたから、と考えるのが最も自然である。

将門の行動半径は、既存の王臣子孫問題として扱える規模を超えていた。また、「新皇」将門は帝王（君主）であって、もはや王臣子孫ですらなかった。そして重要なのは、群盗と同様に、将門の坂東制圧の過程で、坂東全域の王臣子孫が全面的に再編成されたことだ。

王臣子孫は個別に乱立する権門で、相互に利害が一致して手を組んでも、決して一人を頂点に強く組織化されることはあり得なかった。ところが、「新皇」将門という従来の王臣子孫を逸脱した存在の出現で、そのあり得ないはずのことが起きた。坂東の王臣子孫は、将門に屈服するか徹底抗戦するか、二者択一を迫られた。興世王・藤原玄明・藤原玄茂らが代表する前者は将門のもとに統合・組織化され、独立性を失った。また、将門の視界に入った敵は滅ぼされて淘汰され、滅ぼせない敵は平貞盛や藤原維幾親子のように行方を晦まし、将門の視界から消えた。かくして、将門の目に見える範囲では、坂東の王臣子孫は将門の麾下《きか》に一本化された。これほどの統合と淘汰は、従来あり得なかった新展開だ。

国衙と王臣子孫の対立も、一度完全に決着した。将門という強大な王臣子孫が武蔵国衙に介入し、常陸国衙を焼き払い、坂東諸国の国衙を屈服させて印鎰を奪った。国衙と王臣子孫の対立は、最も劇的な形で国衙の完敗に終わったのである。しかもその後、王臣子孫から「新皇」へ脱皮した将門は坂東八ヶ国の国司を任命し、力任せに国衙が王臣子孫（を母胎とした）勢力の支配下に完全に組み込まれた。これは誰も想像しなかった結末だ。

将門の乱に伴う整理と淘汰は、将門が滅んだことで、もう一度起こった。将門の乱では、降参者や捕虜を取った形跡が皆無に近く、将門陣営の重要人物はほぼ全員殺された。将門の弟将武《まさたけ》は甲斐で殺され、興世王は上総で手ぐすね引いて待っていた平公雅に殺され、藤原玄茂と将門の弟将頼《まさより》は相模で殺され、将門の乱を救い難い大反乱に導いた藤原玄明と将門の副官級の坂上遂高《みちたか》は常陸で殺された。将門派に一本化された坂東の王臣子孫が、将門の滅亡とともに地上から一掃され、信じられないほど一挙に淘汰が進んだのである。

かくして、まず将門に逆らった王臣子孫と群盗が消え、次に将門と部下の王臣子孫や元群盗が消え、坂東に残った有力者は藤原秀郷や一部の平氏、藤原維幾親子ら一握りの王臣子孫ばかりになった。これが、坂東における王臣子孫問題と群盗問題の解決だ。

そして生き残った右の人々は、単なる王臣子孫を超えて、卓越した武勇の持ち主である王臣子孫、つまり我々が「武士」と呼ぶ存在であることを、朝廷に認めさせた。

乱の終結から半世紀以上後の寛弘三年（一〇〇六）、陸奥国司は平八生《やつお》という者を押領使に推薦する文書を太政官に提出し、認可された。「八生を仮に押領使に任じて国衙軍を統率させ、追捕（犯罪者の追跡と逮捕）を担当させてみたら、犯罪がなくなり管内が静まったので、彼が適任であることは証明された」と陸奥国司はいう。さらに陸奥国司は、申請の妥当性を補強する事実として、八生の出自に言及した。八生は平公雅の弟公基《きみもと》の子であるから、「門風《もんぷう》の扇《あお》ぐ所、雄武《ゆうぶ》抜群なり」[79]と。

平公雅は先に述べた通り、上総で興世王を討った人だ。将門の乱を官軍として生き残った王臣子孫は、「雄武抜群（勇敢さと強さが抜群）」の武人と朝廷に認定された。しかも、その一家の者まで「門風（家風）」を受け継ぐ者と認定された点が重要で、有能な武人を輩出し続けるであろう血統、いわゆる「兵《つわもの》の家」が認定されたのである。将門の乱は、武士が社会の構成要素として、しかも血統的なレベルで公的に認知される、一大画期だった。

†将門の乱の副産物――勲功者の褒賞と国守の復権

右の形で王臣子孫問題と群盗問題を解決した（意図せぬ）荒療治によって、もう一つ画期的な副産物が生まれた。坂東で国衙の実権の復興が、可能になったのである。生き残った王臣子孫は、朝廷と団結して将門討伐を推進した人々で、国衙に対して比較的無害だ。それればかりか、将門討伐は、将門と対立する王臣子孫を、押領使を兼ねた権介や掾に登用する形で、つまり国衙を足場として行われた。官軍側の王臣子孫は、国衙そのものだった。

これまで国衙は、全く統制できない王臣子孫や群盗のせいで、国内の統治や年貢徴収をまともに行えなかった。しかし、国衙そのものとなった秀郷らは、あの将門を倒した坂東最強の軍であり、秀郷らを倒せる群盗や王臣子孫は、もはや存在しない。前述の通り、彼らは将門征伐のための臨時的な態勢に組み込まれた一時的な国司だが、もし彼らを平時の恒久的な国司に転換させれば、国司の支配も恒久的に確立する。

朝廷はそのことに気づいたのだろう。戦後処理で、それを実践した。乱の終結直後の天慶三年三月に行われた論功行賞の、主な受賞者は源経基・平貞盛・藤原秀郷だった。経基は、将門反逆を密告した功績で従五位下《じゅごいのげ》に昇進。貞盛は、乱の当初から何年も将門の攻撃に耐えて戦い抜き、最終決戦の勝利を導いた功績で正五位上《しょうごいのじょう》に昇進。そして秀郷は、その貞盛に協力し、誰が何度戦っても倒せなかった将門を、独自の「古計《こけい》（古くより代々伝えてきた軍略）」で斃《たお》すことに成功した抜群の功績で、従四位下《じゅしいのげ》に昇進した。

四位に昇ったのは秀郷だけで、三人の中で抜群に高い。しかも、六位から一挙に四位に昇るという、通常考えられない昇進を果たした。そのような常軌を逸した行賞は、彼の常軌を逸した実力と功績を朝廷が認識し、評価した証にほかならない。

もっとも、官職と違い、位階には何の権限もなく、したがって利権も旨《うま》みもない。位階に応じて位禄《いろく》（年金のようなもの）を定期的に下されるが、従四位下の位禄など、王臣子孫として収奪の限りを尽くしてきた秀郷からすれば、微々たるものに違いなく、到底秀郷の功績と釣り合わない。しかも、坂東全域を舞台とした破滅的な戦争のせいで東国の官物《かんもつ》（京へ運上される年貢）は枯渇《こかつ》し、朝廷にまともな財源は存在せず、位禄の支給がそもそも期待できない。そうした中での従四位下など、単なる名誉に過ぎない。

逆に朝廷にとって、位階は懐を痛めずに無料でばらまける、財源の要らない手軽な恩典だった。その位階さえ、朝廷は出し惜しみし、終戦直後の段階では右の三人にしか与えていない。将門との決戦で奮闘した秀郷・貞盛軍が四千人以上もいたのに、である。それどころか、坂東に到着する前に秀郷らが決着を付けてしまったため途中で引き返した、征東大将軍の藤原忠文にも恩賞として位階を与えよう、という議論さえ起こった。[80] 将門の乱に限らず、朝廷の恩賞は常にけちくさく、特に戦場で命を抛《なげう》った戦士に報いる気がほとんどなく、安全な場所にいた貴族に手厚い。

今回も朝廷は、実益を割き与えなくて済む位階だけを秀郷らに授けてお茶を濁し、あとはシラを切り続けようとした可能性がある。しかし、それで誤魔化される秀郷ではない。三人が位階を授けられてから七年後の天暦《てんりゃく》元年（九四七）、秀郷は朝廷に対して、将門の兄弟の処断と、秀郷らへの「功田《こうでん》」の給与を急ぐよう申し入れた。[81] 将門は戦死したが、その兄弟で生き延びた者が何人かあり、彼らの処断が決まっていなかったのである。

秀郷がその処断を急《せ》かす理由は、彼らが死刑になってこの世を去るか、流刑になって坂東を去るか、いずれにしても坂東の地に彼らが二度と舞い戻らない保証を早く得るためだろう。坂東の王臣子孫が将門の乱で淘汰される中、秀郷は数少ない生き残りであった上、最大の功労者という社会的地位を得た。これを足がかりに、余燼燻《よじんくすぶ》る坂東に〈王臣子孫の勝ち組〉として地歩を固め、大きな飛躍を果たさねば、将門と戦うという多大なリスクと、そこで払った多大な犠牲の意味がなくなる。その坂東に、強力な王臣子孫が、つまり将門の兄弟が舞い戻って競争相手となり、今後の足場固め・飛躍を阻害されては困る。

しかも秀郷は、朝廷が以前に切った大見得を覚えていた。朝廷は、「将門を討った者には位階と田地を与え、田地は子々孫々まで相続させる」と太政官符で明言していた。ここで朝廷が約束した田地が「功田」だ。朝廷は宣言通り位階を授けたが、功田はまだだった。位階は名誉に過ぎず、功田こそ、将門征伐を果たした者が得るべき実益であり、その実益が得られないのでは、やはりリスクと犠牲に見合わない。その功田の支給が果たされない状況は、朝廷が秀郷に対して債務を抱えた状況に等しい。「約束の支払いが遅れていますが、まさか逃げる気ではないでしょうね」と、秀郷は釘を刺したのである。

†秀郷が戦功で下野守・武蔵守に任官

『扶桑略記《ふそうりゃくき》』(82)という後世の年代記は、「秀郷が功田を賜《たまわ》って永く子孫に伝えた」と伝える。しかし、同時代の記録には確認できない。『扶桑略記』の作者は、「位階と功田を与える」という太政官符の約束を、既成事実と誤認してしまった可能性がある。

というのも、秀郷に約束されていない恩賞が後に与えられたからだ。それが秀郷の下野守への任官である。朝廷の正史などを抄録した『日本紀略《にほんぎりやく》』という記録によれば、従四位下に叙された八ヶ月後の天慶三年一一月、秀郷は「軍功に依《よ》って」下野守に任じられた(83)。また、『扶桑略記』にも(84)、従四位下に昇ってからしばらく後に、秀郷が「下野・武蔵両国守を兼任」したとある。

これに関しては、『吾妻鏡《あづまかがみ》』に興味深い情報がある。『吾妻鏡』は源頼朝の挙兵から鎌倉中期の六代将軍宗尊《むねたか》親王の追放までを記録した鎌倉幕府の公式の歴史書で、一書にまとめられたのは鎌倉後期〜末期（一三世紀末から一四世紀初め頃にかけて）と思われるが、その編纂《へんさん》材料には同時代の記録がかなり用いられている。したがって、『吾妻鏡』に見える秀郷自身や秀郷流藤原氏に関する伝承は、秀郷の子孫で御家人になった人々が、実際に鎌倉初期〜中期に主張した内容と見てよい。

その『吾妻鏡』の中で、秀郷が何度も「武蔵守秀郷朝臣」と呼ばれている(85)。故人の名に官職・位階を付けて呼ぶ場合は、生前の最後の位階・官職（極位《ごくい》・極官《ごっかん》という）で呼ぶ。したがって、「武蔵守秀郷朝臣」という表記によって、秀郷が武蔵守となり、そしてそれが最後の官職となったと、鎌倉時代に彼の子孫は認識していたことが判る。

さらに『吾妻鏡』には(86)、秀郷が将門を追討した功で「両国守（二ヶ国の守）を兼任」したともある。この記述は、鎌倉幕府創立に参加した御家人の小山朝政《おやまともまさ》が、「先祖の秀郷以来、代々下野国の治安維持を担ってきた」と主張している記事にあるので、前述の「武蔵守秀郷朝臣」と併《あわ》せ考えるに、「両国守」は武蔵守と下野守を指すに違いない。

かくして、秀郷が将門の乱後に下野守・武蔵守となった事実が認められるのだが、朝廷は「位階と田地を与える」と約束したものの、「官職を与える」とはいっていないし、もし秀郷に位階と田地が約束通り与えられたのなら、下野守任命は余計だ。

一貫して恩賞を出し惜しみする朝廷が、約束もしていない恩賞を、しかも受領という重要なポストを、進んで気前よく与えるはずがない。それは「早く適切な恩賞をよこせ」と秀郷が突き上げた結果だろう。そして、もし秀郷が功田を得ていたら、そのような要求に正当性などありはしないから、恩賞は約束通りに与えられなかったのだろう。そこで朝廷は功田の代わりに下野守のポストを与えて、秀郷の不満を解消させたのではないか。

朝廷が約束通り功田を与えられない理由は、察しがつく。乱に先立つ醍醐朝の頃までに、戸籍制は虚偽で埋め尽くされて破綻し、戸籍に依存して行われる班田制も破綻し、百姓は本貫から離れて流浪し、有力な百姓は衛府《えふ》の舎人《とねり》（中央の末端の武官）になる見返りに免税特権を行使していた。秀郷に割き与えられるほどの田地を、諸国の国衙は手許に確保できていないのである。

その上、寛平元年（八八九）から約一〇年も物部氏永の乱が坂東を揺るがし、承平五年

（九三五）頃から天慶三年（九四〇）まで足かけ六年も将門の乱が坂東を戦場にしてしまった。田畠が馬蹄で蹂躙され、耕作すべき百姓が多数殺されたり逃亡した結果、坂東の田地は大いに荒廃したに違いない。秀郷は下野の人だから、功田は坂東で与えられることを望んだだろうが、彼に割き与えられる田地など、坂東には物理的に存在しなかったと見てよい。かくして朝廷は「功田を与える」という約束を、不可抗力的に反故にしたと推察される。

†〝強い受領〟の誕生——王臣家との対立問題解決

しかし、その代償として与えられた受領（下野守）のポストは、旨みが大きすぎ、代償としては釣り合わないのではないか、という疑念が生じる。しかし、それは杞憂《きゆう》だ。戸籍・班田制の崩壊と群盗・戦争で、将門の乱後の東国は荒廃の極みにあった。その東国で国司となっても、年貢の満額納入などあり得ないどころか、復興するまでの今後数年間は、米一粒さえ納税されない可能性が高い。

これは極言ではない。一世紀ほど後、平忠常《ただつね》の乱で荒廃した忠常の本拠地の上総では、乱後の上総介平維時《これとき》の報告によると、二二九八〇町《ちょう》あった田地のうち、わずか一八町（〇・〇八％）しか耕作されておらず、次の上総介が赴任した時も耕作地は五〇町あまりだった。乱後三年の長元《ちょうげん》七年（一〇三四）までに、他国へ逃散《ちょうさん》（逃亡）した百姓の帰住が進んだが、それでも耕作地は一二〇〇町あまり、総量の五％に過ぎなかった[87]。坂東で武士が数年間、広域にわたる反乱を起こすと、ここまで坂東は疲弊するのである。将門の乱も、同等以上のダメージを坂東各地に与えたに違いない。崩壊に瀕する東国からゼロに等しい生産高を吸い上げる受領のポストなど、与えてもほとんど痛くないので、朝廷は気前よく与えたのだろう。

そのようなポストなら、秀郷としても、もらっても何にもならないと思われるかもしれない。しかし、そこがそうではない。前著で述べたように、秀郷の家は地元有力者と何世代も通婚を繰り返し、下野国内の人的ネットワークに完全に溶け込み、むしろ旧来のネットワークを改良する新たな結節点となった。秀郷はそれによって地元勢力と融合し、複数の地元勢力を糾合して束ね、類を見ない大勢力の長となった。彼はその大勢力の力（軍事力・動員力・経済力や人脈・人材など）を最大限に活用して、下野国内に並びない覇権を確立し、そして勢力の利害を代表して正面から朝廷・国衙と闘争し、罪人として断罪され、流罪を宣告されたが、秀郷の勢力のあまりの強大さに国衙は流刑を執行できなかった。

かくして秀郷は事実上、下野一国の最高権力者となったわけだが、秀郷の下野支配の唯一の欠点は、国衙との対立関係だ。秀郷が凄めば国衙は手出しできないが、秀郷の権力が完全に不法である以上、何かと国衙は秀郷の活動に抵触し、余計な面倒を増やす。そのような状況の秀郷にとって、下野守に就任することが、どれほど大きな意味を持ったか、多言を要しまい。秀郷が下野守となり、国衙を支配下に収めることで、秀郷勢力と国衙の対立は完全に解消した。もはや秀郷勢力が国衙そのものなのである。すでに下野の実効支配を確立していた彼が下野守になることで、彼の下野支配は名実ともに完全になった。

それは、一世紀半にもわたる地方の〈国衙vs王臣子孫〉の対立、それも従来のあり方が続く限り永久に解決が見込めない対立の、あまりに鮮やかな解決だった。しかも、秀郷の子孫の小山朝政の主張によれば、秀郷は天慶三年に下野守となった時、改めて押領使になり、彼の祖父豊沢《とよさわ》以来、小山朝政まで一三代・数百年の間、下野国の検断（治安維持）を連綿と取り仕切ってきたという(88)。

豊沢の段階で押領使が存在したかは怪しく、秀郷の子孫だけが下野の検断を担ったか、それが朝政まで直系で伝えられたか、途中で中断しなかったか、などもすべて朝政の主張通りには受け取れない。しかし、秀郷は乱の最終段階で下野掾となり、同時に押領使になっている事実があるので、乱後も残党掃討の責任者として押領使の地位を認められた可能性は十分に高い。押領使とは、国衙が編成した武力の統率に専従する国司の肩書であるから、秀郷は下野国内の最高軍事指揮権を、制度的に朝廷に認めさせたのである。

東国諸国でも、国衙の実権は回復に向かった。将門の乱で、朝廷に敵対的な王臣子孫は淘汰され、生き残った王臣子孫は官軍に比較的従順だ。この、敵と味方を強引に色分けし、敵を一掃してしまえる点こそ、大戦争の効能なのだった。そして、朝廷が戦争に強い王臣子孫(平貞盛・橘氏ら)や武人輩出氏族(小野氏ら)を国衙のスタッフ(権介・掾などや押領使)に任命し、あくまでも国衙を拠点に官軍を整備したことが、ここで意味を持つ。大多数の王臣子孫が官軍に従うようになったということは、大多数の王臣子孫が国衙に従う体制ができたことにほかならないからである。

†秀郷の武蔵進出と奥州進出

こうした状況を背景に、秀郷は武蔵守にもなった。前述の通り、複数の記録が、下野守と同時に「兼任」したと伝えている。とはいえ、一人が複数国の受領を兼ねることは、朝廷の慣例上、古代・中世を通じて類例を見ない。それでも、下野守・武蔵守就任が記録によって確実で、なおかつ武蔵守が彼の極官だった(前述)のなら、彼はまず下野守に就任し、その離任後に武蔵守に就任した、という史実を認めてよい。

武蔵と下野は、南北に隣接する。秀郷は元来の実効支配に基づく下野の完全な支配を足場として、南隣の武蔵まで進出し、二ヶ国に跨《また》がる広域支配を実現したのだろう。

しかも、『尊卑分脈《そんぴぶんみゃく》』という系図によれば、秀郷はこの後、鎮守府《ちんじゅふ》将軍になったという。そしてややこしいことに、「鎮守府将軍になったという伝承は誤りだ」という、何者かによる考証が追記されている。その根拠は、将軍の任命記録を集めた『将軍補任《ぶにん》』という本に、彼の鎮守府将軍就任が記録されていないからだという。『将軍補任』は今日伝わっていないので、確認しようがない。しかし、『吾妻鏡』に注意をひく記事がある。(89)

文治五年（一一八九）、源頼朝は「天下草創《そうそう》（全国平定）」の総仕上げとして、奥州征伐を敢行した。反逆者となった源義経を匿《かくま》った罪と称して、奥州平泉を拠点とする藤原泰衡《やすひら》を滅ぼすためである。この泰衡は奥州藤原氏の四代目で、秀郷の子孫だった。

泰衡の郎従《ろうじゅう》（郎等）の由利《ゆり》八郎という者が頼朝軍に捕らえられたが、二人の御家人が「彼を捕らえたのは自分だ」と主張して譲らない。そこで由利自身に尋問すると、尋問担当者の梶原景時《かじはらかげとき》の居丈高な態度に由利が怒り、「亡くなった御館《みたち》（藤原秀衡。泰衡の父）と鎌倉殿《かまくらどの》（頼朝）に優劣はなく、御館の家人である自分と鎌倉殿の家人である景時も対等なのに、その態度は何だ」と抗議した。その際、由利は秀衡の血統を「故御館は秀郷将軍嫡流の正統として、已上《いじょう》三代、鎮守府将軍の号を汲《く》む」と説明している。

ここで「秀郷将軍」と呼ばれていることは、秀郷が「将軍」の官職にあったことを意味し、文脈から見て鎮守府将軍に違いない。重要なのは、それが秀郷の子孫（奥州藤原氏）

の家人の口で証言されたことで、秀郷が鎮守府将軍となったことは、認めるべきだ。

　故人を回顧する場合、生前最後の官職で回顧すると先に述べたが、秀郷が「武蔵守秀郷朝臣」「秀郷将軍」と二通りに呼ばれるのは、後者があくまでも「藤原秀衡まで代々鎮守府将軍を経歴した」という話題で言及されたためと考えられる。

　かくして秀郷は、将門の乱で一人勝ちに近い成果を手にした。しかし、子孫は奥州藤原氏を除き、源氏の郎等に成り下がってしまう。この逆転は劇的だ。下野一国を制圧し、その力で将門追討という至難の仕事を成し遂げた秀郷の実力は、傑出していた。それに対して、源氏の祖の経基は「未だ兵の道に練れず」という半人前に過ぎず、振る舞いも臆病・卑劣で、将門の乱では「密告」という、戦士でなくともできる功績しか挙げていない。秀郷と源氏では、比較にならないほど秀郷の方が優勢だった。

　この関係が逆転するには、源氏の成長と、秀郷流藤原氏の没落が必要だ。そのどちらも、次の世代に急速に訪れた。次章では、その話を掘り下げ、秀郷の子孫が武士の先頭集団から脱落して源氏の配下に組み込まれてゆく流れを追跡しよう。

第四章　源氏の飛躍と秀郷流藤原氏の沈淪

†一人前の武士に成長できずに終わった源経基

源経基は「兵《つわもの》の道に練《ね》れ」るのに多大な時間を要し、最後まで大した武士に成長しなかった。経基は、征東大将軍の藤原忠文を頭目とする将門追討軍に組み込まれたが、坂東到着以前に将門が敗死したため、全く活躍できずに終わった。しかし、それにもかかわらず、乱の平定直後に大宰権少弐《だざいのごんのしょうに》（大宰府の定員外の次官）に大抜擢された。将門と呼応するように九州・瀬戸内海沿岸を荒らし回っていた藤原純友の一派を取り締まるためで、彼はまだ実績を残していないが、〈やればできる人材〉と判断されていたようだ。

将門の敗死から約半年後の天慶三年（九四〇）八月、朝廷は「追捕《ついぶ》山陽南海両道凶賊《さんようなんかいりょうどうきょうぞく》使《し》」を設置し、その長官（将軍）に小野好古《よしふる》、次官（副将軍）に経基を任命した。この段階でなお、反乱鎮圧を最も期待された将軍が古来の武人輩出氏族の小野氏であり、源氏はその麾下の副将に甘んじていた。経基はこの純友追討でも、目立った功績を挙げた形跡がない。

むしろ最も活躍したのは、主典《さかん》（第四等官）に任じられた大蔵春実《おおくらのはるざね》だった。大蔵氏は、秦の始皇帝の子孫と自称する中国系渡来人・秦《はた》氏の一族だ。秦氏が自己申告して朝廷に認められた経歴によると、秦氏の祖は秦の始皇帝の曾孫の孝武《こうぶ》王で、以後、功《こう》満《まん》王―融通《ゆうづう》王（弓月王《ゆづきのきみ》）―登呂志公《とろしのきみ》―酒公《さけのきみ》と続く。功満王が仲哀《ちゆうあい》天皇の代に一度来朝し、子の融通王（弓月王）が応神《おうじん》天皇の代に多数の民を引率して再度来朝して本格的に帰化し、仁徳《にんとく》天皇の時代に「秦」姓を与えられ、酒公が雄略《ゆうりやく》天皇の時代に「太秦《うずまさ》」姓を与えられたという。

これとは別系統で、弓月王の別の子孫（孫の孫）の大蔵秦公志勝《おおくらのはたのきみししよう》が秦氏を名乗った(90)。大蔵氏はその後裔である。欽明《きんめい》天皇の側近で、財を築いて豊かだった秦大津父《おおつち》は大蔵（天皇の倉）を預かり、七世紀半ばの斉明《さいめい》天皇の時代までに秦大蔵造《はたのおおくらのみやつこ》という氏姓を名乗った(91)。その後、奈良中期の天平一二年（七四〇）に大蔵忌寸広足《おおくらのいみきひろたり》という人が見え、それまでに彼らは「秦」の字を取り除いて「大蔵」姓に改姓したようだ(92)。

この大蔵氏は「将種《しようしゆ》（将軍を輩出する血統）」でないが、純友追討に活躍した春実らの努力によって、武士として中世に適応することに成功し、筑前の有力武士・原田《はるだ》氏として生き残ってゆく。

それに引き替え、源経基は武人の資質・実績で遥かに下回り、今回もほとんどお飾りに等しかった。純友が討たれた三ヶ月後の天慶四年（九四一）九月、経基はようやく、豊後を襲撃した純友の残党・桑原生行《くわはらのなるゆき》と合戦して彼を生け捕り、その一派を討ち取った(93)。それは、経基が武人として使いものになった、最初で最後の事件だった。

彼はその後しばらく、大宰大弐《だざいのだいに》（大宰府の次官の主席）小野好古の下で、大宰権少弐（次官の定員外の次席）として北九州沿岸の防備を担当したようだが、一〇世紀半ばの村上《むらかみ》朝の頃までに没した。『尊卑分脈』は天徳《てんとく》五年（九六一）に四一歳で死去と伝え、『勅撰作《ちょくせんさく》者部類《しゃぶるい》』（勅撰和歌集の入集者の略歴一覧）は天徳二年に四五歳で死去と伝える。すぐ後に述べる通り、経基は天徳四年までに没していたと考えられるので、後者が史実だろう。

†何が経基の武士化を促したか——摂政忠平と右大臣源能有

右に見た通り、経基はいつまでも「未だ兵の道に練れ」ない未熟者だったが、なぜか何度も武人が就くべきポストに登用された。これは極めて不自然だ。臆病者だった過去はあっても戦士としての実績が皆無だった経基を、朝廷は強引に引き立て、まるで無理にでも武人として実績を挙げさせたいかのようだ。通常、切羽詰まった反乱の鎮圧には、武人としての活躍が十分に期待できる人物を登用するものだが、経基だけは、それらの戦に責任あるポストで臨ませることで、鎮圧そのものを期待するというよりも、武人としての経歴を踏ませ、箔を付けさせ、成長を期待するかのような扱われ方だった。「未だ兵の道に練れず」という『将門記』の評価も、「彼はいずれ兵の道を堂々と歩むことになっているが、まだ当時は経験が足りなかっただけ」と述べているのと変わらない。

そこまでする動機が、一体誰に、なぜあったのか。なぜ経基の人生には、「兵」として歩む既定路線があったのか。あまり判然としないが、一つ確かなことがある。それは、朝廷の人事を完全に掌握する摂政忠平が、少なくともその路線を了解していたことだ。

前著で証明したように、経基は父の貞純《さだずみ》親王の母系を経由して、最初の征夷大将軍・坂《さかの》上田村麻呂《うえのたむらまろ》の血を引いている。ただ、六世代も前の田村麻呂の存在だけで、ここまで強く経基が「兵」の人生を歩むべきと決まるとは考えにくい。では、経基自身の母系の血統はどうか。

経基の母は源能有《よしあり》の娘だ。能有は文徳《もんとく》天皇の皇子で、宇多朝で右大臣まで昇り、宇多朝の政務を議政官として実質上取り仕切った純然たる文官・政治家で、武人として特段優れた資質を有したとは伝わらない。ただ、公卿に昇ってからは左兵衛督《さひょうえのかみ》・左《さ》近衛中将《こんえのちゅうじょう》・左衛門督・右近衛大将・左近衛大将と、衛府の長官をすべて渡り歩くように経歴しており、最終的に武官の頂点たる左近衛大将まで昇った。これはさすがに武官としての資質が皆無の人物では務まらない経歴で、彼には何らかの資質が備わっていたと見なされたのだろう。

そこで気になるのが、能有の母の出自だ。『尊卑分脈』に、彼の母は伴《とも》氏だったとある。伴氏の誰の娘かは不明だが、伴氏は武人輩出氏族なので、能有には武人の血が流れていた可能性を大いに考えてよい（なお、能有の子孫の文徳源氏は、院政期以降、多数の北面《ほくめん》の武士や滝口の武士を輩出し、明らかに武士化したが、それは秀郷流藤原氏・利仁流藤原氏の血統が入ったことによる）。

†父経基と似つかぬ源満仲の武者ぶりと暴力性

とはいえ、経基は最後まで、武人としては冴《さ》えない人物だった。それが、子の満仲・満《みつ》正《まさ》・満季《みつすえ》兄弟の代になると全く様相が変わり、突然、傑出した武人ぶりを見せる。

平安時代の百科事典は、歴史上の傑出した「武者」に満仲・満正兄弟の名を挙げる(94)。また、院政期に大江匡房《まさふさ》が著した『続本朝往生伝《ぞくほんちょうおうじょうでん》』も、一条天皇の時代の優れた人物として「武者は則《すなわ》ち満仲・満正・(平)維衡《これひら》・(平)致頼《むねより》・(源)頼光。皆な是《み》れ天《こ》下の一物なり」と、やはり満仲・満正兄弟と満仲の子頼光を武者の「一物(傑物)」に挙げる。

天徳四年（九六〇）、平将門の遺児が入京したと噂され、朝廷はその逮捕を検非違使と源満仲・大蔵春実らに命じた。(95) これが満仲の活動の初見である。

この大蔵春実は、経基が大した働きをしなかった藤原純友の鎮圧で、最も活躍した前述の人物だ。経基が動員されなかったのは、もう没していたからだろう。犯罪取り締まりを制度上担当する検非違使と別に、個人名で指名されて武力の発動を期待される「諸家の兵士」を率いる者（将門の滅亡後、純友の乱では、平貞盛軍が「貞盛朝臣兵士」として把握された）と同じ立場を、源氏はこの時までに獲得していた。その立場で、貴姓の新興氏族の源氏と、卑姓の古代氏族の大蔵氏が、ともに生き残りをかけて共存する様子は興味深い。源氏は武士として売り出そうと躍起になり、大蔵氏は淘汰されないため武士へ転換しようと躍起になっていた。

以後、満仲の際立った武者ぶりは逸話に事欠かない。右の翌年の応和《おうわ》元年（九六一）、満仲は京都の家で強盗に襲われ、敵の一人を取り押さえて主謀者の名を自白させた。主謀者は源親繁《ちかしげ》・中臣良材《なかとみのよしき》・源蕃基《しげもと》の子らだという。(96)

源親繁は醍醐天皇の孫（式明《のりあきら》親王の子）、源蕃基は清和天皇の孫（貞真《さだざね》親王の子。つまり経基の従兄弟）だ。この頃は、天皇の孫や曾孫でも簡単に強盗に転落する時代だった。ただ、身分から見て、彼らが単なる物盗りとは考えにくく、この強盗も政治的暗闘のようだ。

もっとも、主謀者たちは姓こそ貴いものの、政治の中枢を狙える立場にない。むしろ臣籍降下させられて経済的優遇を失い、政治的な栄達も閉ざされた層の人々だ（中臣氏は最初から卑姓）。つまりこれは、政権を奪い合うレベルの政治闘争ではなく、前著でうんざりするほど見てきた末端の王臣子孫の武力闘争、いわばギャングの抗争に過ぎない。一〇世紀半ば当時、王臣子孫同士の武力闘争は、もはや都で公然と繰り広げられるに至っていた。そして満仲は襲撃者を撃退・捕獲して、屈強な武人であることを証明した。

一二年後の天延《てんえん》元年（九七三）、満仲の京の家はまた強盗に襲われた(97)。今回の強盗は満仲宅を包囲して放火する暴挙に及び、三〇〇余りの家々を焼く大被害を出し、近隣に住んでいた越後守の宮道弘氏《みやじのひろうじ》が防戦したが射殺された。包囲・放火や弓矢での戦闘は何ら合戦と変わらず、それを京中で行う様子は、約二世紀後の保元の乱を彷彿とさせる。

事件の犯人は不明だが、単なる物盗りが、わざわざ屈強な武者として名高い満仲の家を狙うわけがない。犯人は満仲の敵に違いなく、前回と同様に王臣子孫だった可能性が高い。京は王臣子孫の抗争の舞台となり、矢が飛び交い、大火災に見舞われる戦場となった。

一四年後の永延元年（九八七）、六〇歳を過ぎた満仲は、源信《げんしん》僧都を戒師として出家した。満仲の子で源信の弟子だった源賢《げんけん》が、多くの動物や人を殺してきた父の後生を心配し、出家を勧めたという(98)。満仲は摂津守《つのかみ》だった時に摂津国《つのくに》の多田《ただ》に家を設け、以後もそこに住み、そこで出家したので、満仲を多田新発意《ただのしんぼち》（新発意は日の浅い出家者）と呼ぶ。

彼の出家を伝え聞いた蔵人頭の藤原実資《さねすけ》は、日記に彼のことを「殺生放逸《せっしょうほういつ》の者（好き放題に殺戮する者）」と記した。[99]『今昔物語集』[100]によれば、鷹を四〜五〇羽も飼って狩し、多くの鷲を飼って動物を獲り、川に簗《やな》（一度入ると出られない罠）を設けて魚を捕り、海に網を引いて魚介を捕らせ、多くの郎等に山で鹿を狩らせた。人間でも気に入らない者は「虫ナドヲ殺ス様《よう》ニ殺シ」、殺すまでもない者は手足を切ったという。

このような極度の暴力性は、父経基になかったものだ。しかも、「未だ兵の道に練れず」という半端な「兵」だった父経基に対し、子の満仲は「世《よ》ニ並《なら》ビ無《な》キ兵（世間に並ぶ者がない兵）」といわれる、「兵」の頂点だった。[101]半人前の「兵」から頂点の「兵」へ、という急激な変化は、外部からの刺激・媒介を予想させる。つまり、父子間の自然な遺伝や教育だけでなく、母方から注入された武人の血が助けになったのではないか、と。

†源満仲の母は不明

ところが、満仲の母は判然としない。唯一その情報を載せる『尊卑分脈』も混乱を極め、満仲の外祖父について、橘繁古《しげふる》・藤原敏有《としあり》・藤原敦有《あつあり》と三説も挙げる。誰が本当の満仲の外祖父かはもちろん、彼ら一人一人の実在さえ確認できないことから、専門家もこの問題の追究を諦めている。[102] ただ、この問題は武士の成立にとってあまりに重大であり、もう少し踏み込んで絞り込む価値があるし、実はそれが可能だ。

候補者三人のうち、藤原敏有と藤原敦有は同一人物だろう。「敏」と「敦」は字形が酷似するからで、どちらかが誤写で、事実上一人の人間を指すのだろう。もっとも、この時代には「藤原敏有」「藤原敦有」のいずれの名も、いかなる記録にも確認できない。

ただ、『尊卑分脈』によれば、満仲の弟満季《みつすえ》の母が「武蔵守藤原敏有」の娘だという。この情報を重視し、経基が武蔵権守だった時に武蔵守の娘を娶って子を儲ける、という筋書きがありそうなことを考慮すると、満仲・満季がともに武蔵守藤原敏有の娘を母とした可能性は、相当に信憑性が高い。後述するが、安和の変で満仲と満季の連携が極めてスムーズだったのも、同母兄弟として運命共同体だったと見れば理解しやすい。

ところが、満仲の母を橘繁古の娘とする説も捨て難い。「橘繁古」という名は信頼できる記録上に確認できないが、似た名前の人が満仲の近くにいた。後に述べる安和の変で、満仲に反逆者だと告発された一人・橘繁延《しげのぶ》である。橘繁古は、姓が同じで名が酷似する橘繁延の同族として、実在した可能性がある。満仲は外祖父の同族を告発したことになるが、外祖父の同族が必ず全員味方だという保証はないから、さほど問題ないだろう。

むしろ、将門の乱の一五年ほど前に、恐らく武人的資質を期待されて橘実範《さねのり》という人が常陸介に急遽起用され、(103)また将門の乱で橘是茂という人が明らかに武人的資質を期待されて相模権介・押領使に起用されている（前述）。そうした資質を持つこの頃の橘氏が源経基に娘を嫁がせ、満仲を儲けた可能性もまた、大いにありそうだ。

†満仲の外祖父候補「藤原敏有」と「橘繁古」は同一人物

では結局、藤原敏有と橘繁古のどちらが満仲の外祖父か。ここまで考えて、私はこの問いが間違っていることに気づいた。恐らく、二人は同じ人物だ。どういうことか。

古文書や記録の現物を数多く見てくると、書写する時に誤写しやすい字には、一定のパターンがあることを覚える。私は藤原敏有や橘繁古という名が何かの誤写だとしたら、何の誤写だろうと考えた。そして、「有」と「古」には、つながりがある気がしてならない。

少し考えて合点がいった。「古」は二画目の縦棒の最後を左に払うことが多く、「右」と誤写されやすい。そして「右」は、右下の口が月と混同されやすく、「有」と誤写しやすい。つまり、〈古→右→有〉という経路（もしくは逆）で、「古」と「有」は誤写されやすい文字同士だ。ならばもしかして、「敏有」と「繁古」は同じ名前の誤写ではないのか。

その閃きをもって一字目を見ると、「敏」は「繁」の上半分だということに気づく。誤写しやすいのはいうまでもない。現に、安和の変の記録では、反逆者として満仲に密告された人物を、『日本紀略』が「橘繁延」と書くのに対して、『扶桑略記』や『愚管抄』『百練抄』は「橘敏延」と書いている。「敏」と「繁」が誤写されやすい明白な証拠である。

こうなると、結論は一つしかない。敏有と繁古は実は同じ名で、一方が他方の誤写、あるいは両方が別の一つの名からの誤写だろう。ならば、正しい表記（文字）は何か、そして彼は橘氏なのか、武蔵守の藤原氏なのか。それが正しい問いだ。

「橘」を誤写して「藤原」になるのか（またはその逆が起こるか）は、私には判らない。ただ、橘敏行《としゆき》という人が一度死んでから蘇生して、生前に発願《はつがん》した経典の書写を成し遂げた、という『今昔物語集』[104]の伝承が、『尊卑分脈』では藤原敏行という人の伝承として載せられているから、「橘」と「藤原」の取り違えは確かに起こり得たようだ。

†満仲の母は橘繁古の娘か――天慶元年の武蔵情勢

では、どちらが正しいのか、と考えた時、経基と武人の橘氏の縁が深かったことが注意される。前述の通り、経基は将門の乱の平定直後に大宰権少弐に抜擢され、純友の制圧を任とする追捕使の次官として大宰府に赴任した。天慶四年（九四一）五月、純友は大宰府に襲来したが、追捕使の長官である大宰大弐小野好古の指揮下で官軍が奮戦し、撃退した。

純友は根拠地だった四国の伊予に逃亡したが、伊予国警固使の橘遠保《とおやす》が待ち受けていた

（警固使は治安維持の特命を帯びた武人）。純友はこの遠保に斬られたとも、逮捕・拘禁されて獄中で死んだとも伝えられる。(105)任地を同じくする同僚ではないが、純友追討という大きな仕事の中で、経基の仲間に橘氏がいたことは確かだ。

この橘遠保は、三年後の天慶七年、美濃介《みののすけ》だった時に、家に帰る途中を襲われて「斬殺」され、非業の最期を遂げる。(106)しかしもう一人、彼の同族と思われる橘近保《ちかやす》という者がいた。名の一字が共通する点から見て同じ世代の同族、つまり近ければ遠保の兄弟、遠くても従兄弟だろう（この時代、親子ではあまり名の一字を共有しない）。

この橘近保は、純友が滅んだ翌年の天慶五年に駿河掾《するがのじよう》で、駿河国衙が京に進納する調《ちよう》（特産品で納める年貢）を奪取した容疑で指名手配中だった。彼の妻が、大納言だった故藤原扶幹《すけもと》の一家と縁があったため、扶幹の未亡人が住む京の家に隠れ住んでいると噂された。噂を知った検非違使はその家を包囲して捜索したが、発見できなかったという。容疑が真実なら、この近保の振る舞いは王臣子孫の無法の典型である。(107)

この近保は、実は四年前の天慶元年五月にも「犯過（犯罪）」の容疑者として、武蔵国衙から朝廷に告発されている。罪の内実は不明だが、朝廷が武蔵と周辺国に追捕を命じているから、かなりの規模の不法な武力行使だったようだ。(108)

ところで、この近保の犯罪を通報したのが武蔵国衙だったことと、朝廷が対処したのが天慶元年五月だったことに注意されたい。その三ヶ月前の天慶元年二月に、武蔵国衙では武蔵権守興世王・武蔵介源経基と足立郡司武蔵武芝が揉め、将門の仲裁で和解していた。経基が興世王・将門の反逆を朝廷に密告したのは翌年三月だが、それは経基が上京した直後と考えるのが自然だから、武蔵国衙が近保の犯罪を通報した時は、まだ経基は武蔵にいただろう。橘近保の武蔵国衙への反抗は、まさに経基が武蔵介として武蔵にいた時期に起きていた。

しかも、興世王らが揉めた天慶元年二月から、百済王貞運が武蔵守に着任する天慶二年五月まで、武蔵守は空席だったと思われる。その間は、武蔵武芝と揉める前と同様、武蔵権守の興世王が武蔵国衙の政務を主導していたに違いない。その時期に橘近保を告発した武蔵国衙とは、つまり興世王の勢力そのものだ。興世王と橘近保は、敵同士だった。そしてこの段階では、経基も興世王の敵となっていた。敵の敵は味方という。経基と近保は、興世王を共通の敵とする点で、利害が一致している。近保の「犯過」の告発が、ちょうど興世王と経基らが決別した武蔵国衙の内紛の直後だったことを考慮しても、近保の「犯過」の背後には、武蔵近辺に潜伏中の経基がいて、組んでいた可能性が非常に高い。

以上の通り、経基は武蔵介時代に、武人を輩出する橘氏と非常に近い縁があった。この事実は、満仲の母を橘氏とする伝承の信憑性を著しく高める。橘近保の近縁の女性が経基に嫁し、橘氏の武人的資質が母系から注入されたなら、彼女が産んだ満仲らが一世代で急に武人的資質を強めたのも肯《うなず》ける。特に、何度も国衙と武力抗争を行い、国衙から年貢を強奪するような無法者だった橘近保に近い血が入ったことは、経基には見られない「虫ナドヲ殺ス様ニ」人を殺す暴力性が、満仲の代から急に発現した事実を、うまく説明できる。

以上から、満仲・満季ら兄弟の母は、父が武蔵介時代に知り合った橘近保の近親者である橘繁古（と書かれる何者か）の娘であり、藤原敏有・藤原敦有とする説はすべてその誤伝と結論できそうだ。彼の真の名は確定できないが、もし「繁」の字を最初から含んだなら、天慶二年に任命された三人の坂東諸国の権介・押領使のうち、相模権介の橘是茂の同族かもしれない。是茂の名をコレシゲと読めば、橘繁古と名の一字の読みが共通するからだ。

†武蔵掌握をめぐる満仲と秀郷の利害対立

右に見た通り、武蔵は満仲兄弟の出生と直結するほど、源氏にとって重要な国だった。その武蔵を、満仲は何とか源氏の根拠地として確立しようとしていた形跡がある。応和元年（九六一）に最初の強盗を撃退した時、満仲は前武蔵権守だった。

武蔵は、物部氏永の本拠地上野の南に隣接し、氏永の乱の被害が最も甚大だった四ヶ国の一つである。そうして群盗の巣窟になった後、興世王らの紛争を経て完全に将門の勢力圏に入り、群盗と地元勢力の淘汰と再編成が一挙に進んだ。しかも将門が滅亡したことで、その再編成された地元勢力がさらに淘汰・再編成され、武蔵は権力の空白地帯になった。

そこに、藤原秀郷が武蔵守として乗り込み、すでに受領・押領使として完全に制圧していた下野と一体的な、新たな勢力圏を築こうとしていた。満仲が武蔵権守として源氏の勢力を武蔵に構築してゆくことは、この秀郷の勢力圏を侵害してゆくことに等しい。

満仲は恐らくこの武蔵赴任を機に、現地の嵯峨源氏の一派を取り込み、武蔵の人的ネットワークに拠点を築くことに成功した。武蔵の嵯峨源氏とは、源仕《つこう》の一族である（名は「任」とも伝わるが、「仕」の誤写だろう）。

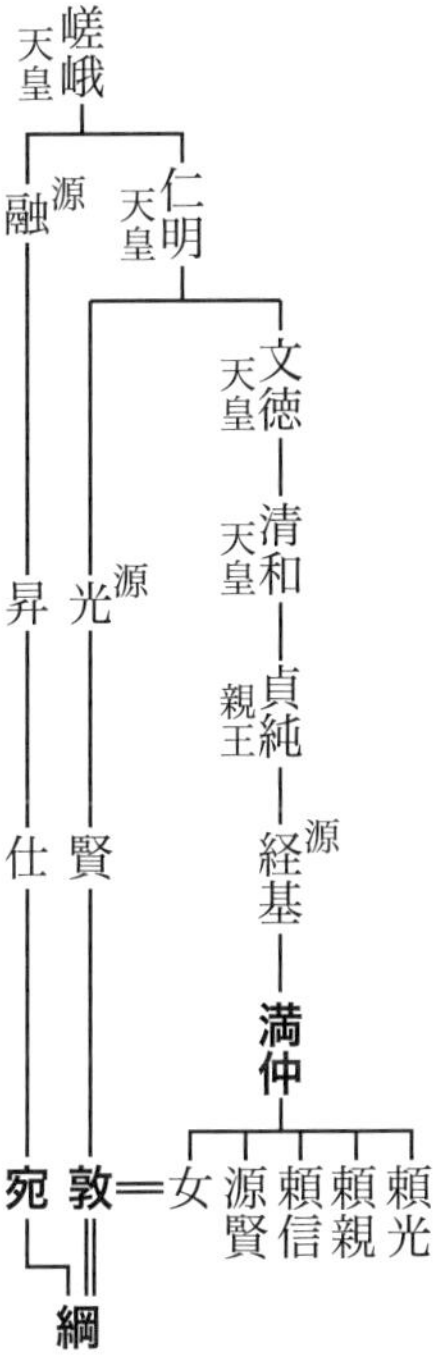

系図３　源満仲と源綱をめぐる系譜関係

仕の父は大納言の源昇《のぼる》、祖父は左大臣の源融《とおる》で、曾祖父が嵯峨天皇だった。祖父・父は公卿の最上層に食い込んでいられたが、仕の代で急速に没落し、辛うじて武蔵権介となったに過ぎなかった。典型的な王臣子孫である。しかも仕は、武蔵権介の任期後も武蔵を去らず、延喜一九年（九一九）に武蔵国府を焼き討ちし、武蔵守の高向利春《たかむこのとしはる》を攻め、官物（京に納める年貢）を強奪した。[109] 元国司が盗賊化して現任の守を脅かすという、これも典型的な王臣子孫の末路といっていい。

この仕の子の宛《あつる》が、武蔵国足立郡箕田《みた》郷に住んで字《あざな》（通称）を箕田源二《みたのげんじ》と称した。[110] 彼が、同じ武蔵の村岡郷に住んで村岡五郎《むらおかのごろう》と称した平良文《よしふみ》と争った逸話は、『今昔物語集』に名高い。良文は高望の子（国香の弟）で、将門の叔父である。その逸話によれば、彼らは「兵《つわもの》ノ道」を追求するうち、互いに「自分に敵《かな》うものか」と考えて対立し、合戦で決着をつけようと大軍同士で対峙した。しかし「これは我々個人の問題だ」という良文の提案で、騎射の一騎討ちを行ったところ、決着がつかず、互いの腕を認め合って懇意となったという。源宛は騎射に熟達した「魂太ク心賢《さかし》キ兵」であり、五〜六〇〇人も軍勢を抱え、同じ武蔵で勢力拡大を図る平氏と緊張関係にあったようだ。

この宛に、綱《つな》という子がいた。その源綱の子孫は、後に渡辺津《わたなべのつ》という港湾（摂津国西成郡）を拠点とする嵯峨源氏の武士団「渡辺党」を形成したので、その祖とされた綱は中世以後に「渡辺綱」と呼ばれた。彼は碓井《うすい》貞光・卜部季武《うらべのすえたけ》・坂田公時《きんとき》と並んで源頼光に仕える「四天王」として伝説化され、『平家物語』などで語られる鬼退治の武勇伝が創作され、室町時代以降も能などの登場人物とされて、繰り返し活躍させられていった。

実際には、綱が著名になったのも、彼を含めて四人になった頼光の郎等が四天王と呼ばれたのも、鎌倉時代以降に綱の子孫（と称する人々）が彼を賞賛し始めてから[11]で、源綱は当時さほど著名な「兵」ではなかった。頼光四天王も、『今昔物語集』では平貞道・平季武・下毛野《しもつけぬ》公時の三人だけが現れ、源綱の名は見えない。

それより重要なのは、綱と満仲の関係だ。『尊卑分脈』によれば、綱は嵯峨源氏の源宛の子に生まれたが、仁明源氏の源敦《あつし》に養われた。その養父の敦が、実は源満仲の娘婿だったのである。

将門の乱が終結した年、満仲はまだ二九歳だった。したがって、満仲の娘と源敦の婚姻は、乱よりしばらく後になる。乱後、父経基から受け継いだ武蔵への野望を実現させるべく、満仲は、乱前・乱中から目を付けていた足立郡の実力者である嵯峨源氏の宛を味方（郎等）に取り込もうと企んだ。その手段として、先に婿にしていた仁明源氏の敦に命じて、宛の子の綱を養子に取らせたのではないか。

いずれにせよ、これで綱は満仲の孫ということになる。そして重要なのは、これによって満仲が綱の実父の箕田源二宛と、つまり物部氏永の乱後に武蔵で急速に勢力を拡大した嵯峨源氏と結合して、武蔵に地盤を獲得したことだ。この関係が築かれた可能性が最も高いのは、満仲が武蔵権守だった時期以外にない。

†秀郷の子千晴と源満仲・平氏の対立抗争

こうした満仲の武蔵進出は当然、先に進出していた秀郷一家の利害と衝突する。満仲の活動が目立ち始める一〇世紀後半、すでに秀郷は没していたと思われ、その子の千晴《ちはる》が後を継いで満仲と対立していた。しかも千晴は相模権介となって、武蔵の南隣の相模にまで進出する足がかりを得ていた。この頃、千晴と満仲は京に住んで暗闘していたらしい。

古代では天皇が没すると、政治的空白・混乱に乗じた反乱を防ぐため、三関《さんげん》（近江の逢《おう》坂関《さかのせき》、伊勢の鈴鹿関《すずかのせき》、美濃の不《ふ》破関《わのせき》）を固める固関使《こげんし》が派遣される習わしだった。康保四年（九六七）に村上天皇が没した時、その伊勢の固関使に、源満仲と藤原千晴が指名された。[112]当時、満仲は左馬助、千晴は相模権介で、相模権介は武官ではない。官職と無関係に個人単位で動員される武士のあり方は、すでに完全に定着していた。

固関使への指名は、代表的な武人としての朝廷の認知を意味するが、興味深いことに、満仲も千晴も指名を断った。病と称して固辞した満仲は辞退が認められたが、千晴の辞退は認められなかったと記録にある。前後の状況から推察するに、彼らは相互の暗闘に忙しく、手を携えて伊勢まで行かされて共同作業をするなど、考えられなかったのだろう。

その翌年、朝廷で、前相模権介藤原千晴と前武蔵権介平義盛《よしもり》の抗争事件が問題視され、双方の事情聴取の結果、義盛が千晴を襲撃したことが明らかとなった。[113] 平義盛の素性は不明だが、秀郷流藤原氏と武力抗争するほどであるから、桓武平氏の武士だろう。名前に「盛」の字を持つので、貞盛の弟か従兄弟の可能性が高い。

注意すべきは、平義盛の肩書が前武蔵権介だったことだ。彼は多くの元国司と同様、任期後も現地に住み着いて勢力を築こうとしたが、そこが武蔵だったため、秀郷・千晴親子の既得権を侵蝕する形になった。秀郷流藤原氏は、将門の乱の戦果として手に入れた武蔵の権益を、源氏と平氏の攻勢から守る守勢に立たされ、三つ巴の武蔵争奪戦を強いられた。

†安和の変——秀郷一家が中央政界から消える

こうした地方の軍事衝突は、一進一退を繰り返すばかりで埒《らち》が明かないことが多い。無理に武力に訴えると、かつての秀郷や将門のように反逆者と認定され、追捕・追討の対象とされかねない。そこで満仲は、京で秀郷流藤原氏を政治的に失脚させ、追い落そうと画策したようだ。千晴が平義盛に襲撃された翌年の安和二年（九六九）に政界を震撼《しんかん》させ、

「殆《ほとほ》と天慶の大乱の如《ごと》し」という大騒動になった安和の変は、恐らくその成果である。

この政変は、「中務少輔《なかつかさのしょう》源連《つらぬ》と橘敏延《としのぶ》（繁延《しげのぶ》とも）らが反逆を企てている」という源満仲・藤原善時《よしとき》（良時）らの密告から始まった。関白藤原実頼《さねより》（忠平の子）率いる朝廷の対応は素早く、非常事態として宮中・三関の通行を遮断し、検非違使に橘繁延や共犯の僧蓮《れん》茂《も》らを逮捕させ、自白を引き出した。ほかの名前は、この自白で出たのだろう。その日のうちに検非違使が藤原千晴と息子久頼《ひさより》を逮捕・拘禁し、左大臣源高明《たかあきら》が関与していると断定され、左大臣を解任して大宰権帥《ごんのそち》に左遷し、九州に追放すると決定した[114]。この時、千晴・久頼親子を逮捕した検非違使が源満季、つまり満仲の弟だったことは、事件の底流に源氏と秀郷一家の暗闘があったことを窺わせて余りある。

その二日後、「密告の賞」として源満仲に正五位下が、藤原善時に従五位下が授けられた[115]。密告が真実と認定され、高明や千晴らは反逆者と確定したのである。四日後、橘敏延が土佐へ流され、翌日に藤原千晴が隠岐へ、蓮茂が佐渡（伊豆とも）へ流された[116]。刑の重さが主謀者蓮茂・橘敏延と同じ最も重い遠流《おんる》だった点から見て、千晴も単なる連坐ではなく、主謀者の一人と認定されたことが明らかだ。

翌日、主謀者で逃亡した源連と、平貞節《さだとき》という桓武平氏の武士らしき人を、「謀反《むほん》の党《とう》類《るい》」として追討（殺害）せよと命じられた。追捕（逮捕）でない点で、弾圧が徹底している。

しかも同じ日、下野国司が「故藤原秀郷の子孫に教喩《きょうゆ》を加《くわ》ふべし（亡き藤原秀郷の子・孫に、早まらないよう教え諭《さと》せ）」と命じられた。[117] 千晴の子弟らが、千晴の逮捕・流刑に憤って激発し、正面から反乱に踏み切る可能性が、容易に想像されたのである。この政変で出た多数の処罰者のうち、関係者にこうした特段の警戒が払われたのは、秀郷一族だけだ。かつて醍醐朝で、秀郷が国衙に反抗して下野国を制圧した悪夢を、朝廷はまだ生々しく覚えていたのだろう。

†「武者」が記録に現れ始める

この事件は、藤原氏による最後の他氏排斥《はいせき》事件だと、学校で教えられてきた。事実、政変の結果、左右大臣は藤原氏で独占され、失脚した高明に代わって左大臣という太政官首班に昇った右大臣藤原師尹《もろまさ》（忠平の子、関白実頼の弟）が最大の受益者で、『大鏡』は師尹が陰謀の主謀者だった可能性に触れている。全体として事件には不透明な部分が多すぎるが、左大臣源高明を失脚させるための陰謀だったという定説には、否定し難いものがある。

事件の真相解明は困難だが、本書にとって重要なのは、次の三つの事実だ。

一つは、武士の成立に関わる。「武士（武者）」という言葉が我々の用いる意味で使われ始めたのは、安和の変より一世紀近く前、九世紀末に宇多天皇が「滝口武士（武者）」を設置した時だ（前著参照）。ただ、「武士（武者）」はあくまでも「滝口武士（武者）」という熟語として使われ、単体で使われた形跡がない。

ところが、安和の変で朝廷が敷いた厳戒態勢を、「左右馬寮に命じてそれぞれ馬一〇匹に鞍を置いて待機させ、『武射の人々』に鳥曹司《とりのそうじ》という部屋で待機させた」と描写した記録がある。[118]「武射」という言葉はなく、意味が不明だ。馬に鞍を置いて待機させるのは、万一の変事に直ちに武人が騎乗して戦う準備に違いない。その戦闘準備の一環として待機させられた「武射の人々」も、戦闘員だろう。しかも、彼らが待機した「鳥曹司」は、二七年後の長徳《ちようとく》二年（九九六）に内大臣藤原伊周《これちか》を反逆者として流罪に処した時、[119]万一の暴動に備えて「武芸に堪《た》ふるの五位（武芸を嗜《たしな》む五位）」を待機させた場所でもある。状況が酷似しているので、「武射の人々」は「武芸に堪ふるの五位」の同類だろう。

以上から、「武射の人々」は、発音が同じ「武者の人々」の書き間違いだった可能性が、極めて高い。とすると、これは「武者」という言葉が単体で（滝口を離れて）使われた、知られる限り初めての事例である。まだ新しい、社会的に熟していない「ムシャ（ムサ）」という言葉を、耳で聞いた記録者が、適切に漢字変換できなかったのだろう。しかも、「武射」という誤変換は、〈武者は弓術の使い手だ〉という一般的イメージの存在を意味している。こうした意味で、安和の変が「武士」成立史にとって占める意味は大きい。

秀郷一家が武蔵争奪戦に敗れて摂関政治に乗り損ねる

次に重要なのは、源満仲の役割と成果だ。満仲は密告することで、この政変の引き金を間違いなく自分の意思で引いた。そして千晴の流刑により、秀郷流藤原氏を政界から駆逐するという大きな成果を得た。満仲は、将門の乱後に武蔵の取り合いという形で顕在化してきた秀郷流藤原氏との対立に勝利するため、この大騒動を引き起こした可能性が高い。

この政変が満仲にとって、武蔵での抗争の一環だった状況証拠が、もう一つある。源満仲とともに密告した藤原善時が、前武蔵介だったことだ。二人の人脈が、満仲の武蔵権守の在任中に武蔵で培《つちか》われたことは、間違いあるまい。「江戸の仇を長崎で討つ」かのように、彼らは武蔵の利権のために手を組み、共通の敵である秀郷流藤原氏の排除を中央で画策したのだろう。そして、満仲は父経基の手法を、もう一度活用した。地方で強力な競争相手に直面した時、京へ上って相手を「反逆者だ」と密告して朝廷全体の敵に仕立て上げ、労せずして滅ぼす手法である。そして、前回に続いて今度も、その手法はうまく機能した。

もう一つ重要なのは、摂関政治との関係だ。安和の変によって、藤原氏の国政掌握は加速した。ちょうどその同じタイミングで秀郷流藤原氏が失脚したということは、彼らが摂関政治の全盛期に乗り損ね、藤原道長の時に最盛期を迎える摂関政治の栄華のお零《こぼ》れにあずかれなくなった、ということだ。これは、後述のように、その果実を貪って大成長を遂げた源氏・平氏との間に、取り返しのつかない決定的な差を生む原因となった。

安和の変から二七年後の長徳二年(九九六)、花山法皇が弓で射られ、黒幕と噂された内大臣藤原伊周が反逆の疑いで失脚する直前、一条天皇の内裏を警護するため武士が動員された。そこに名を連ねたのは前陸奥守の平維叙《これのぶ》、左衛門尉の平維時《これとき》、前備前守の源頼光、前周防守の源頼親《よりちか》、つまり全員が「満仲・貞盛子孫」で、秀郷の子孫は皆無だった(120)。安和の変は彼らの命運を分け、〈武士の代表格(棟梁級)は源氏・平氏〉という認識が急速に固まっていった。そして圧倒的な政治的勢力の差によって、秀郷流藤原氏は源氏に屈し、その家人として生きてゆくという選択肢を取らざるを得なくなった。

†秀郷流藤原氏が源氏の家人に

千晴には複数の兄弟がいたようだが、武士として子孫を残せたのは、千晴と弟の千常《ちつね》だけだったようだ。しかも、佐藤・近藤・尾藤《びとう》・首藤《すどう》・武藤・波多野《はたの》・大友・小山《おやま》・結城氏など、秀郷流藤原氏として知られる中世の武士は、すべて弟の千常の末裔である(巻頭の系図2参照)。

兄の千晴の子孫でめぼしい者は、奥州藤原氏だけだ。千晴以後の系譜と事績はほぼ不明で、『尊卑分脈』などに頼るしかない。千晴の子の千清《ちきよ》は、ただ「将軍太郎」という名乗りが伝わるのみである。それは「将軍の太郎（長男）」を意味するに過ぎず、将軍だったのは父であって彼自身ではないし、それしか呼び名がないなら、彼は将軍どころか生涯無官だったことになる。父・兄が反逆者として逮捕された代償は、あまりに大きかった。

その子の正頼《まさより》は下野守とされているが、その勢力を秀郷流藤原氏の本拠地下野に維持できなかった。系図によれば彼の子に頼遠《よりとお》・頼清《よりきよ》という兄弟があり、弟の頼清の孫に季俊《すえとし》、その子に季賢《すえかた》がある。前九年合戦で源頼義の郎等として安倍貞任《さだとう》らの首を朝廷に献じた藤原季俊と、後三年合戦で源義家の郎等として活躍した藤原季方（季賢）である。安和の変で没落した千晴の子孫の一部は、没落させた源満仲の子孫の郎等に吸収されてしまった。

頼清の兄の頼遠は、前九年合戦で頼義の配下から安倍氏に寝返り、捕獲されて斬首された藤原経清《つねきよ》の父であり、奥州藤原氏の祖だ。頼義は経清を「先祖相伝の予《わ》が家僕《かぼく》」と見なしていた（『陸奥話記《むつわき》』）。彼らの父の代までに、この系統も「家僕（郎等）」という隷属性が強い主従関係に回収されていた。頼遠がいかにして頼義一家の「家僕」になったかは長い話になるので、ここでは踏み込めず、別に紹介する予定がある。ただし、重要なのは、頼遠が「下総国の住人」と伝わることだ[121]。彼の世代、つまり源氏でいえば頼義の父頼信の世代に、源氏と下総国は平忠常の乱で、極めて深い関係を結んでいたからである。

†平忠常の乱と源頼信の坂東制圧・家人編成

平忠常は、かつて武蔵で源宛と一騎討ちしたと伝わる村岡五郎こと平良文の孫だ。彼は上総権介・下総権介などを歴任し、房総半島に勢力を築いていた。もともと上総・下総は、将門の乱の頃から良文の兄良兼《よしかね》の根拠地であり(122)、特に上総は、平氏の祖（忠常の曾祖父）高望が受領として赴任し、最初に坂東に築いた足場だった。

『今昔物語集』(123)によれば、頼信が常陸介として赴任した時、南に接する房総半島では忠常が武力にものをいわせて上総・下総で好き放題に振る舞い、国衙の統制に服さなかった。そこで、朝廷に命じられて隣国の頼信が征伐に乗り出し、忠常はこれに屈服して頼信の家人となった。坂東を押さえる強力な平氏が源氏の郎等になり、その結果として、坂東に源氏の強い統率力が及ぶようになるという、画期的な出来事だった。

そればかりでない。『今昔物語集』によれば、頼信はこの時、自分の軍勢として、「館《たち》ノ者共《ものども》」に加えて「国ノ兵共《つわものども》」も編成することに成功した。「館」は頼信の私宅で、そこに所属する「館ノ者共」は頼信個人に仕える郎等だが、「国ノ兵共」は郎等でない国内の雑多な武人だ。頼信は、郎等か否かに関係なく、受領の立場で国内の武人を動員することに成功したのである。

この二種類の従者の区分は、一世紀前の承平四年（九三四）の海賊追捕で動員された「諸家の兵士」と「武蔵の兵士」と全く同じだ（前述）。ここに、源氏や平氏が受領になることの意義・旨みが明らかだろう。本来なら「館ノ者共」＝郎等しか動員できない彼らが、受領になれば「国ノ兵共」＝国内の武人なら誰でも動員できる権限を得られたのである。

もちろん、権限を得ても、権限の行使に従わせる実力がなければ無意味だ。将門の乱より前、受領にはその実力がなかった。そのため朝廷が国衙の軍制を整備しても、その制度通りに受領が率いる軍は事実上実在せず、そこから将門・純友の乱で活躍する武士が生まれてきたとは考えられない。しかし、頼信段階の源氏はすでにその実力を持ち、あとは動員を法的に正当化できる形式さえあれば、遠慮なく国内の武人を総動員できた。

頼信と彼らの関係は、あくまで制度上の主従関係に過ぎない。しかし、一度主従として戦争を戦ってしまえば、それを私的な主従関係へとすり替えてしまう機会や手段は、いくらでもあった。そこがこの手法の旨みだった。私的な主従関係を作るのに、自分が恩賞を与える必要もない。たとえば、朝廷から恩賞の土地や官位をもらえるよう面倒を見て（推薦して）やれば、それ自体が立派な恩だ。それで御恩と奉公の主従関係が成り立つ。

忠常は武力抗争の末に頼信に屈服したが、それは頼信個人への屈従に過ぎず、朝廷・国衙に対して従順になったわけではなかった。彼は万寿《まんじゅ》四年（一〇二七）に上総の国衙に敵対し、翌年の長元元年に安房守惟忠《これただ》（姓不詳）を焼き殺す暴挙に及んで(124)、朝廷から反乱と認定され、追討を受ける身になった。これが平忠常の乱（長元の乱）である。

朝廷は平直方《なおかた》を追討使に任命し、直方の父維時を上総介に任じて、追討に着手した。維時は貞盛の孫（恐らく貞盛の養子）で、武勇をもって聞こえていたが、すでに老齢・病身で、息子の直方はさほど武勇に優れず、三年間も忠常の抵抗に手こずった末に鎮圧に失敗し、役目から降ろされた。これに代わって源頼信が追討使になると、前回の対決で形成された主従関係により、忠常は戦わずして降参し、京都に連行される途中で病死した。

†秀郷の子千常の武蔵・信濃進出と下野防衛

藤原千晴の曾孫の頼遠が下総の住人であったなら、この二度の頼信と忠常の戦いに必ず巻き込まれたはずだ。彼はその過程で頼信の「家僕」となり、その主従関係が子の頼義・経清の代まで継承され、最終的には源頼朝（頼義の五代後の子孫）・藤原泰衡（経清の四代後の子孫）まで影響を与えた、と考えるのがよさそうだ。

前述のように、藤原泰衡の郎等の由利八郎は、泰衡の父秀衡について「故御館は秀郷将軍嫡流の正統として、已上三代、鎮守府将軍の号を汲む」と述べた。奥州藤原氏が奥州を支配する正当性は、三人も鎮守府将軍を出した家系（遠祖の秀郷、その子の千晴、直近の秀衡）と、秀郷の「嫡流の正統」という血統にある、という主張だ。奥州藤原氏は、本来なら秀郷の後継者だったはずの千晴の子孫として、ほぼ唯一生き残っためぼしい勢力であるから、秀郷の「嫡流の正統」という自己評価は、あながち過大評価ではない。

ただ、奥州藤原氏が大勢力となるのは後の話、しかも結果論だ。千晴〜頼遠の世代では、この系統は風前の灯火に等しかった。それに対して、中央で失脚した秀郷流藤原氏の勢力を地方で挽回させるべく坂東で頑張ったのは、千晴の弟千常とその子孫である。

京で千晴が満仲と暗闘していた頃、[125]千常は坂東で暴れていた。安和の変の前年、信濃国司が「千常の乱の事」を報告している。詳細不明だが、千常は父秀郷以来の本拠下野から西の上野へ、さらに西の信濃へと進出して、合戦を起こしていた。

後年、源平合戦の最盛期に、千常の子孫の尾藤知宣《びとうとものぶ》（巻頭の系図2参照）が源頼朝の陣に参上した時、先祖秀郷から代々継承してきた所領として、信濃国中野牧《なかののまき》と紀《き》伊国田中《のくにたなかの》荘《しょう》・池田荘《いけだのしょう》の領有権を主張した。[126]この証言を信じれば、秀郷は信濃で牧の管理者の地位を持ち、子の千常がそれを継承していた。とすれば、千常が信濃で戦闘に及んでいたことは、その権益を守るためだとして納得がゆく。

千常の戦闘は、「乱」と書かれた点から見て、国衙を攻撃したか、同じくらい国衙を困らせた。「『秀郷子孫』に行動を自重させよ」という安和の変後の命令の念頭には、前年の千常の行動が念頭にあったはずで、その再発防止に、朝廷が特に意を用いたのだろう。

安和の変から一〇年後の天元二年（九七九）、今度は前武蔵介藤原千常と源肥《こゆる》が合戦したと下野国司が報告した。[127] 千常の肩書に注目すると、彼は安和の変から一〇年以内に首尾よく武蔵介となり、父秀郷以来の武蔵の権益の維持に努めていたことになる。ただ、千常が源肥と、下野で抗争していた事実の方が重要だ。一字名《いちじな》の源氏の肥は嵯峨源氏と思われ、直前まで武蔵介だった千常と利害が対立していた点から見て、武蔵の嵯峨源氏（源仕―宛―綱の系統）の一族だった可能性が高い。その彼と、千常が下野で合戦したことは、かつて父秀郷が完全に制圧していたはずの本拠地下野を、外来・新興の勢力に侵略されつつあり、武蔵進出どころか本拠地を守る守勢に立たされていたことを意味する。

†平氏の奥州確保と秀郷流藤原氏の奥州進出失敗

そうした中、秀郷の子孫は下野・武蔵を中心に、何とか勢力拡大を試みた。その形跡が残るのは、下野の北に隣接する陸奥と、武蔵の南に隣接する相模である。

秀郷の子孫は、陸奥の胆沢《いさわ》城に常駐して俘囚《ふしゅう》（帰順した蝦夷）の反乱に備える鎮守府将軍を、世襲しようと目指したようだ。千晴を皮切りに、千晴の失脚後は弟の千常・千方《ちかた》

（後に千常の養子）が鎮守府将軍となり、以後、千常―文脩《ふみなが》（文条《ふみえだ》）―兼光《かねみつ》―頼行《よりゆき》と四世代まで直系で世襲したらしい(128)（文脩は、当時の日記に「文条（旧字体で文條）」として現れる人と同一人物のようだ(129)。「條」が字形の似た「脩」と誤写されたのだろう）。この四代は、下野の藤原姓足利家・佐野家の祖となった。それは、彼らの子孫が陸奥進出に失敗し、本拠地下野で繁栄するしかなかった証左である。

陸奥進出が失敗した要因は、先客がいたからだろう。陸奥はすでに、平氏の強固な地盤だった。平将門が敗死した直後の天慶三年（九四〇）四月、将門の弟将種《まさたね》が、舅《しゅうと》で陸奥権介の伴有梁《ありやな》と組んで反乱を起こした(130)。将種は、『将門記』に「故陸奥将軍平良茂《よしもち》」と記される平良持が、鎮守府将軍として陸奥に赴任した時に、現地有力者の娘と婚姻して儲け、陸奥を去る時に現地に預け、そのまま陸奥で育った子に違いない。地方に赴任して現地有力者と婚姻関係を結び、子を儲け、その子にさらに現地有力者の娘と結婚させて現地社会に融合・君臨するというのは、王臣子孫の地方進出の王道というべき手法だ（前著）。その手法によって、平氏は初代高望の子の世代には、陸奥に基盤を築いていたのである。

将門の乱中の天慶二年、平貞盛は京を出て、将門が掌握した坂東を素通りして陸奥へ抜けようと試み、陸奥守として赴任する平維扶《これすけ》に同道した。維扶という人物は桓武平氏に見あたらないが、仁明平氏（仁明天皇の曾孫、本康《もとやす》親王の孫、平保望《やすもち》の子）に名前の読みが同じ平惟輔という人があり、同一人物と思われる。(131)平維扶は桓武平氏でないので、彼が陸奥守だった事実自体は、桓武平氏の陸奥の基盤とは関係ない。

重要なのは、貞盛がなぜ陸奥へ逃れようとしたか、だ。何の拠点も伝手《つて》もない国に、将門の支配圏を通過する危険を冒してまで下るはずがない。すでに陸奥には、貞盛の拠点にできる土地や人脈があったと考えるしかなく、それは父の国香が鎮守府将軍だった時に、良持と同様の手法で築いたものに違いない。この国香の遺産を継承して、貞盛も鎮守府将軍となり、貞盛の子の維敏《これとし》や維衡《これひら》が陸奥守となっている。特に維衡の子（清盛らの祖先）の正度《まさのり》は、母が「陸奥国の住人長介」なる人物の娘と伝わり、(132)明らかに祖父国香や良持と同じ要領で現地勢力との融合を果たし、陸奥の現地人の血を半分引いている。

†陸奥をめぐる平氏の内部抗争と東坂東への土着

もっとも、平氏の陸奥進出は一族単位で統合されず、個々人が個別に進出したため、陸奥の中で競合し、対立の原因となった。寛和《かんな》二年（九八六）、平貞盛の弟繁盛《しげもり》が、「大般若《だいはんにゃ》経《きょう》六〇〇巻を比叡山延暦寺に納めるため、道中の運送を近江・美濃の国衙に手伝わせて欲しい」と朝廷に請願した。手伝いが必要な理由は、陸奥介の平忠頼《ただより》・忠光《ただみつ》兄弟が武蔵に移り住み、道中で襲撃してくるためで、国衙の参加と護衛が必要だという。(133)忠頼と忠光は良文の子で、村岡五郎と名乗った父に引き続いて、忠頼も村岡次郎と名乗ったという(134)。彼らの父良文と繁盛の父国香は兄弟だから、これは従兄弟同士の争いだった。

繁盛に手伝わされた近江・美濃は東山道の国なので、繁盛は美濃以東の、東山道のどこかから経典を発送している。そして武蔵を拠点とする者に妨害されたのなら、武蔵かその北に隣接する上野・下野で妨害したに違いなく、発送元はそれらの国々か陸奥・出羽になる。繁盛が送った経典は、金泥《きんでい》（粉末にした金を膠《にかわ》と混ぜた塗料）で書かれていた。当時、陸奥はほぼ唯一の産金国であり、経典六〇〇巻分に及ぶ膨大な金の入手には、陸奥が最も適していた。繁盛は陸奥から経典を送り、北関東か武蔵で忠頼らに妨害されたのだろう。

しかも、妨害した忠頼も陸奥介だった。ならばこれは、平氏内部の、陸奥の勢力圏の奪い合いと考えられる。忠頼が陸奥介でありながら武蔵に移住したのは、陸奥で繁盛との正面衝突を避け、本拠地（名字の地となった村岡郷だろう）に根を下ろし、京の方面と陸奥の繁盛の連絡・物流を遮断して繁盛を追い詰め、陸奥から撤退させるためと推察できる。

この忠頼の子が、平忠常の乱で著名な忠常だ。前述の通り、忠常は常陸介源頼信に攻められて屈服し、郎等となった。この戦いで、繁盛の子の平維幹《これもと》（惟基）が三千騎もの軍勢を率い、頼信の忠常討伐に全面的に協力した。忠常も、維幹を「先祖ノ敵也《かたきなり》」と呼んで、維幹が味方した頼信軍への降伏を渋っている(135)。繁盛と忠頼の抗争は、それぞれの子の世代にまで持ち越され、忠常の捕縛・病死という形で決着した。忠常は消え、陸奥の権益も保てなかったが、子孫は忠常の勢力圏を維持して下総・上総に勢力を固め、鎌倉幕府の創立に大きく貢献した千葉家や上総平氏へとつながってゆく。

一方、維幹は常陸介頼信に協力した時にすでに常陸の住人で、そのまま土着して常陸大《だい》掾《じょう》（国司の第三等官の上席）を世襲し、戦国時代まで続く大掾家を興した。この一族は陸奥に地盤を築けなかったが、維幹の兄兼忠《かねただ》の子で、貞盛の養子となった「余五将軍」[136]維茂《これよし》（維良）が、鎮守府将軍となって陸奥に住み、陸奥での平氏の足場を確保している（「維茂」を「コレヨシ」と読む理由は第六章で後述する）。

†秀郷流藤原氏の諸任が陸奥で余五将軍平維茂に敗れる

秀郷流藤原氏が陸奥に進出しようと試みたのは、こうした状況の中でだった。すでに平氏が勢力圏を築き、それを維茂（維良）のような最強クラスの武士が守っている状況で、進出は容易でなかった。それでも秀郷流藤原氏は強行したらしく、それが陸奥守藤原実方《さねかた》の死去直後に激しい衝突を招いた[137]。長徳元年（九九五）に実方が赴任した頃、平維茂と藤原諸任《もろとう》が「墓無《はかな》キ（些《さ》細《さい》な）田畠」の領有権をめぐって対立していた。彼らはそれぞれ正当性を受領の実方に訴えたが、判断しかねて裁決を下せずにいた実方が三年後に没した。

歯止めを失った両者は武力衝突し、諸任は敗れて射殺されてしまう。

『今昔物語集』によれば、維茂と争った藤原諸任は字《あざな》（通称）を沢胯四郎《さわまたのしろう》といい、「田原《たわらの》藤太《とうた》秀郷ト云《いい》ケル兵《つわもの》ノ孫」だった。系図類では、秀郷の孫に「諸任」は見えない。しかし、『尊卑分脈』を注意深く読むと、秀郷の六世代後に「師種」という人がいる（秀郷―千常―文脩―兼光―頼行―兼行―師種）。この師種に「余五将軍（平維茂）の敵人、沢俣《さわまた》」と注記されているので、『尊卑分脈』はこの師種を、『今昔物語集』の諸任と見なしている。

そこで思案するに、草書で崩して書くと「種」の字は「任」と酷似することに気づく。「諸」と「師」はモロの発音が共通するから、この師種と諸任は同一人物で、成立が遅い『尊卑分脈』の「種」の方が、「任」の誤写とみてよいだろう。

もっとも、平維茂は貞盛の孫世代（弟の孫）で、その貞盛は秀郷と同時代の人物だから、維茂と争った諸任（師種）は秀郷の孫世代あたりの人物でなければならず、秀郷の六代後（孫の孫の孫）という『尊卑分脈』の系譜は明白に誤っている。彼は『今昔物語集』の伝える通り、秀郷の孫と見るべきだ。そして『尊卑分脈』は、秀郷の子の千晴に「余五将軍の敵人なり」と注記する。わざわざ維茂との対立関係を注記したのは、『今昔物語集』の諸任の話を念頭に置いたからに違いない。それが真実なら、諸任は千晴の子だろう。

秀郷の孫の諸任が平維茂と対決し、敗れて殺されたことで、秀郷流藤原氏の陸奥進出は大きく挫《くじ》かれた。そして勝った方の維茂は、「東八《ひがしはち》ヶ国《こく》ニ名《な》挙《あげ》テ、弥《いよい》ヨ並《なら》ビ無《な》キ兵《つわもの》」の名声を得たという。秀郷流藤原氏は、平氏に大きく水をあけられ、千常以降、四代まで鎮守府将軍となったものの、陸奥で支配的な地位を築くには至らなかった。

†秀郷流藤原氏が武蔵も維持できず相模に進出

秀郷流藤原氏は武蔵でも、前九年合戦の頃までに退潮を余儀なくされていた。村岡次郎と名乗った平忠頼の子孫（忠常の兄弟将恒《まさつね》の子孫）が完全に武蔵に土着し、忠頼の玄孫（孫の孫）重綱《しげつな》が「秩父《ちちぶ》出羽権守」と名乗った頃から「秩父」と名乗り始め、武蔵国衙で在庁官人の元締めである「武蔵国留守所総検校職《るすどころそうけんぎょうしき》」の地位を独占し、[138]秩父党と呼ばれる大勢力の武士団を形成したからである。秩父党からは畠山《はたけやま》・小山田《おやまだ》・河越《かわごえ》・渋谷・江戸の各家が出て、武蔵国留守所総検校職は、鎌倉時代には河越氏に世襲されてゆく。それとは対照的に、秀郷流藤原氏は、武蔵でこれといった子孫を残した形跡がない。

こうして秀郷流藤原氏は陸奥・武蔵への進出に挫折し、西隣の上野へ少し進出したほかは、本国下野の維持に注力した。鎮守府将軍頼行（千常の曾孫）の曾孫で鎌倉幕府の創立に参加した小山政光《おやままさみつ》は下野大掾、子の朝政は下野守となり、「先祖の下野少掾豊沢が押領使となって以来、下野の検断（治安維持）は当家が代々独占した」と主張するに至る。

その秀郷流藤原氏が、上野以外でわずかに進出できたのが相模だった。相模との縁は、秀郷の子の千晴が相模介となった時に始まるのだろう。千晴は失脚したが、弟千常の四代後の経範《つねのり》（千常―文脩―文行―公光―経範）が相模に土着した。彼は『陸奥話記』に「相模国の人」と明記され、「将軍（頼義）厚く之《これ》を遇《ぐう》す」といわれた、源頼義の最も有力な郎等で、前九年合戦の黄海《きのみ》の戦いで戦死した佐伯《さえき》経範である（彼が佐伯姓を名乗った理由については、別の機会に詳しく述べる予定）。彼の子孫は藤原姓を名乗り、相模西部の波多野《はたの》・松田などに本拠地を設けて波多野家・松田家を興し、京でも鳥羽院政に奉仕した。源頼朝が挙兵した時には敵対したが、一族の一部が許されて幕府に仕え、波多野家は評定衆《ひょうじょうしゅう》（最高議会の議員）、松田家は奉行人《ぶぎょうにん》（末端の文書行政官）として鎌倉・室町幕府で重用され、戦国時代まで生き残る。

安和の変を境に、秀郷流藤原氏は中央政界を動かすプレーヤーでなくなり、坂東の地方豪族へとほとんど封じ込められ、陸奥・武蔵進出も失敗した。秀郷の子孫は源氏の家人に編成されてしまい、武士の発展競争の先頭集団から脱落した。彼らの活動は結局、従来の王臣子孫の規模を出られなかった。

それとは対照的に、安和の変以後、源氏・平氏はわずか一～二世代で、従来の王臣子孫とは比較にならない飛躍的な発展を遂げた。中でも瞠目《どうもく》すべきは、源氏の発展だ。源経基は、「兵」としては凡庸そのものだった。それがなぜ、子の満仲の代までに「武者」の代表格へと飛躍的成長を成し遂げたのか。

前述の通り、武人輩出氏族であった橘氏の血が満仲には流れている。それは確かに、源氏の武人化を促した品種改良には違いない。しかしそれが、経基から満仲を生み出すような飛躍の、ただ一つの原因になるとも考え難い。その飛躍は、別の要因から大いに促されたと考えるのが自然だ。では、その要因とは何か。

†「殺生放逸の者」「殺人の上手」

源満仲は「武者」の代表格のようにいわれた。しかし、一体、それに値するどのような実績が彼にあったというのか。

満仲には、大規模な合戦で活躍した経歴がない。子の頼信が忠常の乱を平定し、孫の頼義が前九年の合戦で勝利し、曾孫の義家が後三年の合戦で勝利したのとは、全く対照的といわねばならない。頼信・頼義・義家がそれらの大戦争に勝ち抜いて武人の名を挙げたのは、極めて自然なことだ。父経基の場合は、将門・純友の乱の征討軍に参加してさえ、活躍できずに武名を挙げられなかった。そうした征討軍に参加したことのない満仲が、武者の代表格のように扱われた理由は、どこにあるのか。

その理由が戦争でないなら、平常の能力・振る舞いに武者ぶりが満ちていた、と考えるしかない。そうした武者ぶりを示す満仲の資質は、少なくとも二つある。一つは、彼の戦闘時の戦闘能力（武勇・武芸）で、二度も強盗を撃退した逸話（前述）は、その証明になる。

もう一つは、容赦ない暴力性だ。古代・中世の武士は、些細な理由ですぐ殺し合いをした。日常の小さな意見のすれ違いや、小さな利権の取り合いなどで、彼らは簡単に相手を殺そうとした。先に紹介した、源宛と平良文の一騎討ちや、平維茂と藤原諸任が些細な土地をめぐって戦った話をはじめとして、それを証明する逸話は枚挙に遑《いとま》がない。

満仲は、その荒ぶる精神の代表格だった。彼は気に入らない者を虫のように殺し、手足を切るという、短絡的な殺人・傷害を犯す暴力的性向を持ち、「殺生放逸《せっしょうほういつ》の者」と評された。

そうした悪習は、満仲や源氏の専売特許ではない。第二章で述べた通り、白河院政期に、殺生禁断の命令を破って鳥を捕らえていた加藤成家という平忠盛の郎等が、「仕事を怠れば重科に処され、『源氏平氏の習《ならい》（習わし）』では、重科とは斬首のことです」と述べたように、後にはその暴力性が源平の武士団一般に広がっていた。(139)

しかし、優秀な戦士であるために、残虐であることは必須でない。むしろ、古今の名将として名高い桓武～嵯峨朝の坂上田村麻呂は、出撃するたびに必ず凱旋する理由を、「寛容に士を待《たい》し、能《よ》く死力を得《う》(それは寛容に接した将士が彼を慕い、率先して死力を尽くしたからだ)」と正史の没伝で讃えられた。[140] 田村麻呂は、残虐でなかったからこそ部下の信望を獲得し、戦果を挙げたのだ。したがって、源氏・平氏の暴力性は、戦士・武将一般に必要な能力ではなく、彼ら固有の事情で身につけたものと見るべきである。

では、その事情とは何か。それを探るためのヒントが、満仲の子の個人差にある。満仲の子らは、「皆兵《つわもの》ノ道 達《いた》レリ(誰もが「兵」の道に熟達した)」と評された。[141] しかし、長男頼光《よりみつ》と、次男頼親《よりちか》・三男頼信《よりのぶ》の間には、明らかな差がある。頼光に見られない無闇な暴力嗜好が、頼親・頼信に顕著だったことだ。

頼親の暴力性を端的に象徴するのは、本書の冒頭で紹介した、寛仁元年(一〇一七)の清原致信《むねのぶ》殺害事件である。[142] 頼親は騎兵七～八騎と歩兵一〇人余りを派遣し、白昼堂々と致信の家を取り囲み、殺害させた。それを聞いた摂政藤原道長は、日記に「件《くだん》の頼親は殺人の上手なり。度々此《たびたびこ》の事有り」と記した。[143] 頼親は頻繁にこうした殺人事件を起こし、「手際よい殺人者」と皮肉られるほど、明らかに突出して殺人の度が過ぎていた。

弟の頼信にも、安直に人を殺して物事を解決しようとした話が多い。たとえば、頼信が仕えていた藤原道兼《みちかね》は、兄の道隆《みちたか》と摂関の地位をめぐって対立していた(二人とも道長の兄）。そこで頼信は「主人道兼のために、道隆を殺そう。自分が剣をもって奇襲すれば、誰も防げまい」と常々豪語した。これを伝え聞いた兄の頼光は大いに驚き、「殺せるかは不確かだし、殺せても道兼が関白になれるかは不確かだし、関白になれても一生道兼の命を守りきれるか不確かだから、やめておけ」と頼信を制止したという(144)。

こんな話もある。酒宴の時、大勢の客の中で、頼信は兄頼光の郎等の平貞道に「駿河の某という者が私に無礼を働いたので、その首を取って参れ」と命じた。貞通は頼光の郎等なので、頼信には奉仕する義務がないし、衆人環視の中で殺人を命じる軽率さにも呆れて、この命令を無視していた。ところが、後日、たまたま遭遇したその者が「私を殺す気でなくて何よりです。まあ、殺す気でも簡単には殺せないでしょうが」と要らぬ一言を口走ったために腹を立て、結局殺して首を取ってしまったという(145)。

このように、頼親・頼信兄弟には無闇に殺人に走る性向があった一方、長兄の頼光はそれを制止する冷静さを持っていた。その違いは、個人の性格の違いとしては片づけられないだろう。なぜなら、頼光の母と、頼親・頼信兄弟の母が違うからである。

頼親・頼信兄弟の母は、藤原致忠《むねただ》の娘だ。致忠は、著名な藤原保昌《やすまさ》・保輔《やすすけ》兄弟の父である。つまり満仲は保昌・保輔と義兄弟となり、頼親・頼信は外祖父致忠の血を引き、保昌・保輔兄弟をおじに持った。ここから、保昌・保輔兄弟と婚姻関係を持つことが、源満仲一家にとって何を意味し、どれほど決定的に重要だったかを語らねばならない。次章ではそれを鍵として、〈武士の家でない家から武士が生み出される〉メカニズムを明らかにしよう。その話は、学校の教科書で習った〈強い受領〉の出現と、意外なところで結びつく。それを語るために、一般にほとんど馴染みがない保昌一家の来歴を、少し前にさかのぼって追跡する必要がある。

第五章

藤原保昌を生んだ血統と政治的環境

†藤原黒麻呂の上総の荘園経営と春継の土着

藤原保昌の一家は、藤原不比等《ふひと》の長男の武智麻呂《むちまろ》を祖とする「南家《なんけ》」に属する。武智麻呂の孫（巨勢麻呂《こせまろ》の子）の黒麻呂《くろまろ》が、一家の祖先になった。この一家の歴史は、黒麻呂の曾孫菅根《すがね》が朝廷に出した申告書[146]によって、かなり克明に判明する。

黒麻呂は、奈良時代の末期に坂東で、王臣子孫として墾田の集積・経営に熱中した。上総国埴生《はにゅう》郡に持っていた牧を中心に、近隣の荒野を開墾して私有の田地とし、牧と合わせて東西約三km×南北約一・五kmの広大な荘園にまとめ、藻原荘《もばらのしょう》と名づけた（今の千葉県茂原市）。また並行して、子の春継《はるつぎ》と二世代かけて、近隣の長柄《ながら》郡・天羽《あまは》郡の墾田を三〇町以上も買い集め、荘園にして田代荘《たしろのしょう》と名づけ、「私業《しごう》」（個人所有の別宅）を設けた。

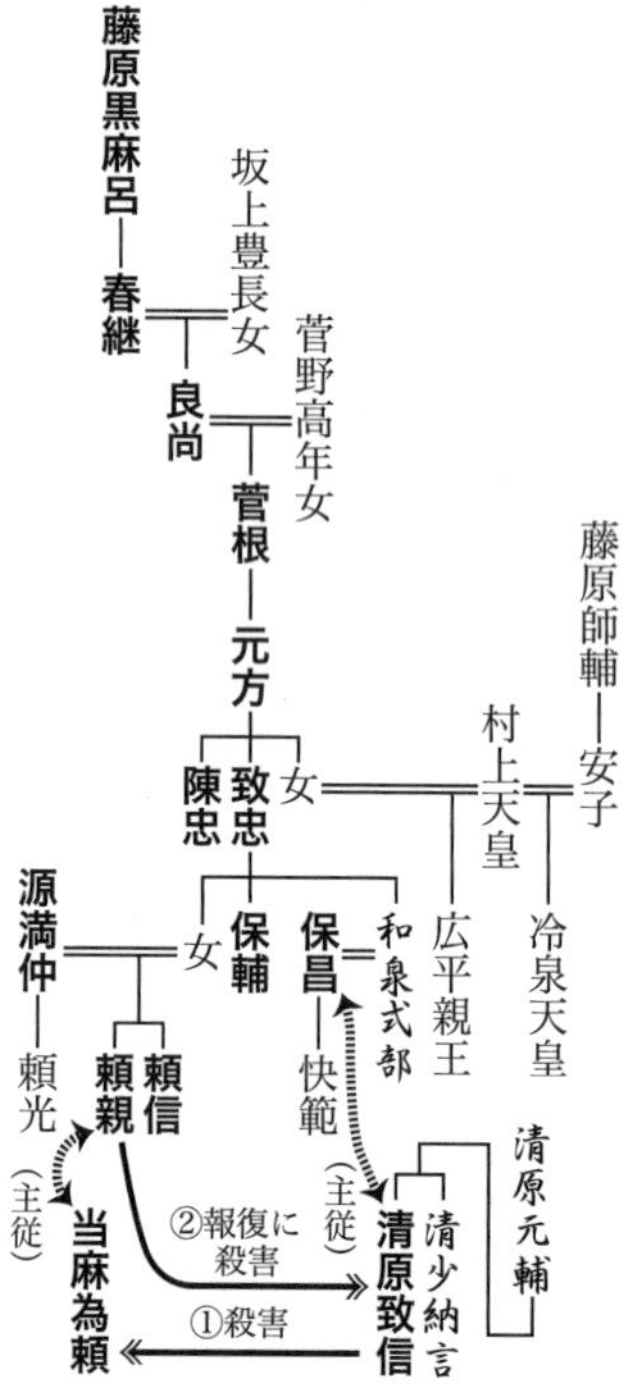

系図４　藤原保昌一家と武士・受領・文壇

この上総での墾田集積（荘園形成）の契機は、黒麻呂が宝亀《ほうき》三年（七七二）と宝亀八年の二度、上総守として赴任したことに違いない。黒麻呂は二度目の任期を終えた宝亀一一年に治部大輔《じぶのたいふ》となり、その後、右中弁・遠江守・刑部大輔《ぎょうぶのたいふ》・治部大輔（再任）・駿河守を歴任した。つまり、中央官・地方官を歴任する間に京・駿河・遠江を転々とし、大同《だいどう》五年（八一〇）に没するまで、上総に土着することはなかったと見られる。

しかし、黒麻呂の子の春継は上総の藻原荘に住んでいたと、春継の孫の菅根は証言する。

春継の活動の痕跡が正史にほぼ皆無なのも、京に住まなかったことの反映だろう。春継が官職に就いた形跡も、極位・極官が従五位下・常陸介だったと、子の良尚《よしなお》の没伝から判明するだけである。辛うじて受領にはなったが、彼は中央政界から脱落して地方での活動に専念した、諸大夫層の王臣子孫の典型といえよう。

田代荘に吸収する墾田の買収は、黒麻呂と春継の二人で行われたから、春継は父黒麻呂が任期後に京に戻ってからも上総にとどまり、藻原荘・田代荘の管理・充実に専従する役割を担ったのだろう。〈官職で全国を飛び回る父と、父が地方に築いた拠点に留まって経営に専心する子〉という役割分担は、王臣子孫の一般的なあり方だった可能性が高い。

†菅根らが坂東の治安悪化で荘園を興福寺に寄進

常陸介になった春継は常陸に赴任したと思われるが、最後は上総の藻原荘で没した。春継は藻原荘・田代荘の経営を子の良尚に託し、二つの命令を遺言した。一つは自分を藻原荘の中に葬ること。もう一つは、藻原荘・田代荘を興福寺に施入《せにゅう》(寄進)することである。

春継は良尚の能力を信頼していたが、万一未来の子孫が無能だった場合、藻原荘・田代荘を他人に奪われ、荘園内の自分の墓が忘れ去られて田畠や荒地にされ、家畜や野生動物の蹄で蹂躙《じゅうりん》されることを恐れた。そこで藻原荘・田代荘を興福寺に寄進し、春継の一家に現地管理者の地位を温存しながら、一種の名義貸し料を興福寺に上納することで興福寺領荘園とすることにした。それならば、強大な興福寺の権威を借りて荘園を保全できるし、興福寺は藤原氏の氏寺であるから、興福寺に仏事の費用という名目で荘園の収益の一部を上納すれば、その費用で春継の死後の菩提を永続的に弔ってもらえ、一石二鳥だった。

良尚は遺言に従い、春継を藻原荘に葬ったが、二つの荘園の興福寺への寄進は保留し、自分の死後に実行するよう子の菅根らに命じた。良尚は元慶《がんぎょう》元年（八七七）に没したが、[147]それから一三年ほどの間、藻原荘・田代荘は興福寺に寄進されず、寛平二年（八九〇）にようやく菅根ら兄弟の連名で寄進された。寛平年間は王臣子孫の地方社会支配が猛烈に進んだ時期で（前著参照）、しかも寄進の前年には北関東で、古代最大の群盗蜂起である物部氏永の乱が勃発して、王臣子孫と群盗による坂東の地域社会の蹂躙が極大化していた。その中で、藻原荘・田代荘も王臣子孫や群盗の攻勢・圧迫に直面し、菅根らは、もはや自力でこれ以上維持できない潮時と判断し、興福寺に委ねたのだろう。

菅根らが自力での荘園維持を諦めた理由の一つは、彼らの権勢・権力の弱さだ。菅根を筆頭とする兄弟六人の名で荘園が寄進されたが、彼らの肩書きは菅根以外の五人が無官、菅根も因幡掾《いなばのじょう》（国司の第三等官）に過ぎなかった。もっとも、平安初期以来、地方社会は自力救済の世界で、制度的な地位と実際の勢力はあまり関係がない。むしろ問題は、菅根らがその自力救済社会を生き抜く腕力を持たなかったことだ。しかも菅根が、別の形で生き残りを図れる特殊能力を持っていたことが、地方へのこだわりを捨てさせた。

†藤原菅根が卓越した儒学で立身

菅根は、ただの因幡掾ではない。いい換えると、その因幡掾は、コネや猟官運動で手に入れたものではない。彼は藻原荘を寄進する六年前の元慶八年（八八四）に、文章生《もんじょうしょう》に採用された。文章生とは、大学寮《だいがくりょう》で紀伝道《きでんどう》（美麗な漢詩文作成能力の育成のための中国古典(学)）を学ぶ学生で、式部省が行う省試《しょうし》という難関の筆記試験に合格した、有能な儒学者の卵である。文章生には、その才能を買われて諸国の掾に採用される制度があり、菅根の因幡掾任官もその一つだった。つまり菅根は、優秀な学業成績によって因幡掾の官をもぎ取ったのであり、未来のない弱小王臣子孫ではなく、前途有望な文官の候補生なのだった。

藻原荘を寄進した翌月、三五歳の菅根は方略試《ほうりゃくのし》という試験に合格した。方略試は対策《たいさく》・献策《けんさく》ともいい、四六駢儷文《しろくべんれいぶん》（文学的な技巧を凝らした美文の漢文）を駆使して、政治に関する問題に対して、経典や中国の名著・史書を縦横に引用して解答する。儒者の学識を最大限に問われる超難関試験であり、合格すれば官人として立身する道が待っている。菅根はこれにも合格し、翌年に少内記《しょうないき》（詔勅《しょうちょく》の作成などを司る）に就任したのを皮切りに、式部《しきぶの》少《しょう》輔・文章博士《もんじょうはかせ》・式部大輔《しきぶのたいふ》など、国家の儒学の中枢を担う官職を歴任した。

ちょうどその頃、《礼》思想の信奉、特に文章経国《もんじょうきょうこく》思想（漢詩文の力で《礼》を讃え、国家秩序を維持向上しようとする思想）が、宇多・醍醐天皇の熱意で再燃していた（前著参照）。菅原道真が急速に登用され、右大臣まで駆け上って政権首班の一端を担った時代だといえば、時代の空気が十分伝わるだろう。

こうした風潮の朝廷では、儒学の才能がそのまま官吏《かんり》・政治家への登用につながる。菅根はこの風潮に乗って、醍醐天皇のもとで蔵人頭《くろうどのとう》という政務の要職（天皇の高級秘書官筆頭）に就いた。その後、何かの事件に連坐して左遷されたが復活し、醍醐朝前半に蔵人頭であり続け、醍醐によって延喜八年（九〇八）に参議に登用された。この出世コースは、ほんの数年前に道真がたどった道にほかならない。菅根は、自分の学問的な才能と努力によって、中央政界で公卿にまで昇れる実力を持っていたのである。国史には、「菅根は篤《とく》学《がく》にして、経史《けいし》・百家畢該《ひつがい》（菅根は勉強熱心で、儒教経典や中国の史書はもちろん、その他の諸子百家の中国思想にまで精通した）」とある[148]。彼の勉学の努力は、並外れていた。

それほどの能力を持つ人物にとって、狼のような王臣子孫が跋扈《ばっこ》し、生き馬の目を抜くような苛烈な収奪競争を繰り広げる地方社会に留まり、荘園の経営にこだわる価値は、ほとんどない。藻原荘などを寄進した段階で、すでに菅根は文章生であり、今後学問で立身してゆく目途が立っていたはずだ。それは、王臣子孫や群盗の猛攻に直面する上総の荘園経営から、距離を置く決断を促しただろう。その意味で、この一家は荘園経営や土着に失敗したのではなく、積極的に別の活路を切り拓《ひら》いたと見た方がよい。

†母系坂上氏の血統と良尚の武人的資質

菅根ほどの学者を輩出しながらも、この一家は学者の家ではなかった。父良尚・祖父春継・曾祖父黒麻呂など近い祖先には、儒学者として優れていた形跡が全くない。その中で、春継の子の良尚と、孫の菅根の代に、それぞれ唐突な変化が起こる。良尚は文徳天皇の側近となり、右近衛少将に抜擢され、文徳の子の清和天皇の代に左近衛少将・権中将・中将へと進み、右兵衛督《うひょうえのかみ》にまで昇って、陽成《ようぜい》天皇の元慶元年（八七七）に六〇歳で没した。この武官ばかりの官歴は、「武芸を好み、膂力《りょりょく》は人に過ぎ、甚だ胆気《たんき》有り」という武人の資質を文徳が気に入ったことによる(149)。

父の春継と比べると、こうした良尚の個人的な武人的資質は、突然変異のように見える。しかしもちろん、そうした特殊能力の開花には理由がある。彼の場合、それは母系からの血の注入による〝品種改良〟だった。『尊卑分脈』に、良尚の母について「母は常陸大目《ひたちのだいさかん》坂上盛女／寒長の女なり」とある。「坂上寒長の娘で常陸大目の坂上盛女が母親だ」という意味に読めるが、これは変だ。常陸大目という国司の第四等官が、女性であるはずがない。また、「寒」という字を使った人名は、私の知る限り古代・中世に一人もいない。常陸大目は坂上盛女の父「坂上寒長」の官職で、しかも「坂上寒長」という名は誤写だろう。

その観点から該当者を探すと、正史に一ヶ所だけ「正六位上伊与《いよ》部連真佐《べのむらじまさ》・□□大宿祢《おおすくね》豊長《とよなが》に外《げ》従五《じゅご》位下《いのげ》」という記事が見える。[150]「□□」の部分は写本が破損して読めないが、「坂上」と書かれていたに違いない。なぜなら、「大宿祢」というカバネは日本史上、坂上氏しか使わなかったからだ。これで、「坂上豊長」という人物の実在が正史に確認できる。この「豊長」の「豊」は、草書で「寒」と字形が似ている。藤原良尚の外祖父「坂上寒長」は、この坂上豊長の誤写だった可能性が非常に高い。

以上から、父系の祖先に武人がいない藤原良尚がなぜ突然、武人的資質を開花させたか、明らかだろう。彼は母系から、名門「将種（将軍を輩出する血統）」である坂上氏の血を引いたのだ。彼の父春継が常陸大目の坂上豊長の娘と結婚した契機は、春継が常陸介として赴任した時に違いない。春継は、坂東で逼塞《ひっそく》していた坂上氏と出会い、融合して、武人的資質を子に導入することで、子を中央の武官に返り咲かせることに成功したのである。

†母系菅野氏の血統と菅根の儒学者的資質

では、坂上氏の血を入れて良尚を武人輩出氏族の継承者へと品種改良したのに、その子の菅根がなぜ武人として立身しなかったのか。そしてなぜ、全く分野が異なる儒学者として立身できたのか。そこに二度目の転換がある。仕組みは一度目と同じだ。武人一族の血を入れて武人を輩出できるなら、同じ理屈で、学者一族の血を入れれば学者を輩出できる。

菅根の母は、菅野高年《すがののたかとし》の娘だ。[151] 菅野氏は百済から渡来した儒学者の王辰爾《おうしんに》の子孫で、文字（漢字）を読み書きできる人材がわが国に極めて珍しかった頃、文筆能力《リテラシー》を買われて朝廷の船舶や津（港湾）の管理を任され、職掌を氏の名として船《ふね》氏・津《つ》氏となった。

このうち津氏が学識を代々伝え、「家は文雅の業を伝へ、族は西庠《せいしょう》の職を掌《つかさど》る（漢詩文の作成能力を伝習した一家で、大学寮など学問の要職に就く一族）」といわれた学者一族となった。その中から平安初期に津真道《つのまみち》という学者が出て、桓武天皇に気に入られ、「菅野」と改姓した。[152] 菅野真道は参議まで昇り、格式《きゃくしき》（律令を補足する追加法令集）の編纂《へんさん》や、わが国二番目の正史『続日本紀』の編纂、平安京の造営など、桓武朝の最も重要な事業に参画した。延暦二四年（八〇五）の〝徳政相論〟で、同じ参議の藤原緒《お》嗣《つぎ》と天下の政治について論争し、緒嗣が「方《まさ》に今、天下の苦しむ所は、軍事と造作となり」と蝦夷征伐・平安京造営の中止を主張したのに対して、継続を主張したのもこの真道だった。

藤原菅根の外祖父の菅野高年は、この一族である。菅野氏は元来、学者輩出氏族だった上、直近に真道という大学者を出した。高年自身も大学者で、承和一〇年（八四三）に仁明天皇が初めて宮中の内史局《ないしきょく》で『日本書紀』の学習（講義）を廷臣に受けさせた時、「古き事を知る者」として講師を命じられた。(153) 真道と高年の関係は明らかでないが、菅野氏は基本的に真道の子孫なので、世代的に見て、高年は真道の子か孫だろう。藤原菅根には、母を経由してこの儒学者輩出氏族の血、特に直近の大学者二人の血が注ぎ込まれていた。その遺伝的な能力と、恐らく外祖父高年から直接受けたであろう教育によって、菅根もまた大学者に育った。

こうしてみると、氏族の特性、特に特殊技能の獲得は、優れた専門家の一族と通婚してその才能・教育環境を丸ごと受け継ぐことで、可能だったことがよく判る。特に、武人という、学者と正反対の性質を父が帯びていてさえも、母方から学者の血を注入すれば一代で学者へと品種改良が可能なほど、母系の氏族の特性は強い伝染力を持っていた。裏返せば、子の母親となる氏族を選ぶことで、子の世代に任意の能力・特性を与えることが可能であり、つまり氏族の性質の人為的なコントロールが可能だったということだ。

†可能なら「弓馬の士」ではなく儒学者になるべき

かくしてこの一家は、良尚の代に武人、菅根の代に文人（学者）と、二つの資質を手に入れた。では、子孫はどうなるべきか。答えは簡単で、文人になるべきに決まっていた。その答えは、似た境遇にあった小野篁《おののたかむら》が、すでに出していた。著名な文人で、生きながら冥界と現世を行き来し、冥界では閻魔王に仕えていると噂された、あの篁である。

篁の父の岑守《みねもり》は、皇太子だった頃の嵯峨天皇（神野《かみの》親王）に仕えて「読書」＝儒教経典や中国の史書の読解を教えた四人の指導者の一人で、三番目の正史『日本後紀』の編纂を淳和天皇が本格化させると、その編纂メンバーに抜擢された。要するに、彼は経史に通暁した文人であり、儒学者であり、したがって嵯峨天皇が人一倍推進した《礼》思想の実現に不可欠の人材だった[154]。

その岑守は弘仁六年（八一五）、陸奥守として現地に赴任した。四年前に終戦した三十八年戦争の余燼《よじん》が燻《くすぶ》る中で、戦争を再発させかねない蝦夷を懐柔する才能を期待されていたはずだ。彼は期待に応え、二年後、反乱した蝦夷を教え諭して帰順させることに成功した。「野心（人間らしい理性が足りない野獣のままの心）」を抱いた蝦夷を寛容に許し、正しい道を教え諭して帰順させたという。嵯峨が彼に期待したのは、この才能だった。

その陸奥下向に、幼い篁が同行していた。そして、従兄弟の小野春風《はるかぜ》がそうだったように（前著二四七頁）、少年期に蝦夷との緊張を孕《はら》む地帯の最前線にあった篁は、その空気に順応し、「鞍《くら》に拠《よ》ることを便《なら》ふ」、つまり馬術に習熟した。武人の能力に覚醒した篁は、父の任期満了後に京に帰っても、学業を顧みなかった。それを聞いた嵯峨天皇は、「既に其《そ》の人の子為《た》り。何ぞ還《かえ》って弓馬の士と為《な》らんや（せっかく小野岑守の子に生まれたのに、なぜ逆行して『弓馬の士』となってしまうのか）」と嘆いた。篁はそれを伝え聞き、初めて心を入れ替えて学業を志したという。(155) 篁の儒学者・文官としての才能は、そうした経緯の後に獲得されたものだった。

篁の武人化を嵯峨が惜しんだのは、父が学者だからというだけではない。祖父の永見《ながみ》も、嵯峨が編纂させた漢詩集『凌雲集《りょううんしゅう》』に二首の詩が入集した文人、まさに嵯峨好みの文章経国の担い手だった。祖父・父が文人なら、篁にもその才能の継承を望むのは当然だろう。

ところで、篁の祖父永見は、小野春風の祖父でもある。その春風は、「累代《るいだい》の将家《しょうか》にして、驍勇《ぎょうゆう》人に超えたり（武人輩出氏族として代を累《かさ》ねた家の出身で、武勇は抜群だった）」と評された。(156) 文人だった永見の孫が、なぜそういわれるのか。それは、そもそも小野氏の性質が、どちらかといえば武人輩出氏族であって、永見が突然変異的に文人の才を持ったから、と考えるしかない。その才能は幸運にも息子の岑守に遺伝し、開花して一流の文人を生んだ。篁は、その才能を継承しているのである。《礼》思想では、あらゆる技能の中で、文の価値が最も高い。その技能をせっかく獲得したのに、なぜ武人という、文人より卑しい、従来の技能で満足しようとするのか。それが嵯峨の篁に対する叱責の意味だった。

藤原菅根は儒学者なので、そうした考え方をする《礼》思想を継承していた。父良尚が菅根を学者にしようと菅野氏の血を入れたこと自体が、〈武人から文人へ〉というステップアップのためだった可能性が否めない。そしてそれは、十分に果たされた。それをむざむざと手放して、子孫を武人に育てるという選択肢は、儒学者の菅根にはない。

†大納言元方の成功と挫折

そうしたわけで、菅根は子の元方に、自分と同じ儒卿《じゆけい》（儒学者である最上層の政治家）の道を歩ませた。元方も文章生から方略試に合格し、弁官・式部大輔を経て参議に昇るという、父菅根を再現する官歴を歩んだ。しかも、元方は参議で終わった父を越え、中納言、さらに大納言まで昇った。受領で終わった曾祖父春継の経歴を顧みれば、破格の栄達だ。

元方の娘は村上天皇に嫁ぎ、その長男広平《ひろひら》親王を儲け、天皇の外戚になる可能性も見えてきた。その関係も、彼の出世を助けただろう。後に摂関家の藤原師輔《もろすけ》の娘安子《やすこ》を母として村上の次男憲平《のりひら》親王（冷泉天皇）が生まれ、すぐに皇太子となったため、元方が天皇の外戚になる道は閉ざされた。『栄華物語』や『平家物語』など後世の伝承では、恨んだ元方が絶食して衰弱死し、怨霊となって師輔一家や冷泉天皇に祟り、冷泉の狂気もその祟りのためと考えられた。

この挫折のせいか定かでないが、元方の子の致忠《むねただ》は、父や祖父とは全く違う道を歩んだ。天暦二年（九四八）に、文章生を採用する式部省の省試を致忠が受験したことは確認でき、[157]合格して文章生となったようで、[158]そこまでは祖父・父と同じ儒学者の経歴だった。

ところが、その後は備後守・蔵人・右京大夫《うきょうのだいぶ》・右《う》馬権頭《まのごんのかみ》など、官吏としては順調な官歴を歩んだ一方で、式部省や文章道などの儒学者の要職には就かなかった。文章生になってはみたものの、〈儒学で身を立てるのはやめよう〉という決断が早い段階であったのだ。彼は祖父・父とは異なり、何の特色もない官吏、いわば無色透明の諸大夫層になった。

†専業受領としての保昌

その致忠の子が、有名な保昌・保輔兄弟である。彼ら兄弟は、父が無色透明にした一家の氏族的特性に、改めて個性的な色づけを行った。和泉式部の夫としても有名な兄の保昌は、日向・肥前・大和・丹後・山城・摂津などの受領を歴任して、巨富を築いた。父のように手堅く政権中枢の官職を転々とするのではなく、あたかも専業のように受領ばかりを勤め、地方の富を中央にかき集める専門家と化した観がある。

保昌の父致忠は、諸大夫層として様々な京官と地方官を勤め、経歴した官職は見事にばらけた。これが一般的な（最も順調な方の）諸大夫層の官歴であり、よくいえば何でもこなすジェネラリスト、悪くいえば色々と浅く広くかじるだけの何でも屋だった。

一方、子の保昌は、同じく諸大夫層ながら、受領ばかり勤め、あとは円融《えんゆう》上皇の判官代《ほうがんだい》や左馬頭《さまのかみ》くらいしか勤めていない。判官代は院（上皇）の家政機関の第三等官として事務方の実務を担う者で、厳密には官職ではない。したがって、彼が勤めた京官は、左馬頭しかない。彼の官歴は明らかに、受領ばかりに偏っている。諸大夫層の中には、このように受領に特化した官歴を歩む、受領のスペシャリストが時々存在した。

こうした人々を〝受領層〟と呼ぶ歴史学者が多いが、全く従えない。〝受領層〟の存在を信じる歴史学者に、こう質問してみるとよい。「受領層の一階層上や一階層下には、何という層があるのですか」と。彼らは適切に答えられない。〝受領層〟を一つの層とする階層構造など、朝廷には存在しないのだから。〝受領層〟と呼ばれる集団は、階層ではない。それを階層の話で扱いたければ、〈諸大夫層の部分集合〉と捉えるしかない。

朝廷には、〈公達《きんだち》・諸大夫・侍〉という階層構造なら確かに存在した。「公達」は、人生の大部分を公卿（参議以上または三位以上）で過ごすことを当然視される上級貴族の家柄。その下の「諸大夫」は、人生の大部分を四位・五位で過ごすことを当然視される中級貴族の家柄。その下の「侍」は、人生の大部分を六位で過ごすことを当然視される下級貴族の家柄である。これらは〝受領層〟と違い、地層のように綺麗な階層構造を成している。

第二章でも述べた通り、この階層構造は、王朝の構成員を〈王・公・卿・大夫・士〉の五階層で捉える古代中国の儒教的な価値体系、つまり《礼》という思想に由来している。そうしたことは、『礼記《らいき》』『春秋《しゅんじゅう》（左氏伝《さしでん》）』や『周礼《しゅらい》』などの《礼》の経典と、その注に書いてある。中国と比較して古代朝廷を研究しようとする人には、大学や大学院で、せめてこれらを通読するよう義務づけたらよいのに、と思う。

そうしたわけで、〝受領層〟という捉え方は誤りなのだが、古代史家がそう呼ぶ集団は、確かに存在した。保昌を含む、まるで専業のように受領の任に繰り返し従事する者たちは、古代・中世の社会を構成する集団、それも重要な集団だった。そのため、何か呼び名がないと困る。〝受領特化型諸大夫〟などと呼んでもよいが、ちょっとくどい。農業に専念する農家を〝専業農家〟、主婦業に専念する主婦を〝専業主婦〟というから、それに倣《なら》って、さしあたり彼らを〝専業受領〟と呼んで、話を進めたい。

†摂関政治と癒着して専業受領に

専業受領という生き方を、誰もが選べるわけではない。周知の通り、受領はうまくやれば旨みが大きいので人気が高く、競争率が高い。では〝うまくやる〟とはどういうことか。朝廷の税制は、一〇世紀までに崩壊していた。公地公民制の基本である班田は、醍醐朝の延喜二年（九〇二）を最後に廃絶し、民の誕生・死亡ごとに田を再配分する口分田《くぶんでん》制度が消滅した。戸籍もとうに崩壊していて、民や田畠の実態を踏まえた徴税が不可能だった。それでも、徴税には台帳がどうしても必要だ。そこで、背に腹は代えられず、朝廷も国司も、古くて偽りに満ちた台帳をもとに徴税した。台帳がもう更新されないなら、国司から朝廷に納入される年貢（官物《かんもつ》）は、定額化したのと同じことだ。そうなると、民から多く取れば取るほど、京に送る定額の年貢との差額が拡大し、それがそのまま受領の懐に入る。〝うまくやる〟とは、この仕組みを活用して、百姓から可能な限り搾取し、私腹を肥やすことである。

その旨みを求めて、除目《じもく》（人事）のたびに、諸大夫層が受領の地位に群がる。しかし、受領のポストは六八（六六ヶ国＋二島）しかない。その乏しいポストに誰かが座れば、そこが空くのは任期満了の後、つまり四年も先だ。しかも、六八ある受領の旨みは、均等ではなかった。国の規模や生産力に応じて大国・上国・中国・下国というランクがあり、それとは別に、『枕草子』に「受領は伊予守・紀伊守・和泉守・大和守（がよい）」と書かれたような格差があった。

その受領の地位を求める諸大夫層の数は、半端ではない。永承《えいしょう》二年（一〇四七）、関白藤原頼通は、氏寺の興福寺の修造にすべての藤原氏を参加（費用負担）させるため、「藤《とう》氏《し》諸大夫（藤原氏の四位・五位）」全員の名簿を作った（『造興福寺記《ぞうこうふくじき》』）。その名簿によれば、藤原氏の四位は三五名、五位は三三一名にも及んだ。藤原氏だけで総計三六六名もの諸大夫がいたなら、ほかの氏族を含めた諸大夫の総数は五〇〇名を超えたのではないか。

数百人の諸大夫に対して、受領の椅子は六八しかない。競争が熾烈を極めたのは当然だ。まして、六ヶ国もの受領を歴任する保昌のような専業受領は、単純で公平なポストの配分からは生まれない。専業受領になるには、人事権を持つ最高権力者との結託が不可欠だ。

保昌の場合、それが藤原道長だった。保昌は道長に忠実に仕え、見返りとして強力な庇護を受け、「相府《しょうふ》の一子《いっし》の如《ごと》し（道長の息子のようだ）」(159)といわれたほど可愛がられ、受領を歴任した。保昌が受領として蓄えた巨富は、随時、必要に応じてこちら側に献上されると期待して道長はそうしたのであり、保昌はそれに応えた。しかし、道長は数百人の諸大夫から、なぜ保昌にその役割を与えたのか。父致忠に特別な何か（政治的地位・財産・特技など）があった形跡はないから、保昌は彼自身の資質を期待されたのだろう。

†保昌が「兵の家」出身でないことの意味

保昌の最も光る資質は、『今昔物語集』で次のように謳《うた》われた、武人としての強さだ。(160)

兵《つわもの》ノ家ニテ非《あら》ズト云《い》ヘドモ、心猛《たけ》クシテ弓箭《ゆみや》ノ道ニ達《いた》レリ。（代々「兵」を輩出した家の出身でないが、勇敢で弓術に熟達した）

此《こ》ノ保昌朝臣《あそん》ハ家ヲ継《つぎ》タル兵ニモ非ズ。……而《しか》ルニ露《つゆ》、家ノ兵ニモ不劣《おとらず》トシテ、心太《こころふと》ク、手《て》聞《き》キ、強力《ごうりき》ニシテ、思量《おもばかり》ノ有ル事モ微妙《みみよう》ナレバ、公《おおやけ》モ此ノ人ヲ兵ノ道ニ被仕《つかわる》ルニ、聊《いささかも》心モト無キ事無シ。然《しか》レ、世ニ靡《なびき》テ此ノ人ヲ恐《お》ヂ迷《まど》フ事、限リ無《なし》。（保昌は代々「兵」を輩出した家の出身ではないが、そうした家の出身者に少しも劣らず、度量・腕力・知略が優れたので、天皇は彼を「兵の道」で仕えさせ、少しも不安がなかった。そのため、彼を恐れる世の人は数限りなかった）

『今昔物語集』は執拗に彼の出自を、「兵ノ家」ではない、「家ヲ継タル兵」ではない、と強調する。そして、「但シ子孫ノ无《な》キゾ、家ニ非《あら》ヌ故《ゆえ》ニヤト人云《いい》ケル（『子孫が絶えたのは、兵の家の生まれでないのに兵として振る舞ったからだ』という人もいた）」とまで付言する。そのため、多くの研究者は、こう考えた。正規の武士として朝廷・社会に認知されるためには、「兵の家」に生まれる必要があり、そうでない生まれの者はどれだけ強くても武士と認定されず、無理に武士として振る舞っても生き残れない、と。

しかし、そうした解釈は『今昔物語集』の誤読だ。〈特定の専門技能を扱うのは、特定の家に生まれた者だけであるべき〉という考え方は、家業の固定化が進んだ院政期や鎌倉期に本格化した中世特有の考え方であり、摂関政治期の官僚人事を見れば、その時代にまだそのような考え方がなかったことは明らかである。右の言説は、院政期に保昌を回顧して、子孫が断絶した事実と出自を短絡的に結びつけた、後の世人のこじつけに過ぎない。

むしろ、「兵の家」の生まれでないのに保昌は優れた武人だった、と『今昔物語集』は褒める文脈で述べているし、現に天皇たちは彼を「兵の道に（武人として）」登用したと明記されている。朝廷は「兵の家」でない彼の出自を問うていないし、重要なのは現に当人が武人として強いか否かだっただろう。「兵の家」に生まれることは、武士の身分証明書ではなく、強い武人になれる可能性が高くて有利、というだけのことだ。しかも「兵の家」という考え方は、父系しか問題にしていない。母系から優れた武人の血を継承すれば、十分に優れた武人を輩出できるが、それは「兵の家」とはいわない。それだけのことだ。

保昌の高祖父（祖父の祖父）良尚は紛う方なき武人だが、それでも「兵の家」と認定されないなら、「兵の家」という概念は単に近い祖先、恐らく父が兵だったかどうかの事実を示すだけの標識に過ぎまい。そこでいう「家」が、まるで何世代も続いたものであるかのように考えるのは、当時の「家」をきちんと理解していない人の錯覚だ。

†保昌の武勇伝承

保昌の武勇は著名で、様々な伝承に尾鰭《おひれ》がつき、中世には伝説の域に達していた。たとえば『保元物語』(上)は、源為朝の強さを讃えるのに「古《いにしえ》その名聞《きこえ》し田村《たむら》・利仁《りじん》が鬼神をせめ、頼光《らいこう》・保昌《ほうしょう》の魔軍をやぶりしも」と引き合いに出し、『梅松論』という南北朝時代の歴史書は、足利尊氏の人徳を褒めるのに「我朝《わがちょう》の田村・利仁・頼光・保昌、異賊を退治す」と引き合いに出す、といった具合だ。保昌は、坂上田村麻呂・藤原利仁・源頼光とともに、伝説的・模範的・代表的な武人を表す定型的な四人組にいつも含まれた。

『平家物語』[161]が木曾義仲の精兵ぶりを讃えるのに「すべて上古の田村・利仁・余五将軍、致頼《むねより》・保昌・先祖頼光、義家朝臣といふとも、争《いかで》か是《これ》にはまさるべき」と述べたり、『義《ぎ》経記《けいき》』[162]が冒頭で源義経の紹介に先立って昔の著名な武人を「本朝のむかしをたづぬれば、田村・利仁・将門・純友・保昌・頼光、漢の樊噲《はんかい》・張良は武勇といへども名をのみ聞きて目には見ず」と回顧したように、中世で代表的武人とされたのは右の四人組に限られない。しかし、それも四人組を基本に増補する形であり、その中には常に保昌が含まれた。室町時代には、能(謡曲)や狂言でもしばしば源頼光と双璧をなす伝説的武人の代表格として使われ、「頼光」「保昌」が武人の代名詞になった。

その保昌には、いかなる戦争にも参加した経験がない。ともに中世に讃えられた坂上田村麻呂・藤原利仁・源氏とは、そこが決定的に違う。それでも武人の代名詞とされたからには、よほど平時から武者ぶりを示す存在感があったのだろう。「盗人ノ大将軍」袴垂《はかまだれ》を威圧した話は、それを示す話として著名だ。深夜、保昌が笛を吹きながら都大路を歩いていると、彼の高級な衣服を奪おうと、袴垂という強盗が尾行してきた。ところが、気づいた保昌が逆に威圧すると、袴垂はすくみ上がって従順になった。保昌は自宅まで彼を連れて行き、衣服を与えて「追い剝《は》ぎはやめよ」と諭したという(163)。

また、保昌が受領として丹後にいた頃、馬に乗って木の下にたたずむ「白髪の武士一騎」とすれ違った。地方には国司より身分の高い者はいないはずなので、国司が通り過ぎる時には、誰もが敬意を払って馬を下りるべきだった。ところが、武士は下馬しなかった。保昌の郎等は「無礼な奴だ。咎《とが》めて下馬させよう」と息巻いたが、保昌は「一人当千《いちにんとうせん》の馬の立てやうなり。たゞにはあらぬ人ぞ。とがむべからず(一騎当千の猛者に特有の馬の立て方だ。ただ者でないから、怪我したくなければ咎めるな)」と制止し、通り過ぎた。

その後、多数の軍勢を引き連れた平致経《むねつね》という武士と行き合い、「老人とすれ違われたでしょう。それは私の父の致頼です。筋金入りの田舎者なので、国司への接し方も知らず、きっとあなたに無礼な振る舞いをしたでしょう」といわれた。保昌はそれを聞いて「やは

りそうか」と合点し、喧嘩を売らなかった判断の正しさを知ったという。(164)

平致経は普通より長い矢の使い手で知られ、「大矢《おおや》の左衛門尉《さえもんのじょう》」と綽名《あだな》された精兵だった(165)（より大きく弓を引き絞るので、弓の反撥《はんぱつ》力がより大きく、より強力な矢を放てた）。その父致頼も、保昌が見抜いた通りの精兵だ。この話の保昌は活躍もせず、褒められもしないが、馬の扱い方を見て騎兵としての強さを即座に見抜くには、自身も優れた騎兵でなければならない。この話は、保昌も武人として並大抵でないと伝えているのである。

事実、彼はその丹後守の任期中、郎等や一族と鹿狩りに明け暮れた。その郎等の中には「鹿ヲ射ル事、衆人《しゅうにん》ニ勝《すぐ》レタル」という、弓矢で鹿を狩る名人がいた。(166) 保昌は、配下にも有能な弓騎を従えていたのである。

第六章　〈強い受領〉の確立と摂関政治

†受領は無力だが強くなればよい

では、保昌のような武勇が、専業受領としての適性とどう関わるか。受領の仕事は、国内の統治だ。統治の内実は、治安維持と、田畠からの税の徴収と、その中から決まった額を京へ送り朝廷に納めることである。つまり、受領の主な仕事は警察と収奪であり、そのどさくさに紛れて私腹を肥やせるので、旨みのある仕事なのだった。

しかし、前著で述べたように、平安前期の受領はそのような権力者ではなかった。諸国には王臣子孫と彼らが率いる王臣家人がいて、京の王臣家の権威と免罪特権を振りかざし、国内外を横行し、百姓の財産や墾田を奪い、強制労働で墾田を耕作させ、年貢を全く払わず、国司・郡司が辛うじて集めた税も実力で差し押さえ、債権回収と称して強奪していた。

それればかりか、百姓が率先して王臣家に従属し、見返りに王臣家の名義を借り、年貢未進を取り立てる国司らの差し押さえを妨害した。地方では王臣家とその威力を借りる百姓らが容赦なく牙を剥《む》き、全力で国司の収奪に抵抗し、国司の業務を妨害していたのである。国司は、武力でも権威でも王臣子孫に歯が立たず、有効な対策を打ってくれない朝廷に無駄と知りつつ助けを求め、指をくわえて泣き寝入りする、無力な存在だった。まして、介・掾・目などの任用国司が、任期後も居座る前任の受領・任用国司や王臣家・百姓らと結託し、受領を襲って殺害する事件も珍しくなかった（前著第六章参照）。

このように、受領は旨みどころか命の安全さえ保証されない、危険で損な仕事だったはずだ。ところが、平安中期以降、受領は郎等を率いて意のままに振る舞い、収奪の限りを尽くす強大な支配者になった。一体何がどう転べば、そのような転身が可能だというのか。

我々が学校で日本史を習う時、受領は突然、最初から、強大な支配者のように現れる。その前の、受領が虐《しいた》げられてきた歴史も、それをどう克服したのかも教わらない。だから、強大な受領の出現に、武士の成立が貢献したことが気づかれなかった。そうした従来の武士論は、本質を見失っている。

本質はこうだ。王臣子孫が平然と受領や朝廷に反抗するのは、反抗しても処罰されないからである。処罰されない理由は、二つある。一つは法制度の欠陥で、貴族を優遇する法制のもと、王臣子孫はほとんど何をしても軽い罰しか受けないか、そもそも罰を受けない。

もう一つは、純粋な力の問題だ。王臣子孫を犯罪者として処罰しようにも、執行できる力が受領や朝廷にない。刑罰とは、身柄を拘束したり、地位や財産を剝奪したり、流刑地に行かせたり、強制労働させるなど、とにかく何かを強制する形になる。だから処罰を執行するには、相手より多い人数、相手より強い武器、相手より屈強な肉体など、どうしても相手より強い力が必要だ。物理的に抵抗できない（と観念する）からこそ、人は刑に服する。

しかし、抵抗すれば役人は自分を拘束できず、自分から自由や所有物を奪えず、自分に行動を強いることができないと判っていたら、誰が進んで刑に服するものか。それが行政の本質だ。下野国衙が藤原秀郷ら一八人の流刑の執行に失敗したのは、まさにそれである。

どれだけ軍事制度を改め、受領に権限を与えても、天皇の権威と法を蹂躙して生きる道を選んだ王臣家には、従う理由がない。彼らが受領に従う理由があるとしたら、それは机上の制度改革などではなく、彼らを屈服させる生々しい武力（軍事力）以外にあり得ない。

しかも、相手を観念させるためには、圧倒的な力を持たねば駄目だ。対等や、やや上回る程度なら、相手は抵抗するという選択肢を採れるし、実際にそうなった時に多大な被害が出る。だから王臣家の力が国衙と対等に近ければ、もう国衙は手を出せない。

しかし、問題が単純な力比べなら、解決法も単純で、受領が圧倒的に強い力を持ちさえすれば、王臣家は観念して屈服するだろう。要するに、ただそれだけの問題なのだった。

†将門の乱の非常措置――強い者を国司に任じて制圧

では、いつ、どうやって、受領がそのような力を手に入れたのか。教科書のように「次第に力をつけた」と漠然と書いて済ませたいところだが、それは机上の空論だ。普段から何となく少しずつコツコツと力を蓄える、という程度の生ぬるい成長から、これだけの飛躍が生まれるとは到底思われない。彼らの力が劇的に進展する大きな事件が、何度かあったと考えるべきだ。では、それに最もふさわしいのは、どのような事件だろうか。

有力な王臣子孫を屈服させるほど圧倒的な力を持つ受領が実在したなら、実例を示せるはずである。しかも、古いほどよい。そうした考えに立って探し求めた時、絶対確実な実例として挙げられる最も古い事例は、下野守の藤原秀郷だ。またしても、秀郷が鍵になる。〈受領が、一国内の王臣子孫を屈服させる圧倒的な力を持っている〉状態を、最も確実に作り出す方法は何か。答えは簡単だ。その力を持つ者を、受領に任命するのである。将門の乱中に秀郷を下野掾に、そして乱後に下野守・武蔵守に任命した人事が、まさにそれだった。秀郷は将門の乱より前の段階で、すでに国司が手を出せない下野最強の勢力を確立していた。

これは真に画期的な人事だった。そもそも秀郷の一派は、朝廷から流罪を宣告され、国衙の行政を正面から拒否した犯罪者である。そのような者を国司に登用すること自体が、朝廷の大きな譲歩であり、方針転換だった。罪を犯しても役人より強ければ処罰されず、むしろ役人に登用されるとあっては、あまりに退廃が著しく、それでは犯罪を抑止するどころか促進してしまう。だから理念上、それは絶対にすべきでない人事だった。

ところが、将門の乱という空前の非常事態で、そうもいっていられなくなった。将門は律儀に坂東諸国の国衙を襲撃し、屈服させ、国司を追い出した。その結果、坂東の国衙がすべて機能停止し、国衙を介した通常の軍事動員・反乱鎮圧の制度が全く動かなくなった。

そこで朝廷は京で討伐軍を編成したが、動員自体にも坂東への派遣にも、とにかく時間がかかった。その間に、動きの速い将門は、日一日と手がつけられなくなってゆく。

そこで、将門を討伐する力がある者なら、とにかく誰でもよいから討伐してもらいたい、そのためには従来の行きがかりも犯罪歴も、何もかも不問に付し、むしろ朝廷として正式に名誉と賞を与える、と表明するしかなくなった。その上で、地方の軍事動員はあくまでも国衙を介して、つまり国司の肩書のもとに行われねばならない、という建前・手続きを守ったため、秀郷が下野掾・押領使の肩書を得て、鎮圧に乗り出すことになった。

†下野守藤原秀郷――平時の〝強い受領〟の誕生

こうして、〈力ある「兵」を国司に任じて、とにかく実力で国内を制圧する〉手法が、実行に移された。それはあくまでも反乱制圧という非常事態の非常手段だったはずだが、秀郷を受領に任じる形で、乱後も繰り返された。それには、少なくとも二つの必然性があった。一つには、それで鎮圧者に賞を与える約束を果たしたことになる。もう一つには、反乱軍の主力が戦死・投降したとはいえ、残党を掃討せねばならない。その任務を担う受領には武人が適任であり、弱い者を任命すると残党に坂東を奪回されるおそれがある。

こうした理由から下野守・武蔵守となった秀郷は、もともと下野を実効支配する力を持っていた。下野にはほかにも対抗勢力や群盗がいた可能性があるが、それらの多くは平将門が坂東制圧の過程で屈服させるか淘汰した。将門はそうして秀郷を脅かしたが、その将門は秀郷が自分の実力で討ち滅ぼし、将門に屈服した諸勢力も滅んで、下野から秀郷の敵対勢力はほぼ一掃された。文字通り、秀郷は下野を実力で完全に制圧した。その秀郷が下野守になったことで、下野を完璧に制圧・把握する下野守が、恐らく史上初めて誕生した。

こうした形は、国司が諸国を統治するのに最も適した形だと、朝廷は結論したようだ。受領が凶悪な王臣家に歯が立たず、不正を重ねる彼らの横暴を傍観・追認するしかなく、職務をまともに遂行できないという問題は、受領を王臣家より強くして解決するしかなかった。そしてその問題は、〈受領を強くする〉のではなく、〈強い者を受領にする〉という形で解決した。朝廷がそれに気づいて実行に移すという、大きな飛躍を成し遂げたのは、将門の乱という待ったなしの非常事態に追い詰められた結果だった。その意味で、権力者としての〝受領〟の成立に対して、将門の乱が果たした役割は、果てしなく大きい。

しかも、将門の乱は、史上初の武士の反乱だった。そして武士の反乱は、従来の有象無象の王臣子孫や群盗の横行とは、ひと味違うことを、将門は証明した。

武士は従来の単なる王臣子孫と異なり、婚姻関係で地域社会の有力者と同化を果たし、婚姻関係で古代的「将種」の血を導入して品種改良を果たした、最強の有力者だった。武士の影響力は、一国内や隣接する数ヶ国に影響を与えただけの単なる王臣子孫や、最大でも四ヶ国を支配しただけの群盗（物部氏永の乱）とは違う。武士が本気を出すと、その数倍（坂東八ヶ国＋甲斐・伊豆）の、坂東という広域を実効支配してしまう。しかも、貴姓を自覚し、かといって《礼》思想をきちんと理解するほど学がないので、「自分も帝王の子孫だから」といって〝独立国〟を作ってしまう。それは、古代の朝廷の想像を絶する実力と行動様式だった。

何より重要なのは、その武士に対応できる力が、武士にしかなかったことだ。王臣子孫の一部が、さらに手強い武士へと進化して地方を掌握し始めたため、朝廷はもはや、武士を受領に登用する以外に、地方を取り戻す術を失ってしまった。その意味でも、将門の乱は武士の受領化を促し、受領が武力で国内を切り従える形の誕生を、促したのである。

藤原利仁の東国受領就任と群盗制圧

このように、国内を従える受領の力は、武士の誕生と反乱から生まれた。決してその逆に、受領の力から武士が生まれたのではない。武士は受領の歴史を変えたのだ。

では、このように受領の歴史を変えた武士は、藤原秀郷が最初だっただろうか。同時代の確実な記録でさかのぼれるのは、秀郷までだ。ただ、後世の伝承や状況証拠を活用してよければ、もう少しだけ古い時期の人を特定できる。藤原利仁である。

藤原利仁も伝説的な武人で、前述の通り、中世では伝説的な武人四人組の一人だった。南北朝時代に書かれた歴史書『増鏡《ますかがみ》』[167]に至っては、「たけき武士の起こりを尋《たず》ぬれば、いにしへの余五・利仁などいひけん将軍どもの事は、耳遠ければさしをきぬ」と述べ、平維茂（余五）と藤原利仁を、まるで武士の遠祖のように紹介している。

利仁については前著で一通り触れたので、本書では詳しく繰り返さない。彼の経歴は早い時代に不明になり、院政期に入った段階で、文徳天皇（ある伝承では宇多天皇）に新羅征伐を命じられたとか、坂上田村麻呂と二人で（生きた時代が違うのに）蝦夷の「悪路《あくろ》王」を退治したとか、利仁の武勇伝は荒唐無稽な伝承ばかりになっていた。芥川龍之介の小説「芋粥《いもがゆ》」で有名な、芋粥を飽食したい五位の某《なにがし》を越前に連れて行き、夢を叶えた話が、彼の逸話の中で唯一、史実かもしれないと思えるようなレベルだ。その話で、利仁が「己《おの》レ一人ガ侍《はべ》ルハ千人ト思《おぼ》セ（私一人がいれば千人の護衛に等しいとお考え下さい）」と豪語したと、『今昔物語集』(168)に伝わっている。彼の武人としての強さだけが漠然と知られ、具体的なエピソードはすべて散逸してしまったらしい。

　前著で述べた通り、彼は越前の土着の有力者・秦豊国《はたのとよくに》の娘を母とし、同じ越前の（姓不詳）有仁《ありひと》という者の婿になって、越前に住んでいた。『尊卑分脈』によれば、利仁は延喜一一年（九一一）に上野介、翌延喜一二年（一説に一六年）に上総介に任じられ、三年後の延喜一五年に鎮守府将軍、また時期は不明ながら武蔵守にもなったという。

　彼は『今昔物語集』の成立までに「利仁《りじん》将軍」と呼ばれ始め、ほかの信頼できる史料でもその呼び名は確認できるから、右の経歴のうち、鎮守府将軍の在任は確かだろう。任命は延喜一五年と伝わるが、(169)一年前の延喜一四年に「鎮守府将軍利平」という者が陸奥に赴任した記録があって、この人物が利仁に該当すると考えられている。

　これまで指摘されたことはなかったと思うが、平安末期の古辞書『類聚名義抄《るいじゆうみようぎしよう》』に、

「平」という字の訓読みの一つとして「ヒトシウス」が挙げられている（「ひとしくする」の意）。これを人名で応用すると「平」で「ヒト」と読めるわけで、「利平」で「トシヒト」と読める。「鎮守府将軍利平《としひと》」は利仁を音通で別表記した同一人物に違いないと、これで断言してよかろう。したがって利仁の鎮守府将軍就任と陸奥赴任も、史実と断定してまず間違いない。

　ところで、これも前著で述べたが、一つだけ史実に近そうな伝承が『鞍馬蓋寺縁起』にある。これは京の北郊の、火祭で有名な鞍馬寺の縁起である。院政期の天永四年（一一一三）に成立したが、その元になったのは一一世紀初め頃に抜き書きされた古い縁起と、古老の伝聞やほかの古い記録とされるので、古い時代の内容の信憑性はそれなりに高い。その『縁起』によれば、下野国の高蔵《たかくら》山に住み着いた千人の「群盗」が、京へ運ぶ年貢の調・庸などを奪っていたため、利仁が大将に任じられて討伐したという。

「高蔵山」という山は下野国にも坂東諸国にもなく、利仁が下野の国司になったという伝承もない。それでも、右の伝承には信憑性を高める要素が多い。

①退治の対象が、藤原秀郷（俵藤太）・源頼光伝説のような化け物（ムカデ・鬼・酒呑童子・土蜘蛛など）ではない。

②坂東の「群盗」を討伐するという筋書きは、利仁の時代（醍醐朝の頃）には極めて現実的。
③「山賊」などでなく「群盗」という、利仁の時代に実際に、そして最も頻繁に使われた言葉が使われている。
④京進される調庸などを強奪するという群盗の行動が、当時の実態とよく一致する。
⑤筋書きに神仏の加勢など超常現象・奇跡の類が現れない。

これらの理由によって、利仁が坂東に下って群盗を討伐した可能性は認めてよい。

宇多朝の寛平元年（八八九）から一〇年も坂東を荒らし回った群盗の蜂起（物部氏永の乱）は、醍醐朝の昌泰年間（八九八〜九〇一年）に入ると急速に鎮静化したから、その後の延喜年間（九〇一〜九二三年）の利仁の坂東下向は、氏永の乱の鎮圧を目的としたものではない。しかし、氏永の乱は、恐らく氏永自身の退場（病死や失脚など）によって自然と勢いが衰え鎮静化しただけであり、朝廷が征討して息の根を止めたわけではない。つまり、活動が低調になったとしても、氏永一派の残党は坂東にかなりいたはずであり、分散化・小規模化しながら依然として群盗行為を続けていただろう。彼らの掃討は、朝廷の重要課題だったはずだ。とすると、上野の受領を一年、上総の受領を三年勤め、鎮守府将軍に転じ、武蔵守にもなったという『尊卑分脈』の伝承には、一定の真実味が感じられる。特に、通常四年の任期より短い期間で転々としていることは、群盗制圧の目途が立つごとに転戦した様子を窺わせる。

彼の任国のうち上野と武蔵は、物部氏永の乱の被害が最もひどい四ヶ国に含まれ、中でも上野は氏永の本拠地だったから、乱の残党掃討を集中的に行うべき国々だ。また上総は、俘囚の反乱が何度も発生し、伝統的に国衙が統治できていない国である。それらは確かに、利仁クラスの武人を派遣して治安を回復する必要性が、坂東諸国でも特に高い国々だ。

なお、上総は、平氏の初代高望が受領として赴任した国でもある。暴力的で反抗的な王臣子孫・群盗・俘囚が入り乱れて救い難い自力救済社会となっていた坂東で、武人でない高望が受領として着任でき、上総や隣国下総に多くの子を配置できたのは、それまでに利仁が既存の反社会的勢力をかなり制圧し、地ならしを果たしていたおかげだった可能性が高い。

†藤原利仁——〝強い受領（武士受領）〟の元祖か

以上の推論が成り立つなら、〈強い武人を受領に任じて、反乱分子の制圧とその後の治安維持を担わせる〉という手法は、将門の乱後の秀郷の下野守就任より前に、利仁の上野介・上総介（と鎮守府将軍）就任で実践されていたことになる。そしてその直後の延喜一六年（利仁の上野介就任の五年後、上総介就任の四年後、そして鎮守府将軍就任のわずか一年後）に、流刑を拒む「罪人藤原秀郷」が記録に現れる[170]。利仁と秀郷の登場にはほとんど時差がないが、利仁の方がわずかに早い。しかも、秀郷は登場時に未だ国衙の敵で、どちらかといえば利仁に追捕・追討される側の人間であり、彼が国家の体制側に取り込まれるのはそれから二〇年以上も先のことだ。強い武人が受領として国を制圧するというパターンは、利仁あたりから始まったと見てよい。

なお、上野では、利仁が受領の任期を終えた延喜一二年の翌年に藤原扶幹《すけもと》が受領になり、すぐに彼が退くと（服喪のためという）、後任の受領の藤原厚載《あつなり》が、三年後に群盗らしき富豪百姓らに射殺されてしまう[171]。圧倒的強さを誇る武人が受領の地位を去り、弱い人物が着任すると、たちまち群盗が活力を取り戻す、という構図が窺える。それを防ぐには、武人を受領に任命し続けるしかない。後の将門の乱後に、坂東を制圧した秀郷をそのまま受領に登用したのは、そうしたリバウンドを防ぐためにほかなるまい。そしてそれが、後に多数の武士に受領を歴任させた大きな理由でもあるだろう。

こうして生まれた最初期の武士が、従来の古代の武人輩出氏族や王臣子孫では鎮圧できなかった群盗などの鎮圧を期待されて果たし、〈最強クラスの武人が受領となって国衙の支配を確立する〉パターンを生みだした。その手法は、利仁の段階でかなりまで成功したと思われ、将門の乱を終わらせた秀郷の下野守・武蔵守任命で完成の域に達した。受領となった武士を〝武士受領〟と呼ぶならば、武士受領は、利仁の創始と秀郷の達成を継承したものであり、そして保昌のような専業受領は、それを発展させたものである。

†秀郷流藤原氏は武士受領を世襲できず

ただし、将門の乱が終わってすぐに、武士受領が一般化したわけではない。むしろ、それを完成させた秀郷の子孫は、ほとんどそれを継承・世襲できなかった。鎌倉幕府の成立以前に受領となった秀郷流藤原氏は、公行《きみゆき》（秀郷の四代後）が上総介に、佐藤家の祖公光《きみみつ》（公行の弟。実は実子）が相模守に、尾藤家の祖知昌《ともまさ》（公光の四代後）が尾張守に、伊藤家の祖基景《もとかげ》（知昌の弟）が伊勢守に、波多野家の祖遠義《とおよし》（公光の四代後）が筑後守に、そして奥州藤原氏の秀衡《ひでひら》（秀郷の八代後）が陸奥守になった程度で、数えるほどしかいない。

秀郷の子孫が武士受領とならなかった理由は、息子の千晴一家が安和の変で反逆者として失脚したことが大きいだろう。そもそも、父の秀郷自身が、かつて国衙に敵対して流罪に処された反逆者だった。そうした経歴がある上に将門を斃《たお》せる力を持つ秀郷一家が、第二の将門にならない保証はない。安和の変で、千晴の流罪に対して彼の兄弟が激発しないよう下野国衙が懐柔を命じられたのも、彼らがいかにも第二の将門になりそうだったからに違いない。ただでさえ朝廷が秀郷一家に抱いていた警戒心は、千晴が反逆者と断定されたことで決定的となった。そこで朝廷（摂関政治）は、諸国を乗っ取られないよう警戒して、秀郷一家が受領となる道を閉ざしたのではないか。

†世襲的な武士受領となった平氏

対照的に、源氏・平氏は武士受領というあり方を存分に活用した。もっとも、秀郷のような空前絶後の功績を立てなかった平貞盛や源経基には、受領のポストは用意されなかった。経基は最後まで受領になれず、貞盛も乱の恩賞では右馬助に任じられたに過ぎない。ただし貞盛は、村上朝の天暦元年（九四七）に鎮守府将軍だったことが確認でき、後人は彼を「貞盛将軍」と呼んだ。円融朝に入ると彼は摂関政治に完全に順応し、天禄三年（九七二）に摂政伊尹《これまさ》のもとで丹波守に、天延二年（九七四）に関白兼通《かねみち》のもとで陸奥守になった。受領を何度も歴任する武士受領の史上初の事例こそ、この貞盛なのだった。

以後の平氏は毎世代、受領を出した。貞盛の弟で、将門の乱に参加し、「武略　神に通ずる人なり」(172)といわれた繁盛《しげもり》が陸奥守になったのは、陸奥守だった貞盛が築いた基盤を継ぐためだろう。彼の子の兼忠《かねただ》は上総守・出羽守となり、その子の維茂（維良）は信濃守となった。「貞盛ガ甥幷《ならびに》ニ甥ガ子ナドヲ皆取リ集《あつめ》テ養子ニシケル」と『今昔物語集』(173)にあるように、貞盛は甥や甥の息子まで養子に取り、息子の頭数を増やして大家族を形成した。維茂もその一人となって「余五《よご》(貞盛の十五男)」と呼ばれ、後に鎮守府将軍となったので後世「余五将軍」と呼ばれて有名になった。秀郷の孫の諸任を陸奥で攻め殺した、あの維茂である。

そうした養子も含めて、貞盛の子孫で受領となった者は、実に羽振りがよかった。特に貞盛の子の世代では、維叙《これのぶ》が三ヶ国(上野・常陸・陸奥)、維将《これまさ》(北条家の祖)が三ヶ国(常陸・筑前・肥後)、維敏《これとし》が三ヶ国(上野・常陸・陸奥)、維衡《これひら》が八ヶ国(上野・常陸・伊勢・陸奥・出羽・伊豆・下野・佐渡)、維茂が一ヶ国(信濃)と、五人だけで、何と延べ一八ヶ国の受領となった。極めて限られた受領のポストを貞盛の子だけでこれだけ占めたのは、常識外れも甚だしかった。特に、任国が奥羽や北関東に偏っており、将門の乱以前から平氏の根拠地だった地方への、貞盛一家の執念が窺える。

この受領の囲い込みは、貞盛の子世代で終わらなかった。北条家の祖とされる維将の子孫を見ると、子の維時《これとき》、孫の直方《なおかた》、曾孫の維方《これかた》が皆、上総介で、この一家の上総への執念は並外れている。ただし維方の子孫は続かず、維方の弟の聖範《せいはん》は出家して僧になってしまい、この系統は武士受領として続かなかった。ただし聖範は伊豆の熱海(恐らく走湯山《そうとうさん》=

伊豆山《いずさん》神社）に土着して阿多見《あたみ》四郎禅師と名乗り、その子（一説に孫）の時家《ときいえ》が南下して伊豆の北条に土着して「北条」を名乗り、その孫に北条時政《ときまさ》が出て、鎌倉時代に幕府の執権を世襲する北条家が興ったと、系図類は伝える（ただし北条家の系譜には、不確かな点が多い[174]。この問題については、武士の系譜に蔓延した系図改竄の問題として、機会を改めて述べたい）。

武士受領として続いたのは維衡の子孫で、子の正度《まさのり》が常陸・出羽・越前、正済《まさなり》が出羽の受領となった（その子孫もおおむね歴代、受領を輩出した）。正度の子世代では、維盛《これもり》が駿河、貞季《さだすえ》が駿河、季衡《すえひら》（室町幕府の政所《まんどころ》執事・伊勢家の祖）が下総、正衡《まさひら》（清盛の祖）が出羽の受領となった。彼らの子孫では、維盛の子孫が散発的に受領となり、貞季の子孫では兼季《かねすえ》——盛兼《もりかね》——信兼《のぶかね》の系統が歴代受領となったが（信兼の子兼隆《かねたか》は、源頼朝の挙兵で最初に戦い殺された人物）、嫡流は末弟の正衡の系統で、繁栄を極めた清盛へとつながってゆく。

正衡の子（清盛の祖父）の正盛《まさもり》は備前・伊勢・因幡・讃岐の受領を、その子の忠盛《ただもり》は播磨・備前・伊勢の受領を勤めた。そして覇権を極めた清盛の代になると、清盛が肥後・安芸・播磨、家盛《いえもり》が常陸、経盛《つねもり》が安芸・伊賀・若狭、教盛《のりもり》が淡路・大和・越中・能登・常陸、頼盛《よりもり》が常陸・安芸・三河・尾張、忠度《ただのり》が薩摩と、兄弟六人で延べ一七ヶ国の受領を占めた。彼らの子・孫世代は数が多すぎるので割愛するが、同じ傾向なのはいうまでもない。

平氏はこのように、毎世代ほぼ確実に受領のポストを確保できる武士受領の一家に変貌し、清盛の代まで維持した。そうした歴史の中で最も際立つ人は、嫡流清盛の祖の維衡だ。右に述べたように、維衡は一人で八ヶ国の受領を歴任し、その回数は常軌を逸している。

†武士受領を生み出す摂関家のメリット

それを可能にしたのは、右大臣藤原顕光《あきみつ》（関白太政大臣兼通《かねみち》の子）や左大臣藤原道長と結んでいた家人《けにん》（郎等）関係だった。維衡は彼らに家人として奉仕し、その対価として受領に推薦してもらった。維衡が八ヶ国もの受領を歴任して入手した富は、巨万という言葉でも足りまい。彼は恐らく、この国で個人として得られる最高レベルの富を手に入れたはずだ。しかも、受領として赴任すれば、その国の地方社会に武士として勢力を植えつける足がかりが得られる。そうして現地に築いた拠点は、任期後に国を去っても、一家や家人のネットワークに組み込まれて維持され、王臣子孫として、より多くの収奪が可能になる。

摂関家が彼らにこれほど甘い汁を吸わせるのは、もちろん、相応の奉仕が期待できたからだ。維衡が、顕光の邸宅堀河院《ほりかわいん》の修造を請け負ったり、道長に馬を献じた記録があるように、(175)受領は推薦された恩と引き替えに、地方で収奪した莫大な富の一部を還元してくる。

そこで重要なのは、収奪の効率だ。武士とそうでない者では、収奪の効率が違う。平安前期の地方社会では、受領と王臣子孫が収奪競争を繰り広げてきた。そして、多くの場合は王臣子孫が圧倒的に有力で、国司の収奪を妨げ、国司の取り分を減らしてきた（前述）。

しかし、強力な武士が受領になれば、抵抗する王臣子孫は減り、それでも抵抗する者は掃討できる。王臣子孫を屈服させられれば、彼らの不正な取り分は受領のものとなり、王臣子孫を頼って納税を拒否してきた百姓も諦める。受領の徴税能力は高まり、受領の私腹はますます肥え、中央に納められる官物も、中央の推薦者に支払われる礼物も増える。

それればかりでない。通常、京に送られる年貢は国で集めた段階で王臣子孫に強奪され、京へ送る途上で群盗に強奪されるリスクにさらされ、京に着いても王臣子孫に強奪されて、まともに朝廷には届かない。しかし最強クラスの武士が受領なら、王臣子孫も返り討ちや復讐を恐れて、簡単に年貢を奪おうとはしない。

維衡のような武士を受領にすることで、国衙に刃向かう王臣子孫が減り、国内の有力者や民が普段から国衙の統治に服するようになって、要するにその国は治まるようになるし、年貢も十分に中央に入ってくる。そうなるような人事を行うことは、政権の中枢にある貴族らにとって、日本国の統治を担う仕事を果たしたことになる（果たした気にさせる）。

また、源頼信が主人の藤原道兼のために、競争相手の道隆を独断で襲おうとして、兄の頼光に制止された話を思い出されたい（第四章）。摂関クラスの貴族は、政敵に仕える武士が自分の命を狙う危険性と隣り合わせだったので、どうしても護衛の武士を必要とした。治安三年（一〇二三）、道長の従兄弟で九州に赴任中だった大宰権帥の源経房《つねふさ》が、現地で没した。彼の母は、道長のおば（父兼家の姉妹）だった。この関係から、道長は彼の遺産と残された妻を保護するため、平維衡を現地に派遣した。(176) これは、財産や生命の安全を守るために、最強クラスの武士を家人として抱えておくメリットが、最も直接的に発揮された事例の一つだ。当時、武士より強い存在はいなかったから、武士を家人にして、護衛として随時使役することは、この国で望み得る最高の安全を手に入れることを意味した。

†武士受領の諸国制圧と道長・平氏の癒着

これほどの力を持つ武士を従順に従わせるのは容易でないが、対価次第でどうにかなる。武士にとって受領を歴任することは、赴任先で合法的に現地勢力を制圧し、威嚇し、人脈を作り、人材を獲得し、財力を蓄えるなどの勢力拡大を、全国各地に対して行う機会が、何度も継続的に得られることを意味した。それは、将門の乱参加者の二世代目以降として武士の存在感を確立する上で、安定的な急成長を遂げられる最良の仕組みだった。武士なら受領として莫大な収益を上げられ、権門にどれだけ奉仕しても十分にお釣りが来る。

一方、摂関家にとって受領のポストは決して安い対価ではないが、それと引き替えに、個人的に莫大な富が還流され、最強レベルの武力を意のままに操れる。その上、官僚・政治家としても、地方社会に対する国司の支配力を強化し、統治の仕事を果たした実績が作れて一挙両得であり、公私両面で摂関政治を支える最良の仕組みだった。

こうして摂関と武士の利害が一致し、摂関時代から院政期にかけて、武士受領が流行した（摂関が院に代わっても、権力者側の事情は変わらない）。特に藤原道長と平維良《これよし》は、この手法を最も活用した組み合わせだった。

長和元年（一〇一二）、平兼忠の子の「維吉《これよし》」という者が、道長に馬六疋《ぴき》を進呈した。そのうち二疋は、亡き父兼忠の遺言で進呈したという[177]。この「維吉」は、二年後の長和三年に、陸奥から参上した「将軍維良」として再登場する。陸奥から来たのなら、この「将軍」は鎮守府将軍である。そして平兼忠の子で著名な鎮守府将軍といえば、「余五将軍」として名高く、藤原秀郷の孫諸任を陸奥で討った平維茂だ。維茂と維良は同一人物と考えられているが、京では治安二年（一〇二二）に「前《さきの》将軍維良朝臣《あそん》死去の事」と記録された死没時まで、維良と呼ばれていた[178]。

「茂」の字には、「美」の字と同じ意味がある（『詩経』大雅-生民之什-注）。そして「美」の字には、「善《よ》い」という意味がある（『毛詩注疏』国風-召南鵲巣-甘棠）。つまり、「美」は「ヨシ」と読め、したがって「茂」も「ヨシ」と読める。これまで研究者の誰もが「コレモチ」と読んできた「維茂」は「コレコシ」と読んで差し支えないのであり、「維茂」は「維良」の異名・異伝などではなく、音通による漢字の別表記と推断してよい。正しい表記は不明だが、彼の名はコレヨシに違いなく、本書では維良として話を進めたい。

この維良は陸奥から参上して、今度は道長に二〇疋もの馬を贈り、うち八疋は道長の家族への贈り物だという。そればかりか彼は、胡簶《やなぐい》（矢を格納する道具）・鷲《わし》の羽《は》・砂金・絹・綿・布など、「巨万」といわれた膨大な高級品を道長に贈り、道路には見物人が市を成した。この様子を、廷臣の藤原実資《さねすけ》は日記で非難した。[179] 維良は以前、陸奥の追捕使に任命され、すぐに五位の位階を授かり、さらに鎮守府将軍にまでなったが、それらはすべて「財貨の力」で得たものだった。今回の贈り物も、鎮守府将軍に再任されるためで、辺境の野獣のような者が財貨を蓄えて官爵を買うことが横行する昨今は「悲しき代《よ》なり」と、実資は嘆いた。武士に奉仕させて富と武力を思いのままに掌握したい道長と、地方（特に坂東、とりわけ陸奥）で思いのままに権力と収奪を行使したい維良は、完全に利害が一致したのであり、両者は公然と贈収賄を行うほどに癒着し、道長は左大臣として掌握した人事権を行使して、維良の出世に協力した。

両者の癒着がどれほど強かったかは、維良の前歴、というよりも前科を見れば明らかだ。右の莫大な贈賄の一一年前の長保五年（一〇〇三）、下総の国府と下総守の館が焼き討ちされ、官物（京に納付される年貢）が強奪されるという、とんでもない事件が起こった[180]。その犯人は「平佐良」と伝わるが、「佐」は恐らく「維」の誤写で、ほかならぬ平維良こそ、その犯人だった。彼はその後、越後に逃亡したらしく、二ヶ月後には藤原惟風《これかぜ》という者が「越後の押領使として、維良を追捕したい」と朝廷に申し出ている[181]。

　ところが、当時この件を審議していた朝廷の首班は左大臣道長であり、道長は維良の追捕に前向きでなかった。「維良を追捕すべき、という押領使惟風の申し出は、維良に襲われたと称する下総守の言い分を丸呑みしているだけで、確たる証拠もなく追捕できない」と結論したのである[182]。以後の経緯は不明だが、その後に維良が押領使・五位・鎮守府将軍と順調に出世したことを考慮すれば、維良が事実上、罪を問われなかったことは明らかだ。維良の父兼忠の代から、すでに道長と癒着していた成果だろう（維良が兼忠の遺言で馬を贈ったという道長の証言が、兼忠と道長の癒着の証拠である）。

　これは驚くべきことだ。国衙を焼き討ちするという行為は、かつての平将門と何ら変わらない。古代史や中世史の研究者は、しばしばいう。将門は、常陸国衙を襲ってしまったため、後戻りできない国家的反乱へと足を踏み入れてしまったのだ、と。しかし、そうした説明が不十分であることは、維良の事件を見れば明らかだ。国衙を焼き討ちしても、最高権力者と癒着さえしていれば、国家的反乱と認定されず、いくらでも後戻りができたのだから。

将門に足りなかったのは、国衙を襲わないという良識でも配慮でもない。国衙を襲った後に何とかしてくれる権力者との癒着である。将門は不用意にも「新皇」という帝王を名乗って独立してしまい、時の摂政藤原忠平と完全に切れてしまった。だから罪を不問に付すための回路がなくなり、追討を受けるしかなくなった。維良は恐らくその教訓を踏まえ、もっと賢いやり方があると思ったのだろう。維良は独立せずにむしろ中央と密着し、これでもかと巨万の富を貢ぐことで、罪を問われないどころか出世を重ねた。やり方さえ間違えなければ、何をしても処罰されない王臣子孫の、面目躍如といえよう。

かくして平氏は、摂関政治の最盛期を築いた道長と癒着し、武士受領の最盛期を築いた。その最たる成果が、貞盛の子（維良の義兄弟）の維衡である。彼は平氏の歴史上、誰よりも多く受領を勤めた。しかし、そうした手法には物理的な限界がある。そのサイクルを道長が必要としたのは、諸国の富と武力を確実に実効支配できるからであり、そのためには最上級の武士が受領となる必要があった。ただ、そうした武士の数は多くないから、日本全体の六六ヶ国二島の受領に、常に貼り付けてはおけない。しかし、それならば、有力な武士の一族（特に子弟など）を受領に登用すればよい。たとえば、平貞盛の子を貼りつけておけば、いざという時、彼の背後にいる貞盛が動くし、誰もがそうなると判る。それで十分だった。

彼らの数にも限りがあるが、それなら源平ほどの上級の武士でなくとも、その家人になるような一ランク下の下級の武士を活用すればよい。彼らは身分が低く、単体では上級武士ほどの能力を期待できないので、個々人を受領に登用できないが、彼らを家人に抱えている諸大夫層を受領にし、彼に下級武士を使役させて仕事を果たさせればよい。そうしたパターンの方がむしろ一般化してゆくが、それは上級武士の絶対数不足の問題だった。

平安末期に作られた文書の実例集『朝野群載《ちょうやぐんさい》』に、受領の心得を四二ヶ条も列挙した「国務条々事書《こくむじょうじょうことがき》」という文書がある。(183) その第四一条に、次のように書かれている。

最近は弓矢もろくに扱えない者が「新武者」と名乗って暴れる。一時的に周囲を威圧できるが、何の役にも立たない連中だ。本来、「良吏《りょうり》（優秀な役人）」は武者など使わずに仕事を果たすが、今は人の心が虎や狼のように荒《すさ》んでいるので、不測の事態に備えて「堪能《たんのう》の武者（有能な武者）」、できれば現地の者を一人二人従えておきなさい。

殺されては受領の仕事は全うできないから、護衛のために武者を常に侍《はべ》らせることは、確かに受領の職務上必要だった。もちろん、その武力は身を護る以外にも使える。

†満仲・頼光の代で源氏も専業的な武士受領に

ところで、摂関家への阿《あ》諛追従《ゆついしょう》と引き替えに受領を歴任して富と勢力を思うさま蓄えたのは、平維衡だけではない。同じ頃、源頼光もほぼ同じ道を歩んでいた。頼光は備前・但馬・美濃・伊予などの受領を勤め、美濃守は二度も勤めた。頼光もそれで稼いだ富を摂関家に流して歓心を買うことに努め、永延二年（九八八）に摂政兼家（道長の父）の二条京極《きょうごく》の邸宅が落成した時は、祝宴の賓客のために三〇頭の馬を贈った[184]。また、長和五年（一〇一六）に道長の土御《つちみ》門《かど》の邸宅が全焼すると、頼光は赴任中の美濃から見舞いに駆けつけ[185]、二年後の寛仁二年（一〇一八）の再建時には、家具調度類をすべて頼光が献上した。その様子は話題になり、豪華な調度の数々を一目見ようと人垣ができたほどだった[186]。

彼は父満仲から、武士受領という生き方を継承した。最初、武士を受領に活用する潮流に乗って最大限に儲けたのは平貞盛とその一家だけで、秀郷の子孫はその潮流に乗れなかったし、源経基は全く蚊帳《かや》の外に置かれ、明らかに源氏は流れに乗り遅れていた。ところが経基の子の代になって、ようやく源氏もこの流れを我がものとするに至った。

経基の長男満仲は、『尊卑分脈』によれば摂津・越前・伊予・美濃・信濃・武蔵・下野・陸奥の受領を歴任した（このうち越前・武蔵・常陸・摂津は裏づけが取れる）。弟の満正《みつまさ》は陸奥・伊予・武蔵の受領と鎮守府将軍になって、子孫は代々受領を輩出した。その弟の満季《みつすえ》も武蔵守と伝わる。満仲が受領を勤めた八ヶ国という数は、同じ頃に平氏を武士受領として確立させた平維衡と奇しくも同じで、同じくらい常軌を逸した経歴だった。

満仲と維衡はともに将門の乱の参加者の子で、活動時期もほぼ同じだ（満仲が少し早い）。その彼らがともに、急に八ヶ国もの受領を歴任する官歴を送ったことは、強い武士を受領に活用するという発想が、彼らの時代に急に生まれ、急に頂点に達したことを意味する。

もっとも、将門の乱でそれなりに活躍した平貞盛が受領に登用されたのと対照的に、武人としてのまともな活躍が皆無に近い源経基が受領になれなかった、という事実は重要だ。やはり、武士が武士受領に進化するためには、一定の武勇が必要条件とされたと考えざるを得ない。任国を実力で制圧できるのが武士受領の存在意義なのだから、当然である。

ならば、源氏が満仲の代で一挙に武士受領としての全盛期を迎えた理由は、満仲個人の武勇が並外れていたからに違いない。兄満仲と同じく武士受領として三ヶ国も歴任した弟の満正も武人として誉れ高く、一条朝の傑出した武者五人（源満仲・源満正・平維衡・平致《むね》頼《より》・源頼光）の一人に名が挙がる。(187)

なお、右の武者五人のうち平致頼（高望王の曾孫、良兼の孫、公雅の子）は受領になった形跡がないが、彼は伊勢で同族の維衡と合戦し、彼だけ有罪とされて長保元年（九九九）に隠岐に流された経歴がある（後述）。藤原秀郷の子の千晴と同じく、流罪レベルの罪人（になりそうな者）で、なおかつ中央との癒着が足りない者は、治安悪化を警戒されて受領から遠ざけられるのだろう。

一方、同じく右の武者五人に名が挙がる頼光は、そうした問題を一切起こさなかった。というより、問題の根源そのものを絶っていた。受領として赴任する以外、ほぼ全く地方社会で活動した形跡がないのである。地方にいれば必ず収奪競争に巻き込まれ、ほかの王臣子孫や武士と衝突し、朝廷を警戒させる。頼光はそのリスクを知って、自重したと見られる。

しばしば短絡的に血の雨を降らせようとする弟頼信のような逸話が、頼光にはない。むしろ血迷う頼信を制止した逸話が有名なほど、彼は慎重な人間だった。そのため摂関家の警戒心を買わずに済み、父満仲から武士受領の生き方を受け継ぐことに成功し、平氏と同様に、源氏を武士受領の家として確立させることに成功したのである。

第七章

源氏の凶暴化を促す藤原保昌一家

†藤原保昌一家の武士受領化と血統の葛藤

かくして道長のもとに、平維衡・源頼光という当代最強の武士が家人として仕え、受領の地位を斡旋されて私腹を肥やし、ついでに任国に受領の支配を確立し、対価として富を道長や朝廷に還元する、という癒着構造が出来上がった。読者はもう、このパターンに完全に合致する武人がもう一人いることに、気づかれるだろう。藤原保昌である。

しかし、保昌は源平ほどの貴姓ではないし、将門の乱の参加者の子でもないし、そもそも彼の生まれは「兵の家」ではなかった。それにもかかわらず、なぜ彼は源平の嫡流、つまり最高クラスの武士と同じ資質と待遇を、一代で手に入れられたのか。

実は、右の問いには誤りがある。一代で、という部分だ。「兵の家」の生まれか否かは、父が「兵」か否かだけで決まるので（前述）、「兵の家」でなくても祖先に「兵」はいる。

保昌の父致忠は単なる諸大夫層、祖父の大納言元方は学者肌の高級官僚、曾祖父菅根は学者として身を立てた純然たる文人官僚だったが、もう一世代さかのぼれば、良尚という歴とした武人がいた。保昌の「家」の性質は、良尚までさかのぼらなければ判定できない。その良尚の代で、この一家は坂上氏の血を入れて有能な武人を出し、子の菅根の代で菅野氏の血を入れて有能な学者を輩出した。これで、一家は武人も学者も輩出できる遺伝的特性と、それを開花させる環境（婚姻関係に基づいて提供される教育環境）を獲得した。

ただし、こうして複数の属性が混ざると、一つの属性（武人か文人か）の血を何度も入れて濃くした家よりも、個別の属性が弱くなる。武人でも学者でも、好きな方を選んで輩出できそうなこの一家の力は、あくまでも潜在的能力の域を出なかっただろう。男子を武人・学者のいずれに育てるにしても、何か決定的な外からの後押しが必要で、潜在的能力だけでは困難だっただろう。現に、両方の潜在的能力を持つはずの致忠は、学者として出発しながら挫折してしまった。その理由は恐らく、学者の血と武人の血の葛藤である。

†藤原致忠・保輔親子の反社会的暴力性

致忠は、実は武人に近い粗暴な人物だった。長保元年（九九九）、伊勢で合戦した平維衡と平致頼の処分が問題となり、致頼が隠岐に流罪となった（前述）[188]。実はその同日に、身柄を拘束されていた藤原致忠が、佐渡への流罪を宣告されていた。致忠は、伊勢の合戦とは関係ない。彼の罪状は、前相模守の橘輔政《すけまさ》の子（前相模介の橘惟頼《これより》ともいう）と郎等の平頼親《よりちか》ら合計三人を、美濃国で射殺した殺人罪だった[189]。致忠は人を射殺できるだけの弓術と、人を射殺して問題を解決しようとする短絡的な暴力的性向を持っていた。

子の保昌にはそうした逸話が伝わらないが、長元七年（一〇三四）に保昌の郎等が内裏で犬を殺して内裏に穢《けがれ》が発生し、問題になった[190]。保昌自身はともかく、彼の郎等に殺生を顧みない乱暴者がいたのは確実だ。そして、そのような暴力性を最も顕著に持ったのは、保昌の弟で「盗人の長」「強盗の首」と呼ばれた保輔《やすすけ》である。

『尊卑分脈』によれば、彼は「本朝第一の武略」と評された有能な武人だったが、その能力を主に強盗に発揮し、「追討の宣旨《せんじ》を蒙る事、十五度」という指名手配の常連だった。どこまで史実か定かでないが、自宅の倉の中に穴を掘って商人をおびき寄せ、生き埋めにして商品を奪う営みを続けた、という伝承もある[191]。

史実としては、永延二年（九八八）、彼の郎等の自白によって強盗行為が発覚し、保輔はお尋ね者となった。兄保昌が仕えたことがある権中納言藤原顕光に匿《かくま》われていたが、検非違使・滝口や武芸堪能の者で組織された部隊に包囲された。保輔は包囲を一旦逃れ、僧

の姿になって逃げ切ろうとしたが、再度発見されて逮捕され、獄中で自害して死んだ。(192)

郎等の自白で判明した保輔の罪状は、常軌を逸していた。藤原道風《みちかぜ》という強盗と組んで前越前守の藤原景斉《かげなり》や茜是茂《あかねのこれしげ》の家に押し入って財物を奪い、源忠良《ただよし》を弓矢で襲撃し、さらに忠良の「因縁」(関係者。恐らく婚姻関係)だというので平維時まで殺そうと計画していた。維時は北条家の祖とされるから、維時殺害計画が成功していたら、鎌倉幕府を支配した北条家も、それを排除するべく幕府を倒した後醍醐天皇の建武政権も、その後醍醐と対立して生まれた室町幕府も、その地方分権が行きすぎて生まれた戦国時代も、それを統一した近世幕藩体制もすべて存在せず、中世・近世史が完全に書き換わっていただろう。

保輔の自害は腹を刺して切ったというから、切腹である。(193)これは記録上、初めての切腹といわれる。なお、この保輔は、兄保昌が退治した袴垂《はかまだれ》という強盗とは別人だが、保昌の身近にいた二人の強盗を中世に区別できなくなり、同一人物として「袴垂保輔」と呼ぶようになった(今の研究者にも、この二人を混同する人がいる)。

保輔は父の暴力性を受け継ぎ、盛大に開花させた。保輔の強盗が発覚して朝廷が逮捕に動いた時、兄の保昌は嫌疑を受けなかったが、父の致忠は逮捕・拘束された。共犯だった可能性が疑われたのだろう。後に三人も殺して流刑に処された致忠の暴力性が、この頃すでに顕著だったのだ。致忠・保輔親子の暴力的な資質は、著名な武人だった曾祖父良尚の資質に（同じではないが）通じるものがある。致忠の中で、学者の菅根から継承した資質と、武人の良尚から継承した資質が葛藤し、武人の資質が勝利したかに見える。

†外祖父致忠が開花させた源頼親・頼信兄弟の反社会的暴力性

しかし、武人であることと反社会的な暴力性は、似て非なるものだ。正統な武人は社会・国家のために武力を使うが、致忠・保輔親子は自分の利益のために人を殺（そうと）した。良尚の武人の資質を正しく受け継いだのは保昌だけで、その父致忠と弟保輔には反社会的な暴力性という形で歪んで継承され、どちらも極端な形で開花したことになる。

興味深いのは、戦争でもないのに対立者を次々と殺してゆくこの暴力的性向、歯止めのきかない殺人衝動が、源氏と共通することだ。源満仲は「虫ナドヲ殺ス」ように気に入らない者を殺し、満仲の子の頼親はあまりに頻繁に敵を殺して「殺人の上手」といわれ、その弟の頼信は主人の競争相手を短絡的に殺そうとした。そのむき出しの暴力性・殺人衝動は、致忠・保輔親子と変わるところがなく、特に歯止めが利かない点で保輔と瓜二つだ。

その共通点が、彼らの間の姻戚・血縁関係に由来しないとは、到底考えられない。満仲は致忠の娘を娶《めと》り、頼親・頼信を儲けた。この頼親・頼信兄弟が持つ、致忠・保輔親子と瓜二つの暴力性・殺人衝動は、母方から入った外祖父致忠の血の影響と考えるのが自然だ。

特に当時は招婿婚《しょうせいこん》（婿取婚《むことり》）で、夫が妻の実家に通い、生まれた子は妻の実家で養育される風習だから、頼親・頼信兄弟は生後しばらく致忠と同居した可能性が高く、彼らの人格形成に致忠が直接影響を与えた可能性が高い。しかも彼らの生活圏には、おじの保輔がいたはずで、札付きの乱暴者だった保輔の言動が彼ら兄弟に影響を与えた可能性は高い。

この仮説は、母が異なる長兄頼光の人物像が正反対で、暴力性どころか冷静・理性的な話ばかり伝えられていることからも、補強できる。頼光の母は近江守源俊《すぐる》の娘で、俊は弁官・受領を歴任した文官、その父の右大弁唱《となう》や祖父の大納言定《さだむ》にも武人だった形跡はない（定は嵯峨天皇の子）。頼光の冷静な性向には、そうした母方の出自の影響があっただろう。頼光と母を同じくする弟の僧源賢《げんけん》に至っては、父満仲の殺生癖を憂い、師の源信を動かして助力を得、満仲に出家を決意させたほどの人物だ（第四章）。源俊を外祖父とする頼光・源賢兄弟の穏健・理性的行動と、藤原致忠を外祖父とする頼親・頼信兄弟の粗暴・衝動的行動は、あまりに綺麗に好対照を成し、母系の影響力を認めざるを得ない。

†舅致忠が加速させた源満仲の反社会的暴力性

問題は満仲だ。満仲自身の顕著な暴力性は、父経基から継承された形跡がない。恐らく、母方の橘氏、特に武蔵や駿河で国衙との抗争を繰り返し、駿河では任用国司でありながら年貢を強奪する甚だしい無軌道ぶりを見せた橘近保を輩出した血に、由来するだろう。この生来の性質を、舅の致忠が刺激して、加速度的に開花させた可能性が高い。

舅の暴力性が婿の暴力性に火を付けることは、鎌倉前期に顕著な実例がある。藤原定家の日記『明月記』[194]によれば、安貞《あんてい》元年（一二二七）の夏、京の近郊の吉祥院《きっしょういん》という寺の前の河で、鮎《あゆ》を取る男がいた。そこへ寺の神人《じにん》（神社に所属して神に奉仕する民）が現れて「ここは寺の境内で、殺生禁制の場所なので釣りをやめよ」と制止した。ところが、男は聞き入れず、逆に神人を打擲《ちょうちゃく》し、刃傷《にんじょう》に及んだ。事件を聞いた関白近衛家実《このえいえざね》が調査を命じると、大納言土御門定通《つちみかどさだみち》の所行と判明した。

定通は事件を否定するどころか、「前に魚を捕った武士が制止されなかったのに、私を制止するのは納得できない」と反論した。「その武士は相模太郎《さがみのたろう》（北条家の一族らしい）で、彼は殺生禁制の川だと知らず、指摘したら黙って去った。知りながら捕り、指摘されても抗弁する定通とは違う」と指摘されると、定通は「武士の威厳は恐れ、私を軽んじるのか」と激昂し、こう凄んだ。「我また武士なり。件《くだん》の神人、皆悉《ことごと》く斬首して見せ申すべし（私だって武士だ。私を甘く見た神人らは全員、首を斬ってご覧に入れよう）」と。

土御門定通の父は、鎌倉時代初頭に朝廷を牛耳って「源博陸《げんはくろく》（源氏の関白）」といわれた源通親《みちちか》[195]で、定通は事件当時に現職の大納言、血統上も（父系も母系も）武士ではない。それでも彼は「自分だって武士だ」と断言した。しかも、自分を甘く見る者を全員斬首しようという発想は、確かに武士の思考様式だ。

こうした定通の行動の源は、一つしか考えられない。妻が北条義時の娘だったことだ。北条義時は鎌倉幕府の執権で、六年前の承久の乱で後鳥羽《ごとば》上皇から殺害命令が出されたが、姉の政子と協力して幕府をまとめ、幕府軍の事実上の総帥として朝廷との対決を決断した。そして後鳥羽率いる朝廷に勝ち、後鳥羽と息子の順徳《じゆんとく》上皇・土御門《つちみかど》上皇ら三人を流刑に処し、仲恭《ちゆうきよう》天皇を廃位して、朝廷を完全に屈服させた人だ。義時は、武士が朝廷より優越し、この国の最高権力者であることを史上初めて天下に知らしめた、鎌倉時代を代表する武士である。

定通は、父の通親が剛胆な政治家だった上に、その父の政略で北条義時の婿となったことで、武士的な思考様式を開花させ、遂に右の自覚を表明するに至ったのだろう。

†義兄弟満仲が藤原保昌を「兵」に覚醒させたか

こうした実例を見ると、藤原致忠が婿の源満仲の暴力性（武士らしさの一部）を加速させた可能性は、十分ありそうだ。しかも、そうした作用は一方通行ではなく、恐らく満仲側から藤原致忠の一家の方へも働いただろう。それは、満仲と致忠一家の年齢と関係する。

保昌は、長元九年（一〇三六）に七九歳で没したと伝わるので、[196] 天徳二年（九五八）の生まれということになる。永延二年（九八八）に彼の最も古い活動記録があり、[197] その時、彼は円融院の判官代だった。三一歳でその地位にあることも、活動初見がその年であることも不自然ではなく、天徳二年誕生説はさほど真実からかけ離れていまい。

一方、『尊卑分脈』は源満仲が長徳三年（九九七）に八五歳で没したと伝え、その通りなら延喜一三年（九一三）生まれになるが、これは怪しい。これでは将門の乱が終わった天慶三年（九四〇）に二八歳で、父経基とともに乱に参加していたはずだが、乱には満仲の影も形も見えない。乱の段階で、満仲は誕生前か幼少期だっただろう。『今昔物語集』[198] によれば、満仲は出家した時、六〇歳を超えていた。彼の出家は永延元年（九八七）なので、[199] その時に六一～六九歳なら延喜一九年（九一九）～延長五年（九二七）の誕生で、将門の乱中に少年期となる。

右の推定に従うと、満仲は保昌より三一～三九歳も年上で、親子と同じか、二代続けて一〇代後半で子を儲ければ祖父と孫でもあり得る年齢差だ。満仲は保昌の義兄弟だが、実際には親子以上の年齢差があった（ならば舅の致忠に近い年齢か、年上の可能性さえある）。満仲が婚姻関係を通じて、自分の子の年齢ほど若い保昌・保輔兄弟に影響を与えた可能性は、否定し難いものがある。

致忠と満仲は、世代の近さと暴力的性向で馬が合い、姻戚関係を結んだのだろう。そして致忠は外孫に、満仲は次男以下の息子に、彼ら二人分の暴力性を足し合わせて煮詰めたようなエリート暴力装置の資質を期待し、それは頼親・頼信兄弟という形で実を結んだ。そして、保昌に流れる祖先良尚の武人の血を呼び起こし、父致忠や弟保輔と異なる正統な武人として保昌を覚醒させたのは、親のような義兄弟の満仲ではなかったか。

こう考えれば、藤原保昌が源頼光と瓜二つの武士受領となれたことも納得できる。保昌は満仲一家の影響で、満仲や頼光と同レベルの「兵」に育った。それほどの「兵」なら、頼光と同等に有望な武士受領になれる。任国を実効支配できる有能な武士受領は、最高権力者の摂関家、特に道長が渇望する人材だった。保昌が、頼光よりかなり遅れて専業受領になった事実を踏まえると、その道長の需要に応えて頼光が保昌を推薦したのではないか。

以上のように、致忠一家と源満仲一家は、密接で双方向的な影響を与え合ったと推察される。満仲側からは、武人の思考・行動様式が伝染して伝説的武人の保昌を生んだ。一方、源氏はすでに独力で伝説的武人の頼光を生み出していたが、致忠側から暴力嗜好・殺人衝動が色濃く伝染し、満仲の同じ性質に倍加された結果、武人の能力に凶悪さを兼ね備えた頼親・頼信兄弟という、強力な武士が生み出されたのである。

†大和をめぐる保昌と源氏の対立

致忠一家はこうして源氏を進化させたが、自らは消滅してしまう。自害した保輔は子孫がなく、保昌も男女一人ずつを残しただけだった。女子は一切の伝承がなく、男子の快範《かいはん》は僧籍にあった。快範は「兵法名誉」の武人だそうだが[200]、僧では子孫を残せない。保昌に子孫を残す気がなかったか、成長前に父を喪《うしな》って僧になるしかなかったのだろう。

ただ、そこには保輔が数々の強盗を犯し、罪人として自害した事実が影を落としている気がしてならない。千晴の失脚で没落した藤原秀郷の一家と同様に、目に余る犯罪者を出した一家を武士として栄えさせない、という社会的圧力が強く働いた可能性は、十分にあろう。かくして系図類や『今昔物語集』が伝える通り、保昌の子孫は断絶した。

断絶の理由は、もう一つ思い当たる。保昌を武士受領として栄えさせたのが源氏一家との蜜月関係なら、その関係の崩壊は保昌の繁栄の終わりを意味しよう。

その観点から見逃せない事件がある。本書の冒頭で紹介した、寛仁元年（一〇一七）に源頼親の郎等の秦氏元《うじもと》が清原致信《むねのぶ》を殺した事件だ。事件を聞いて、頼近を「殺人の上手」と呼ぶ世評を日記に書きとどめた道長は、頼親の肩を持たず、頼親は官職を罷免されて指弾された。しかし、最も重要なのは、殺された致信が藤原保昌の郎等だったことだ。

殺害の動機は、当麻為頼《たいまのためより》という者が、大和で致信に殺されたことに対する報復だという。(201)当麻為頼は、一一年前の寛弘三年(一〇〇六)から大和で、田地をめぐって大規模に興福寺と紛争していた。彼を強気にさせたのは、背後にいた源頼光・頼親兄弟の存在だった。(202)為頼の殺害に頼親が報復した点から見ても、紛争当時に頼親が大和守だった点から見ても、為頼の裏で頼親が糸を引いていたことは疑いない。その頼親の郎等為頼が興福寺と紛争し、殺され、その報復に頼親が藤原保昌の郎等を殺したのなら、頼親は次のように信じていたことになる。保昌が興福寺に味方して頼親の手先(当麻為頼)を殺した、と。

頼親は三度も大和守を勤め、大和の掌握に執念を燃やし、彼の子孫は大和に土着して〝大和源氏〟と呼ばれるに至る。頼親は父や兄と同様に武士受領として収奪に励んだが、たまたまその矛先が大和に向かった。大和には古くから強大な荘園領主の(というよりも、大和一国を自分の私物だと信じる)興福寺があり、荘園を守りたい興福寺と、荘園を没収したい大和守頼親の間で、当然激しい抗争になった。

ところが、興福寺は藤原氏の氏寺なので、藤原保昌は、義兄弟の頼親ではなく興福寺に味方した。古代・中世人の信仰心から見れば、当然の選択だ。要するに、頼親が大和の受領になった段階で、保昌との決裂は宿命づけられたといっていい。

保昌と直接衝突したのは頼親だが、興福寺領を侵略する当麻為頼が「頼光と頼親の威を借りて暴れた」と記録に明記された事実は軽視できない。保昌は、源氏をほぼ丸ごと敵に回したのだ。とすれば、源氏の影響で「兵」として立身できた保昌の命脈は、そこで尽きたことになる。保昌の子孫が断絶したのは、このことと無関係ではあるまい。

「兵」として立身するには、自身の武勇のほかに一定数の有能な郎等が必要だ。父の代まで「兵」の家でなかった保昌には、そうした郎等が不足していた可能性が高く、そうなれば、それは源氏との縁故に依存して供給されていた可能性が高い。というのも、保昌の郎等の清原致信は、歌人として著名な清原元輔《もとすけ》の子であり、元輔と源満仲は和歌を贈り合う個人的な親好関係があったからだ(203)。満仲は親好があった元輔の子致信を藤原致忠に紹介し、その子保昌の郎等に送り込んだ可能性がある。源氏との姻戚関係がそのような保昌の郎等の供給源だったとすれば、源氏との対立はそのまま郎等の枯渇を招くことになる。

してみると、保昌は満仲の義兄弟になった巡り合わせで一流の「兵」となり、満仲の子頼親が大和守になった巡り合わせで「兵」としての将来を閉ざされた、といえよう。ただでさえ、弟保輔の常軌を逸した反社会的事件と、それに加担したと疑われた父致忠のおかげで、保昌一家の社会的評価はがた落ちだった。理性ある保昌は、ある段階で、果てしなく繰り返される殺戮と憎悪の連鎖に嫌気が差し、武芸の才能に恵まれた唯一の男子をわざと僧籍に入れ、「兵」としての家を断絶させようとしたのではないか。

†致忠一家は試行錯誤の末に怪物を生んで消滅

保昌の郎等で殺された清原致信は、冒頭で述べたように、かの清少納言の兄だ。つまり保昌は、『枕草子』の筆者の庇護者と呼ぶべき位置にいた。しかも、保昌の妻は和泉式部だから、保昌は著名な平安時代の女流文学の担い手たちの結節点にいたことになる。

保昌は、清少納言や和泉式部を主人（主君や夫）として庇護し、彼女らを生み出した文化と彼女らが創り出す文化を愛して守ることに、生き甲斐の終着点を見つけた。そう考えるのが自然だ。その生き方に、殺し合いを演じた清原致信や源頼親のような凶暴性と不可分の「兵の道」が有害でしかないことは、誰でも判る（それが、守るべき清少納言の家族を殺したのだ）。保昌の子孫は、父や弟が派手に発現させた遺伝的凶暴性を受け継ぐ。それがいつかまた発火して、守るべき者を害する日が来ることは、ほとんど自明だ。その血を絶やし、男系として家を消滅させようと保昌が決断するのは、あまりに当然ではないか。

清少納言は、武士が確立するための試行錯誤とその失敗に、兄弟が殺される形で巻き込まれた被害者だった。ここでいう試行錯誤の一つは、源平の武士が確立させた武士受領という新しい生き方が、他人に伝播する過程である。藤原保昌はそれを試して途中まで成功したが、結局挫折した。もう一つは、武士になるか否かも含め、藤原致忠一家が何者になろうとするのか、という試行錯誤である。

　致忠は学者でも武人でもない、平均的で無色透明な諸大夫として過ごし、その枠内で、暴力によって物ごとを解決しようとする生き方を選んだ。子の保輔の、歴史に名を残す反社会性・暴力性は、その生き方を徹底しただけだ。ならば、父致忠が親に敷かれたレール通り学者の道を歩んでいたら、保輔は強盗にならなかった可能性がある。

　しかし、致忠は祖父・父と同じ学者の生き方も、曾祖父と同じ武人の生き方も捨てた。それは、氏族としての生き方が固まらない家に生まれ、葛藤に悩まされた結果だろう。高祖父（祖父の祖父）春継は坂東に土着したが、曾祖父良尚・祖父菅根・父元方は京に復帰し、一族の本拠地は定まらなかった。また、春継は田舎の地方社会に埋没する王臣子孫、良尚は武人、菅根は学者、元方は枢要に参画する政治家と、生き方も代ごとに異なり、氏族としての特性を固定できなかった。

　それは、増え続ける藤原氏の中で、大多数が世代を経るにつれて身分を落とす中で、中世へ生き残るために試みられた試行錯誤であり、彼らなりの最善の努力・工夫だった。しかし結果的に、氏族の特性を固めなかったその迷走は、致忠を葛藤に苛《さいな》み、無闇な暴力に走らせ、その延長で保輔を制御不能なモンスターに育て、彼らの暴力事件のおかげで保昌の肩身を狭くさせ、最終的に一家を丸ごと消滅に追い込んだ。

その意味で、「兵ノ家」に生まれず、「家ヲ継タル兵」でなかったことは、確かに保昌にとって致命的だったようだ。そしてその意味に限れば、「子孫が断絶したのは家の芸を継がなかったからだ」という後世の世評にも、一理がある。

†「受領は倒るる所に土をつかめ」の藤原陳忠と源満仲

かくして致忠一家は消滅したが、致忠一家はあと二つ、歴史に爪痕を残した。爪痕の一つは、信濃守の藤原陳忠《のぶただ》だ。彼の名は知らなくとも、『今昔物語集』(204)が伝える「受領ハ倒《たおる》ル所ニ土ヲ爴《つか》メ」という彼の名言は、あまりに有名だろう。彼は、信濃守の任期を終えて京へ戻る帰り道、谷底に転落した。彼は「カゴに縄をつけて下ろせ」と命じ、郎等がその通りにして引き上げると、平茸《ひらたけ》(キシメジ科のキノコ)だけが満載されていた。もう一度カゴを下ろすと、今度は片手に平茸を持てるだけ抱えた陳忠が上がってきた。郎等が何事かと問うと、陳忠は「宝の山に入って手ぶらで帰ったらおかしいだろう」と前置きして、右の名言を吐いた。あまりの強欲さに、伝え聞いた誰もが笑ったという。

この陳忠こそ、藤原致忠の弟で、保昌・保輔兄弟の叔父にほかならない。飽くなき収奪への執念を語る強欲な受領の代表格が、受領を強力な収奪者へと脱皮させた武士受領の源満仲一家と極めて近い姻戚関係にあったことは、偶然にしては出来すぎている。陳忠は天元五年（九八二）に、信濃守に在任していた(205)。それは彼の姪（致忠の娘）と満仲の間に頼信が生まれた康保五年（九六八）の一四年後、つまり致忠一家と満仲の婚姻関係が成立してから少しばかり後のことだ。藤原陳忠の、収奪者としての受領の精神の大部分は、それを初めて可能にした武士受領の源満仲一家から、受け継がれた可能性が高い。

逆に、次のようにも考えられる。儲かる収奪者へと受領を変貌させることに成功した武士受領の源氏・平氏の周囲には、その一員となって分け前にあずかろうとする人々がすり寄り、致忠もそうした下心をもって満仲に娘を嫁がせたのではないか、と。

花山天皇の側近で、詩人・歌人として有名だった藤原惟成《これなり》は、花山が即位すると野心を露わにして糟糠《そうこう》の妻を捨て、源満仲の娘と再婚した（結局、頼みの花山が出家したため彼は失脚し、出家して乞食のようになったという(206)）。満仲の姻戚になることが野望の助けになるとは、つまり満仲の武力と、受領としての財力が期待されたということだ。

この惟成は失脚したが、満仲の舅の弟だった陳忠は信濃守になった。受領として収奪するにあたり、陳忠自身が強い武人である必要はない。彼の背後に満仲がいることが大切で、陳忠を傷つけると兄の婿の満仲を怒らせ、恐ろしい報復を受ける可能性が高い、というだけで十分だった。摂関家が（あまり強力でない）平氏の子弟を多く受領に登用しつつ、強力な平氏の家督が彼らの背後で睨みを効かせるようにしたのと、似た仕組みである。

歴史に名を残す陳忠の強欲さは、〈背後に満仲の勢力を期待できる〉という自信に裏打ちされていた可能性が高い。とすると、平安時代の強気な受領の背後には、我々が思っているよりも多く、有力な武士との親近関係があったのではないか、と疑う必要が出てくる。

†致忠の勝利――源頼朝も足利家も致忠の女系子孫

右よりも直接的に致忠一家が残した爪痕は、彼の女系の血統である。致忠一家は男系としては消滅したが、致忠の娘を母とする源頼親・頼信兄弟とその子孫は、致忠の子孫だ。頼親を祖とする大和源氏も、頼信の子の頼義も、孫の義家も、鎌倉幕府を建てた頼朝も、そして義家の子孫から出て室町幕府を樹立した足利家も皆、致忠の子孫である。致忠一家は女系経由で運命を源氏に託して吸収され、生き残ったばかりか、大成功を収めたといえよう。

致忠・保昌らは、歴代の試行錯誤が残した負の側面を背負って消滅したが、源氏はそのリスクを負うことなく、試行錯誤の成果だけを吸収して進化した。頼親・頼信兄弟以後の源氏は、その致忠一家の歴史を半分背負ったハイブリッドの、新しい武士なのである。

第八章

平氏を従える源氏——男系の棟梁と女系の家人

†源頼信が末端の平氏を家人に編成し始める

以後、源氏は似たような形で、単独での生き残りを諦めた武士を次々と吸収した。特に頼信のそれは大がかりで、二度に及ぶ平忠常討伐が、彼の東国掌握を大きく進展させた。常陸介だった頼信の最初の討伐で、常陸の平維幹《これもと》が三千騎も率いて協力したことは前述した（第四章）。それは建前上、受領に協力する当然の責務だが、見返りもなく建前を守るお人好しは、王臣子孫にも武士にもいない。真の動機は、国衙の敵となったこの機会に、勇猛な受領の武威を借りて、父の代からの宿敵忠常を滅ぼしたいという私怨だった。

維幹の協力は、友軍の域を超えていた。頼信軍・維幹軍が合流して陣地に待機した時、「惟基《これもと》（維幹）馬ヨリ下《おり》テ守《かみ》ノ馬ノ口ニ付ク」と、維幹が下馬して頼信の馬の轡《くつわ》を取った描写が『今昔物語集』[207]にある。これは主人に対する従者の振る舞いであり、遅くともこの段階までに、頼信と維幹の間に主従関係が結ばれた証拠である。

その主従関係は、父満仲が常陸介として赴任した時に成立したのだろう。満仲と親好があった清原元輔が、「満仲が常陸介になりて罷《まか》り下《くだ》らんとせしに詠み侍《はべ》りし」[208]と、常陸介として赴任する満仲と別れを惜しむ歌を詠んでいるので、満仲の赴任は確実だ。

平氏は常陸の掌握に執念を燃やし、維幹の養父（実父繁盛の兄）貞盛が三人の子＝維《これ》叙《のぶ》・維衡《これひら》・維時《これとき》（養子。実は維将《これまさ》の子）を常陸介にしている。貞盛の執念は、父国香《くにか》の本拠地が常陸だったことに由来するのだろう。その中で、彼らの（義）兄弟の維幹は、武士受領となれるほど運に恵まれなかった。彼の子孫が常陸大掾《だいじょう》（国司の第三等官の上席）を世襲して常陸に土着したことは有名だが、逆にいえば、大掾の世襲が彼らの限界だった。長保元年（九九九）に常陸介として赴任した義兄の維叙に叙爵《じょしゃく》（従五位下の授与）の斡旋を頼むなど、維幹は羽振りの良い兄たちの庇護で勢力を保つレベルの人物だった[209]。

貞盛は実子に加え、養子も取れるだけ取って、頭数を増やすことで勢力の拡大に努めた。しかし、官職や利権には限りがあるので、それは〈下手な鉄砲も数打ちゃ当たる〉式にならざるを得ず、外れ玉が出るのが避けられなかった。その結果、平氏は貞盛の子の代で早くも明暗を分け始め、維幹は、維衡たちのような当たり玉になれなかった。満仲やその子は当たり玉の維衡たちと対等な地位を確保していたので、外れ玉の維幹より格上になる。

彼らのような、武士受領や京官として栄える道を諦めざるを得なかった維幹は、地方勢力に徹して生きる道を選択した。それは、〈維衡クラスの武士の庇護を頼る〉という選択にほかならず、義兄維叙の庇護を頼ったのもその一例だ。

しかし、誰かを頼って生きるなら、重要なのは庇護者として頼りになるか、要するに軍事的・経済的・政治的に強いか否かであり、同族にこだわる理由はあまりない。そこで、強力な庇護者を探していた維幹と、坂東に勢力基盤を築きたい満仲とで利害が一致し、主従関係が構築され、その関係は一度目の平忠常討伐で、維幹が下馬して頼信の馬の口を取ることで再確認された。維幹が三千騎を率いて従軍したのも、従者の責務としてだろう。

その主従関係は、次世代でさらに濃密化する。『奥州後三年記』によれば、前九年合戦で、頼信の子の頼義が鎮守府将軍として陸奥に下向した時、途中で常陸の「多気《たけ》権守宗基《むねもと》といふ猛者《もうじや》」の家に立ち寄った。漢字表記が違うが、彼の正体は維幹の孫の平致幹《むねもと》である。「猛者」とあるので、維幹に始まる常陸での勢力拡大は、着実に進展していたことが判る。

頼義が致幹の家に立ち寄ったのは、親世代以来の主従関係で奉仕（饗応）を求めたからだったが、頼義が陸奥へ去った後、頼義の身辺の世話をしていた致幹の娘の妊娠が発覚した。父は明らかに頼義で、彼女はその後、頼義の娘を産み、致幹は大切に育てたという。

正式な婚姻ではないが、頼義と常陸平氏は主従関係の上に、さらに姻戚関係を重ね、より強く結びつく運命共同体として融合した。こうした関係を頼義は拒否しなかったし、常陸平氏の側はむしろ奇貨として重視し、生き残れる可能性を高めたのである。

この時に生まれた女子は、前九年合戦の後、出羽の清原真衡《さねひら》の養子成衡《なりひら》の妻に収まった。真衡は、前九年合戦で頼義と共闘し、頼義単独で勝てなかった奥州安倍氏を滅ぼした最大の功労者、清原武則《たけのり》の孫（武貞《たけさだ》の子）だ。当時は出羽清原氏の統率者で、武貞の養子となった奥州藤原氏の初代清衡の、義理の兄にもあたる（清衡の母は、最初の夫経清《つねきよ》が前九年合戦で処刑された後、武貞と再婚した）。

この婚姻は、直後に起こった後三年合戦の破滅的な混乱と真衡の死で霧消してしまうが、源頼義と平致幹の血を引いた彼女がもし出羽清原氏の嫡男を産んでいたら、陸奥・出羽・常陸の広大な三角地帯を結ぶ、源氏・平氏史上最大の姻戚関係が成立するところだった。

†武士＝王臣子孫×武人輩出氏族×地方有力豪族

こうして見ると、頼信・頼義親子の頃、源平の武士の統合には、三つの潮流が見える。その話をするためには、そもそも武士の統合がどのように行われてきたか、さらにいえば諸勢力の統合によって武士そのものが生まれた段階まで、時間を巻き戻す必要がある。

前著『武士の起源を解きあかす』で強調したように、武士とは、存在そのものが統合の産物だった。武士は、京からもたらされた貴姓の王臣子孫の血統と、彼らに武人的資質を（血統と教育環境の提供によって）授ける古い武人輩出氏族と、彼らに地方社会の勢力基盤・ネットワークを授ける古い地方有力豪族（郡司富豪層）が、統合されて誕生したものである。彼らは互いに利害が一致し、一つの集団＝武士団を形成して、ともに新時代に生き残ることにした。それが、前著で導いた結論だった。その構造は、武士団を解剖すればすぐに判る。その解剖が可能な最も古い事例は、将門の乱に参加した武士団である。

『将門記』では、乱に参加した武士の一団は「（平）良正幷《よしまさならび》に因縁・伴類《ばんるい》」とか、「（平良《よし》兼《かね》の）与力《よりき》・伴類」、「従類《じゅうるい》」「兵類《へいるい》」などと呼ばれている。全体の用例を総合するに、『将門記』では「類」の字で〝仲間〟を意味しているようだ。それが従者なら「従類」、戦時に武装していれば「兵類」、親戚なら「親類」と呼んでいる。

「因縁」が、縁戚関係で将門と行動を共にする人々を指すのは間違いない。その縁戚関係は、血縁関係者と「姻婭《いんあ》（姻戚関係）」で構成されていた。「親類」が血縁関係者だけか、「姻婭」も含むかは微妙だが、さしあたり両方を含むと考えておこう。

「伴類」は、用例から見ても、古代日本における「伴《トモ》」という字の意味から見ても、明らかに郎等・家人の類の従者だ。すると、それと並列で、しかも前（上位）に書かれた「与力」は、字から見ても、後に取り上げる実態を見ても、〈従者より身分が高く、従者ではないが、加勢して付き従う者〉を意味するに違いない。「従類」がこの与力を含むか、伴類と等しいかは微妙だが、恐らく後者だろう。

†将門の同盟者たち――「因縁」と「与力」

将門の陣営には、右の三種類の人々が混在した。「新皇」将門が任命した坂東の国司には、その三種類がバランス良く配分されている。具体的には、次の通りだ。

第一群（家子）＝下野守の平将頼、相模守の平将文、伊豆守の平将武、下総守の平将為。
第二群（家礼）＝上総介の興世王、常陸介の藤原玄茂。
第三群（家人・郎等）＝上野守の多治経明、安房守の文室好立。

将門陣営の第一群は「因縁」で、将門の兄弟である。後世の武士団では「家子《いえのこ》」と呼ばれた集団だ。血縁・縁戚関係にない残りの二群は、隷属性の強弱で二つに分けられる。隷属度合いが弱いのが、第二群の「与力」になる。彼らは客将・門客というべき人々で、もと武蔵権守で武蔵を出奔し、将門から上総介に任じられた興世王や、常陸介藤原維幾から追捕されて将門を頼った藤原玄明が該当する。後世の武士団の「家礼《けらい》」にあたる。

この二人のほか、詳しい事情は不明ながら、常陸掾の藤原玄茂《はるもち》という人が将門を頼り、将門から常陸介に任命され、最終決戦まで行動を共にした。名前が類似する藤原玄明の兄弟か同世代の親類と思われ、玄明と同様に常陸介親子と対立したのだろう。肩書がない王臣子孫の玄明と違い、玄茂は任用国司（国司の第二〜四等官）だったが、受領と任用国司の対立は、極めてありふれた現象だ（前著第六章）。将門はそうした対立と結合し、受領に対抗する任用国司の勢力を吸収していったのである。

彼ら与力は将門に隷属せず、付き合いも古くない。彼らは、単独で対処しにくい敵や社会情勢に立ち向かうため、将門の力を借りることを選び、陣営に身を投じた。将門は強大できっと勝ち残るだろうから、運命共同体になれば自分も勝ち残れる、という算段だ。

将門を頼る以上、将門の指揮に従う以外の選択肢はない、という意味では彼らは従者だが、〇〇王という名乗りや藤原姓から明らかなように、彼らは本来的に将門と対等・同質な王臣子孫であるから、将門に対してあまり隷属的にはならない。彼らの関係は、勢力の強弱に基づく庇護関係（頼ってきた弱者を強者が庇《かば》う）に過ぎず、大国を盟主として小国が連合する同盟関係のようなものだ。だから将門は彼らをそれなりに尊重し、坂東諸国を制圧すると、興世王や玄茂は受領のポストを与えられ、将門政権の「宰人《さいじん》（主導者クラス）」

として処遇された。朝廷なら大臣に相当する政権の首班であり、将門の右腕である。「因縁」も「与力」も自立した勢力なので、去就の自由がある。彼らは、血縁関係・姻戚関係や個人的な事情によって、将門と手を組むことを選択した人々だ。

†将門の隷属者たち――「乗馬の郎等」と「駆使」

それに対して、「伴類」は隷属の度合いが極めて強く、将門と強い主従関係で結ばれ、〈将門の運命共同体をやめる〉という選択肢を持たない。その集団は、身分によって二つに大別される。「乗馬の郎頭《ろうどう》」と「駆使」である。

「駆使」は最も身分が低く、将門の所領や家産の維持・経営をはじめとして、領主や戦士としての将門の活動を支えるために必要な、あらゆる単純な肉体労働に従事した。中世の武士団でいう「下人《げにん》」が、ほぼこれにあたる。彼らは百姓だが、戦時には戦闘もさせられたらしい。将門軍に「歩兵」がいて、騎兵が戦う本格的な戦闘に先立つ前哨戦《ぜんしょうせん》に駆り出されていたことが、『将門記』に見える。

　これに対して、「乗馬の郎頭」は、右の第三群にあたる。中世の武士団でいう「郎等《ろうどう》（郎党）」「家人《けにん》」に該当する（以下、「郎等」で統一しよう）。彼らは肉体労働者を監督・使役して、家産の経営から戦争まで何でも、将門の命令に従って家の事業を行った。彼らは

「駆使」と違い、将門の側近くに仕え、プロの戦士として戦う。

その違いは要するに身分差であり、その身分差は〝乗馬〟という行為で明示され、象徴された。将門や同等の武士の家中では、「郎頭」以上の者だけが乗馬の資格を許されたので、「乗馬の郎頭」という。彼らは歩兵の「駆使」と違って騎兵であり、騎射術で戦った。「駆使」の百姓にとって、それは普通に生きていては決して手に入らない、別世界の身分だった。だから平良兼は、将門の「駆使」丈部子春丸《はせつかべのこはるまろ》に目を付け、「将門を裏切って内通すれば、荷物運搬の人夫のような苦しい立場から解放して、『乗馬の郎頭』に取り立ててやるぞ」と誘惑して、子春丸もそれに飛びついたのである。

†郎等の多層性——「上兵」と「陣頭」

乗馬の郎等も、内部に〈指導的な階層と、それ以外〉という二階層を抱えていた。『将門記』は、平氏一族の郎等で「一人当千《いちにんとうせん》」の強さを誇る弓射の上手を「上兵《じょうへい》」と呼ぶ。たとえば、良兼が将門の石井《いわい》の営所《えいしょ》（陣地）を夜襲した時、良兼の上兵の多治良利《たじひのよしとし》が将門に射殺された。また、京を目指す貞盛を追撃する将門が信濃で追いついて千曲《ちくま》川で戦った時、貞盛軍の上兵の他田真樹《おさだのさねき》が射殺され、将門軍の上兵の文室好立《ふんやのよしたつ》も矢で負傷した。

また最終決戦の直前、将門が常陸で平貞盛・藤原為憲らの身柄確保に失敗した時、貞盛と源扶《たすく》（護の子）の妻を確保したのは、将門軍の「陣頭《じんとう》」多治経明《たじひのつねあき》・坂上遂高《みちたか》が率いる一隊だった。「陣頭」は各部隊（陣）を率いる頭目と思われるから、二人は主導的な郎等で、「上兵」だったのだろう。しかも、「新皇」将門が坂東の国司を任命した時の第三群が、「上兵」文室好立（安房守）と「陣頭」多治経明（上野守）だった。将門政権で、郎等から受領となったのはこの二人だけだから、将門の郎等筆頭格の双璧である。

✝将門軍の多層性――貴姓の与力（家礼型）と非貴姓の郎等（家人型）

以上のように、親類以外の将門勢力は、去就の自由がある与力と、そうでない郎等の二集団で構成されていた。この二重構造は、中世の武士団の標準的なあり方と全く共通する。一二世紀末の源平合戦の頃、源氏や平氏の従者には、「家礼」と「家人」の二種類があった。[210]「家礼」型の従者は、自分の意思で主人を頼り、自分の意思で去れる去就の自由を持っていた（右の第二群に相当）。それに対して、「家人」は主人に強く隷属する従者と、その子孫である（右の第三群に相当）。「家人」には去就の自由がなく、そして父が家人ならその子も自動的に家人となり、その連鎖で代々関係が継続した。

源平合戦には、そうした「家人」と「家礼」の違いが大きな影響を与えた。平治元年（一一五九）の平治の乱で源義朝が滅び、一族が軒並み処刑・処罰されると、源氏の家人は主人を失った。その彼らを、一連の抗争の勝者となった平清盛が編成してゆくが、彼らの大部分は平氏に対して「家礼」の関係に過ぎなかった。そのため、治承四年（一一八〇）に源頼朝らが挙兵して源平の戦争が本格化すると、彼らの多くは「源家累代の家人」として平氏のもとを去り、源頼朝に所属して幕府の創立メンバーとなった。

この源平武士団の二重構造（家礼＋家人）は、将門配下の「因縁（家子）」以外の二重構造（第二群の与力＋第三群の郎等）と完全に対応する。ならば、源平武士団の「家人」の源流は将門時代の郎等に、「家礼」の源流は将門時代の与力に、それぞれ求めてよいだろう。そして将門段階では、この二つの区分が、姓の貴賤と連動していた。与力は諸王（興世王）か藤原姓（玄明・玄茂）、つまり貴姓の王臣子孫のみで構成された。一方、郎等は他《おさ》田《だ》・多治《たじひ》・文室《ふんや》・坂上《さかのうえ》姓で、貴姓の王臣子孫は一人も含まれない。

後者の四氏の性質については、前著で述べたので詳しく繰り返さないが、簡単に紹介しておこう。他田氏は信濃国の他田舎人《おさだのとねり》氏で、小県《ちいさがた》郡の郡司を出す、典型的な卑姓の郡司富豪層である。残る文室・多治（多治比）・坂上氏はかつて公卿を出し、卑姓とはいえないが、源平・藤原には及ばないので、準貴姓と呼ぶべきだろう。文室氏は異民族（蝦夷《えみし》や新羅、刀伊《とい》の入寇《にゅうこう》など）と対戦した指揮官を何人も輩出し、継続的に武人を出した。多治氏も継続的に武人を出し、しかもすべての平氏の武士に母系からその血が入っている（平氏の祖の葛原《かずらはら》親王の母が多治氏）。前著（第九章）で推定した通り、将門の郎等の多治氏は、葛原親王の外祖父の子孫が、そのまま平氏の郎等（王臣家人）となって、生き残りを図ったものだろう。坂上氏が奈良時代中期以降、武人の輩出に特化した氏族であることも、前著（第九章）で詳しく述べた通りだ。

初期の平氏の与力が貴姓の王臣子孫で、郎等が準貴姓・卑姓であるのは、貴姓の王臣子孫である平氏との、身分的バランスの問題だ。平氏と貴さが対等な王臣子孫は郎等として隷属させられず、準貴姓・卑姓の者は貴姓の平氏と対等な同盟者になれない、という単純な構造だった。

以上を踏まえると、源平合戦期の武士団の構造は、三～四世紀ほど昔の王臣家の構造を継承し、根幹がほとんど変わっていないことが判る。その推移を三段階で並べると、各段階の各要素が時代を超えて、よく対応していることが明らかだろう。

王臣子孫……①強い王臣子孫＋②同族＋③従者（a弱い王臣子孫＋b王臣家人）
将門の乱……①主人＋②同族＋③従者（a与力＋b郎等）
源平合戦……①主人＋②同族＋③従者（a家礼＋b家人）

右のような明瞭な対応関係があるなら、右のうち判らない要素のことは、別の時代の対応する要素から類推できることになる。特に、郎等の地位は世襲されるから、源平の武士の家人（郎等）の相当数は、王臣家人の末裔と考えてよい。

そしてその王臣家人は、将門らの郎等がそうだったように、性質が異なる二本の柱で成り立っていた。古くから戦陣で実績を挙げてきた武人輩出氏族と、一部が相当古くまで（恐らく「日本国」が誕生する八世紀初頭より前、「倭国」の時代まで）さかのぼる地方社会の有力豪族＝郡司富豪層である。この二つの集団は、血統・性質などほとんどの点で異なるものの、騎射を行える騎兵の供給源だった点で共通している。

以上から、古代の伝統的な有力者・武人が中世の武士につながらない、という考え方が誤っていることが明らかだ。つながらないという誤解は、男系の血統だけ見て、女系の血統を見落としたから生まれたのであり、なおかつ、古代氏族が源平の武士の家人の層に滑り込んで生き残ったことを見逃したから生まれたのである。

†源平武士の家人を形成する三つの潮流

以上を踏まえて、話を戻そう。乗馬して弓矢で戦う「一人当千」の「上兵」を輩出するその家人層（準貴姓の武人輩出氏族＋卑姓の郡司富豪層）は、間違いなく武士だ。ただ、源氏・平氏のような棟梁級になれず、その家人層に収まっただけのことである。

この形が、源平の武士の家人層を形成する、第一の潮流だ。それは平安時代を通じてやまず、前九年合戦の段階でも、なお源氏は多様な古い氏族を吸収し続けていた（後述）。

ところが、将門の乱後、身分同士の関係が変わった。源満仲・頼光親子や平貞盛・維衡親子が、あまりに飛躍的に成長し、一般的な王臣子孫よりも一頭抜きんでた地位を築いたのである。その結果、将門の乱段階では源平の武士と対等な「与力」待遇だったはずの、貴姓の王臣子孫の地位が相対的に下がり、源氏・平氏より格下になった。その結果、彼らは源氏・平氏に膝を屈し、家人として奉仕する代わりに庇護される、という生存戦略を採ることになった。要するに、与力が郎等になってゆく。これが第二の潮流だ。

それだけではない。高い地位を得た新興の武士、特に平氏の中で、頭数が増えすぎ、成功者とそれ以外に分かれ、地位や貧富の格差が生まれて、淘汰圧がかかった。その中で成功者になれなかった大多数が、本来対等な貴姓でありながら、源氏・平氏の成功者の支配下に編成されて生き残りを図る、という選択肢が生じた。それが第三の潮流だ。

†平氏という問題児一族――強い者は私戦と反乱、官軍側は虚弱

面白いことに、第三の潮流は源氏・平氏に等しく発生せず、主に平氏が源氏に従属して

ゆく一方通行の形になった。最初の忠常討伐の時、源頼信に平維幹が家人の礼を取ったことは、それを象徴していた（前述）。しかも二度目の討伐（平忠常の乱）で、源氏が平氏を従える傾向が加速する一方、なぜ逆方向の現象が起こらないかが、明らかになる。

長元元年（一〇二八）、忠常が安房守惟忠を攻めて焼死させ、驚いた朝廷は二人の検非違使、平直方と中原成通《なりみち》を追討使に任命した。中原成通は律《りつ》（刑法）の専門家で、武士ではない。武士は平維時の子の直方だけで、彼が主に一人で鎮圧を担った。

ところが、京から美濃まで下った段階で、早くも成通が辞任を願い出た。理由は母の危篤だったが、それは口実で、直方と仲違いして辞めたくなったのが実情らしい。朝廷はそれを見抜いて辞任を却下したが、成通はボイコットに走り、翌年末にめでたく解任された。

これで忠常追討の責務は、名実ともに直方一人に集中した。ところが忠常の抵抗は頑強で、進展がないまま直方は二年間も浪費した末、追討使を更迭《こうてつ》された。この一件で、忠常のような強力な武士の反乱鎮圧に、平氏が使いものにならないことが証明されてしまった。

そもそも、忠常の乱の追討使は、直方が自ら就任を望んだものだ。やり遂げれば、かつての藤原秀郷と同様、坂東に大きな地歩を築けたはずだが、彼は仕事を完遂できなかった。武勇で知られた父維時とは異なって、直方には武勇の評判もない。それどころか、実はこの時、父維時が常陸介・上総介に任命され、直方を補助するよう期待されていた。

維時が自ら追討使にならなかったのは、その任に堪えない状況にあったからだろう。事実、維時は何の役にも立たないまま、老齢と病気を理由に上総介を辞任してしまう。病気はともかく、維時の老齢は最初から判っていたはずだ。その老いた維時でも補助役に動員せねば安心できないほど、直方の能力不足が心配されたのだろう。

直方の補助を期待され、しかも期待外れに終わった平氏一族は、維時だけではない。直方が罷免される少し前、平維衡の子で直方の従兄弟にあたる正輔《まさすけ》が安房守に任じられ、忠常を背後から牽制する役割を期待された。ところが、正輔は伊勢にあり、同族の平致経《むねつね》との私闘に明け暮れていて、遂に坂東に赴任しなかった。

†源平の明暗——有事に頼れる源氏、頼れない平氏

これらの事実に、当時の平氏が抱えていた問題が明らかだ。思えば将門の乱でも、将門の伯父たち（良兼ら）や貞盛は、鎮圧に重要な役割を果たせず、事態の収拾は藤原秀郷という犯罪者上がりに依存せねばならなかった。平氏は、将門や忠常のように反乱者としては強いが、鎮圧者としては弱い。というよりも、〈最も強い者は反乱者になってしまい、政府側には弱い者しか残らない困った一族〉というのが、平氏の積み上げた印象だった。

その原因の一つは、火を見るより明らかだ。一族の数が多すぎるのである。源氏では、

満仲の兄弟は多かったが（満政・満季・満頼《みつより》（養子。満季の実子）・満実《みつざね》・満快《みつよし》・満生《みつなり》・満重《みつしげ》）、子の世代で武者として身を立てたのは頼光・頼親・頼信の三人だけ（弟に、武者でない頼光の同母弟頼平《よりひら》、母不明の頼範《よりのり》・頼明《よりあき》・頼貞《よりさだ》・孝道《たかみち》、僧の源賢・頼尋《らいじん》）、頼信の子は五人いたが（頼義・頼清《よりきよ》・頼季《よりすえ》・頼任《よりとう》・義政《よしまさ》）、頼義だけが圧倒的な存在感を持ち、そして頼義の子は義家・義綱《よしつな》・義光《よしみつ》の三人だけだった。

それに対して、平氏は初代高望の子に国香・良兼・良持・良正など有力な者が多く、良持の子孫（将門ら）が滅んだ以外、世代を経るごとに子孫を増やした。特に国香の孫（貞盛の子）世代の多さは尋常でない。貞盛は近親者も養子に取り込み、弟繁盛の孫（兼忠の子）で養子に取った維茂（維良）に「余五（十五男）」と名乗らせた通り、養子も含めて少なくとも一五人も男子があった。そして彼らがまた、複数の子を儲けた。

国香の兄弟や甥たちは、頭数が多いまま勝手に分立し、統制者を失って分裂と衝突を繰り返し、遂には将門の出現を許し、最終的に平氏の弱体化を招いた。恐らくその失敗に学んで、国香の子の貞盛は、強引に子・孫世代を（自分を家父長とする）一つの核家族にまとめ、平氏を一元化して統制を試みたのだろう。

しかし結局、頭数の多さという根本的な問題が解決されず、貞盛の目論見は失敗した。前述の通り、数が多ければ、成功者とそれ以外に腑分けされ、格差が生じるのは避けられない。また、人数に比例して不満分子の数も増え、彼らの不満が格差でさらに助長される。

そのせいで、とにかく平氏は内紛が多かった。将門の乱の初段階である国香・良兼・良正らと将門の闘乱に始まり、陸奥をめぐる繁盛と忠頼・忠光兄弟の闘乱、それを子世代までひきずった維幹と忠常の対立、長徳四年（九九八）の伊勢での維衡と致頼の合戦、それを子世代まで引きずった正輔と致経の合戦など、枚挙に遑《いとま》がない。しかも前述の通り、長保五年（一〇〇三）には平維良（維茂）が下総の国府を焼き討ちして年貢を強奪するという、話にならない犯罪行為に手を染めていた。道長が庇ったため維良は罪を問われなかったが、それがさらにまずかった。平氏が国家の治安を乱すことにばかり熱心で、治安維持者としては使い物にならない問題児一族で、摂関と癒着した者が問題を起こしても摂関家が庇うので増長し、悪化の一途をたどる。そこが、問題だった。

忠常の乱では、最も強い平氏が反乱し、政府側に残った使い物になりそうな平氏＝正輔・致経らは私闘に没頭して国家への奉仕を忘れ、武名を馳せた維時らの世代もすでに没したか老人で頼れず、率先して追討使を勤めたがる直方は使い物にならなかった。結局、〈平氏は武者として、治安維持には使えない一族だ〉と印象づけてしまったのである。

ところが、直方が罷免《ひめん》され、甲斐守だった源頼信が追討使に任命されると、頼信が甲斐から一歩も出ないうちに、忠常は投降した。前回結ばれた主従関係が作用したとはいえ、それも頼信が合戦で圧倒的な強さを忠常に痛感させた結果だ。頼信はその奮戦で、「勇決《ゆうけつ》は群を抜き、才気は世を被《おお》ふ（勇敢さ・果断さは人より優れ、才能は世間の最高レベル）」という印象を世に与えることに成功した(211)。源氏が事態収拾に乗り出した場合の制圧力と解決の早さは、平氏の体《てい》たらくとは雲泥の差といっていい。いざという時に役立つ源氏と、役に立たない上に問題ばかり起こす平氏の落差は、あまりに明らかだった。

†平直方は源頼義に未来を託して屈従

興味深いことに、その構図を忠常の乱で自覚し、〈これからは源氏に追随して生き残りを図るのが得策だ〉と判断する人が、平氏の側に現れた。忠常追討にしくじり、後任の源頼信に格の違いを見せつけられた、平直方その人である。しかも、直方は賢明にも、自分たちの命運を託す相手として次世代、つまり頼信の子の頼義に目をつけた。

『陸奥話記《むつわき》』によれば、頼義は「性は沈毅《ちんき》にして武略多く、最も将帥《しょうすい》の器たり（冷静沈着で胆力があり、武勇と知略に満ち、最も将軍に相応しい器だ）」という資質を、忠常討伐戦で証明した。その結果、「坂東の武士、属《つ》かんと楽《ねが》ふ者《ひと》多し」という人望を得た。坂東の反乱は、源氏の武威を坂東社会に誇示する好機だった。頼信・頼義親子は、坂東武士が源氏に従属したいと自ら願うようになるほど、その機会を存分に活かしたのである。

頼義は京で小一条院《こいちじょうのいん》（三条天皇の第一皇子敦明《あつあきら》親王）の判官代《ほうがんだい》（家政機関の第三等官）になり、狩猟を好む主人にいつも連れ出され、狩の成果はほとんど頼義が射止めたという。

頼義は弱弓を好んだ。私の経験で知る限り、弱弓を使いこなして成果を出すのは困難だ。反撥力《はんぱつ》（撓《しな》らせた弓が元の形に戻ろうとする力）が強く、引き絞るのに多くの筋力を要する強弓は、矢の初速が早く、放つ瞬間にぶれにくく、矢が強い慣性の力で空気抵抗をものともせず一直線に飛ぶので、狙いさえ的確なら、的中させるのが容易だ。しかし弱弓は、反撥力が低いので矢の初速が遅く、放つ瞬間にぶれやすい。慣性の力が弱いので、矢を的まで放物線を描いて飛ばさねばならず、その軌道を正確にコントロールせねばならない上、向かい風や横風の影響を受けやすい。現代の学生弓道では、男子学生は筋力にものをいわせて強弓で的中数を稼ぐが、相対的に筋力が弱い女子は精密な技術で的中させるしかなく、男子より不利だ。逆にいえば、同じ的中数を出すなら、女子の方が技術が高いと見なせる。

弱弓で名手の声望を得た頼義の技術も、相当高かったはずだ。頼義が放った矢は必ず「飲羽《いんう》」したという。「飲羽」は「羽を飲む」、つまり矢が刺さった傷口が、矢の羽を飲み込むように見えるほど、深く刺さることをいう。通常、それは強弓の貫通力で実現するのだが、頼義は弱弓で「飲羽」させる芸当を見せた。どういう仕組みかはっきりとは判らないのだが、弓自体の貫通力が高くないなら、よほど技術が優れていたと考えるしかない。

貫通しやすい急所に的確に命中させる技術なのだろう。

頼義は必ず「飲羽」させ、どんな猛獣も仕留めないことはなく、その射芸は人並み外れていた。その様子を見た平直方は感嘆し、頼義に「僕《ぼく》不肖と雖《いえど》も、苟《いやしく》も名将の後胤《こういん》として、偏《ひとえ》に武芸を貴ぶ。而《しか》るを、未だ曾《かつ》て控絃《こうげん》の巧《たく》み卿《きみ》の如《ごと》く能《よ》くする者《ひと》を見ず。請《こ》ふ、一女を以《もつ》て箕箒《きそう》の妾《しょう》と為《な》さんことを」と懇願した。

「僕不肖と雖も（自分はつまらない人物だが）」という冒頭部に、忠常の乱を平定できなかった実力不足の自覚が滲《にじ》み出ている。自分個人は武人として先天的に才能不足だったが、武人一族としてできることはある、と直方は割り切ったようだ。彼は「名将の後胤」＝鎮守府将軍平貞盛の子孫として、「武芸を貴ぶ」価値観を捨てていなかった。その価値観で生きてきた直方が、「頼義ほど弓術が巧みな人物には初めて出会った」という。

そして直方が出した結論は、簡単だった。直方が武人として凡庸でも、天才的な才能を誇る頼義に娘を差し出して子を儲け、源氏の姻戚として運命共同体になれば、武人として一家が生き延びられる可能性が高まる。直方が「私の娘を一人、掃除でもさせる妻の一人にしてやって下さい」と下手に出たのは、庇護と引き替えに家人になるということだ。

†中世最大の成功者・平直方——源氏将軍と執権北条家の祖

申し出は受け入れられ、直方の娘は頼義の妻として三男二女を産んだ。前九年合戦で、「将軍の長男義家、驍《いさ》み勇《いさまし》きこと倫《ともがら》に絶《すぐ》れ、騎射 神の如し」と勇武・騎射術を絶賛され、「八幡《はちまん》太郎」の異名で恐れられた長男義家や、後に義家に並ぶ武人となった次男義綱、そして三男義光などは皆、直方の娘を母とした。義家・義綱らの世代にさらに躍進を遂げた源氏は、実は全く均等に源氏と平氏を足して二で割ったハイブリッドだったのである。

義家らの活躍は、父系だけを見て〈源氏の躍進〉とだけ理解されがちだが、彼らの成功は母系の平氏（維時・直方流）の成功でもある。直方は名（平姓）を捨てて実を取り、その戦略は大いに成功したのだ。かつて古い武人輩出氏族は、男系としての存続に限界を感じると、女系に希望を託して前途有望な武士と融合して生き残りを図り、結果として源平の武士を生み出した。その手法が、源平の武士同士でも活用され始めたのである。

冷静に考えれば、男系で武人として生き残りにくいからといって、一族ごと没落・消滅する必要はない。男系が他人の家人に成り下がるというコストを支払う覚悟を決めさえすれば、女系を通じて将来性のある武人一族と融合して、いくらでも生き残りを図れた。

前述の通り、北条家は直方の男系子孫を標榜した。北条時政・義時・泰時は、三世代をかけて鎌倉幕府の支配者へと上りつめてゆく。その子孫は得宗《とくそう》家と呼ばれて、鎌倉幕府の支配者を超えた、日本の最高権力者にまでなった。その成功の基礎にあったのは、時政の娘政子が源頼朝に嫁いだという姻戚関係と、それをもたらした当時特有の状況だが、頼朝と時政・政子親子は、どちらも平直方の子孫だった。

後に頼朝の子孫も北条家も全滅してしまうが、室町幕府を開いた足利家が義家の子孫、つまり直方の子孫なので、少なくとも室町幕府の滅亡まで直方の子孫は栄えたことになる。してみると、平直方は、中世最大の成功者の一人といってよい。

しかも直方は、相模国の鎌倉に持っていた所領を、前九年合戦以前に婿の頼義に譲った。[212]これにより、源氏が鎌倉に拠点を持つことになった。頼朝の父の義朝が、天養元年（一一四四）に相模の大庭御厨《おおばのみくりや》を侵略した時、義朝の拠点は大庭の東にほぼ隣接する鎌倉の亀《かめ》谷《がやつ》にあった。[213]その鎌倉の拠点が頼朝に継承されたからこそ、頼朝は幕府を鎌倉に開けた。直方は、子孫に源氏将軍と執権北条家を出した血統上も、鎌倉という土地を提供した点でも、鎌倉幕府の創立に不可欠の役割を果たした。直方の賭けは大成功し、中世の武家政権の礎《いしずえ》となった。それは力（遺伝的能力・所領・人脈）のある武士の一家同士が婚姻して子を儲け、融合することで、力を集約し、煮詰め、規模と質を高めてゆく戦略の賜物なのだった。

第九章　源氏の支配権の達成と秀郷流・利仁流藤原氏の編成

†前九年合戦の経緯

有利な立場で平氏（直方一家）と融合することに成功した源頼義は、その結晶として平貞盛の遺伝子を獲得した息子の義家兄弟を連れて、前九年合戦に臨んだ。頼義がこの大戦争の総大将として勝利したことは、坂東武士の吸収・編成の、一旦の総仕上げとなった。

陸奥国の、朝廷の支配が及ぶ最も奥地にある六つの郡を「奥六郡《おくろくぐん》」という。『陸奥話記』という記録によれば、その奥六郡に、「東夷《とうい》の酋長《しゅうちょう》」と呼ばれて祖父の代から強大な勢力を誇った安倍頼良《あべのよりよし》という豪族がいた。永承六年（一〇五一）、その頼良と陸奥守の藤原登任《なりとう》が対立し、戦争となった。原因は、頼良が国衙の命令を無視し、年貢の納入を拒んだためという。(214) 登任は秋田城介《あきたのじょうのすけ》（秋田城の守備に専従する出羽介）の平繁成《しげなり》（重成とも。余五将

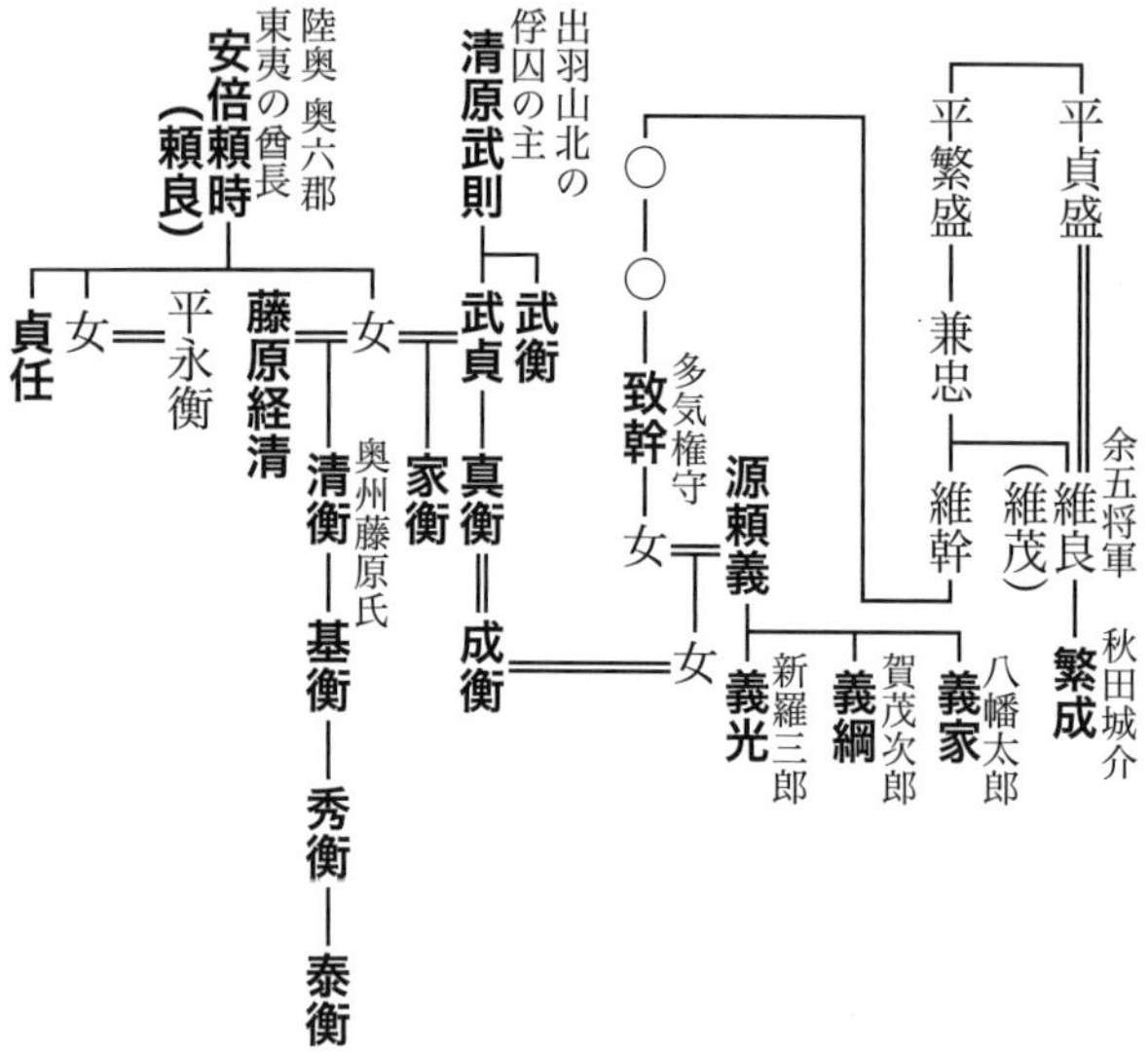

系図５　前九年・後三年合戦の主要人物

軍維良の子）と連合し、鬼切部《おにきりべ》の戦いで安倍氏と衝突した。前九年合戦の始まりである。

この戦いで、国衙軍は安倍氏に大敗してしまう。そこで、朝廷は登任を免職し、次の陸奥守に安倍氏を追討できる者を求めた。そこで衆目が一致して白羽の矢が立ったのが、源頼義だった。奥州安倍氏は蝦夷ではなく中央の安倍氏の血を引く可能性が高いが、ともかく朝廷はこれを〈蝦夷の反乱〉と位置づけ、蝦夷制圧を職責とする鎮守府将軍を兼任させた陸奥守頼義を、現地へ送った。ところが、後冷泉《ごれいぜい》天皇の祖母の上東門院《じょうとうもんいん》（関白藤原頼通の姉彰子《あきこ》）が発病したため、その快復祈願を目的として朝廷が大赦《たいしゃ》を行い、安倍氏の罪も赦《ゆる》された。頼良はそれを機に帰順し、源頼義に最大限の敬意を表して、頼義と発音が同じ頼良の名を「頼時《よりとき》」と改めた。

安倍頼時は頼義に従順に仕えたが、天喜《てんぎ》四年（一〇五六）、頼義が任期の最後に鎮守府の胆沢《いさわ》城を巡検して国府の多賀《たが》城に帰る途上、随行していた陸奥権守藤原説貞《ときさだ》の子光貞《みつさだ》・元貞《もとさだ》の野営地が襲われ、死者が出る事件が起こった。心当たりを問う頼義に対して、光貞は「先年、頼時の長男貞任《さだとう》に妹を娶《めと》りたいと請われたが、家柄が卑しいので断ったことを貞任が逆恨みしている」と答えた。頼義は頼時に貞任の身柄を差し出すよう命じたが、頼時は拒否した。これを機に、康平《こうへい》五年（一〇六二）の厨川《くりやがわ》の戦いで最終的に頼義軍が勝利するまで、安倍氏との全面戦争が奥州を揺るがした。最終的に頼義は安倍氏を壊滅させたが、地の利を活かし、寒冷地に慣れた安倍氏に苦戦し続け、最後は「出羽山北《せんぼく》の俘囚《ふしゅう》の主」と呼ばれた出羽の大豪族・清原氏の協力を得て、ようやく制圧した。

†前九年合戦に見える源氏の郎等

その足かけ七年に及ぶ源氏vs安倍氏の大戦争の中でも、開戦翌年の天喜五年（一〇五七）の黄海《きのみ》（現岩手県一関市藤沢町黄海）の戦いは、激戦だった。この戦いで頼義軍は厳冬と補給不足のため大敗し、軍勢は四散して、頼義を筆頭に長男義家と郎等の七騎が孤立して全滅しかけ、義家をはじめとする各人の奮戦で辛くも生き延びた。この合戦の様子を記録した『陸奥話記』は、源氏の郎等の構成が具体的に判明する、初めての記録である。その郎等集団の全体の詳しい分析は別の機会を期したいが、人名だけ挙げれば、次の通りだ。

まず、合戦に先立って、頼義は安倍氏を後方から攪乱《かくらん》するため、奥六郡よりさらに奥地へ金為時《こんのためとき》・下毛野興重《しもつけぬのおきしげ》という「臣」を派遣した。また、大敗を喫して孤立した頼義・義家親子ら一行の七騎には、藤原景通《かげみち》・大宅光任《おおやけのみつとう》・清原貞広《さだひろ》・藤原範季《のりすえ》・藤原則明《のりあき》という郎等が随従していた。彼らは前九年合戦の「七騎武者」として後世まで記憶され、子孫は先祖が「七騎武者」の一人であったことを強い誇りとした。[215] さらに、藤原茂頼《しげより》という「将軍(頼義)の腹心」は、頼義が戦死したと早合点して出家し、また頼義に三〇年仕えた相模国の人の佐伯経範《さえきのつねのり》も、頼義とはぐれ、頼義の戦死を確信して、一度脱出した敵の包囲網に飛び込み、戦死した。このほか、奮戦が記録された和気致輔《わけのむねすけ》・紀為清《きのためきよ》も頼義の郎等だった可能性が高いが、安倍軍に捕らえられた平国妙《くにたえ》という者は、出羽に拠点を持ったというので、本来、頼義の郎等ではなかった可能性が高い。

最終決戦となった康平五年の厨川の戦いでは、深江是則《ふかえのこれのり》・大伴員季《おおとものかずすえ》という「兵士」の奮戦が記録され、また「将軍麾下《きか》の坂東の精兵」として平真平《さねひら》・菅原行基《ゆきもと》・源真清《さねきよ》・刑部千《おさかべのち》富《とみ》・大原信助《のぶすけ》・清原貞廉《さだかど》（先の貞広と同一人物か）・藤原兼成《かねなり》・橘孝忠《たかただ》・源親季《ちかすえ》・藤原時《とき》経《つね》・丸子弘政《わにこのひろまさ》・藤原光貞・佐伯元方《もとかた》・平経貞《つねさだ》・紀季武《すえたけ》・安倍師方《もろかた》の名が挙がる。そして、戦後に朝廷から賞を与えられた頼義の郎等に、安倍貞任らの首を京に献じた使者の藤原季《すえ》俊《とし》と、（功績の内容は不明ながら）物部長頼《ながより》という者がいた。

†秀郷流藤原氏の郎等化

右にはかなりの数の古代氏族、特に武人輩出氏族が混ざっているが、彼らについては〈中世武士として生き残った古代氏族〉というテーマで別途論じた方がよいので、今は割愛しよう。それより、ここで注目したいのは、武士の間の格差である。

前述の通り、将門の乱の段階では、武士の郎等は、諸王・源・平・藤原などの貴姓の王臣子孫ではない、準貴姓・卑姓の古代の武人輩出氏族や地方有力豪族に限られていた。武士は貴姓の王臣子孫であるから、ほかの貴姓の王臣子孫は対等であり、連合して戦う場合は、郎等ほど隷属性が高くない、客分というべき「与力」として従軍した。

ところが、前九年合戦の段階になると、源頼義は郎等に貴姓の王臣子孫まで組み込んでいた。しかも、その数は藤原氏八名・平氏三名・源氏二名の計一三名にも及び、名前が判明する郎等の半数を超える。これこそ、将門の乱後に源経基の子孫が果たした、急速な成長の成果だった。そして『陸奥話記』によれば、その頼義郎等の中には、かつて同格だった藤原秀郷や利仁の子孫が少なくとも三人、組み込まれていた。

一人目は、黄海の戦いで奮戦した「将軍（頼義）麾下の坂東の精兵」藤原兼成で、彼は秀郷の子孫だろう（『尊卑分脈』に秀郷―千常―文脩―兼光―頼行―兼助―兼成の系譜が見える）。

二人目は藤原季俊で、彼も秀郷の六世代後の子孫だ(216)。彼は頼義の命令で、反乱軍首魁《しゆかい》の安倍貞任らの首を朝廷に届ける使者を務め、その功績で右馬允に任命された(217)。前九年合戦の褒賞で官位を得たのは源頼義とその子ら（義家・義綱）、出羽の豪族清原武則《たけのり》、陸奥の現地人らしき物部長頼と、この季俊だけである。したがって頼義は、彼を郎等の筆頭格として扱ったと解釈されるが、それは元来対等だったはずの秀郷流藤原氏を家人として隷属させる上での、待遇上の落としどころだったのだろう。

彼の子の季賢《すえかた》（季方）は、天皇の身辺を警護する滝口武士を勤め、後三年の合戦では頼義の子義家の指揮下に従軍した。後三年合戦で、鎮守府将軍として出羽清原氏と戦った義家は、日々の合戦ごとに、勇敢に戦った者が座る「剛《こう》（甲《こう》）の座」と、それ以外の者が座る「臆《おく》（乙《おつ》）の座」を設けたが、季賢は必ず剛の座に就く勇士だった（『奥州後三年記』）。後世の伝承ながら、彼は「神変の弓の上手（人の姿をした神のような弓術の達者）」だったともいう。(218) もしそれが史実なら、彼は明らかに秀郷の資質を継承している。

†藤原経清の郎等化と奥州藤原氏・奥州合戦

三人目、そして前九年合戦の参加者で最も注目すべき秀郷流藤原氏は、奥州藤原氏の祖の藤原経清《つねきよ》である。彼は恐らく父の代から陸奥に根を下ろしており、安倍頼時の婿となっていた。彼は安倍氏と陸奥守頼義の戦争が始まった当初、頼義に従って動いたが、同じ頼時の婿だった平永衡《ながひら》が安倍氏に内通したと疑われて頼義に殺された結果、「どうせそうなるなら」と安倍軍に奔《はし》った。頼義はこれを根に持ち、最後の厨川の戦いで経清を捕らえると、苦痛を増やすため刃こぼれした太刀で鋸引《のこぎりび》きにして斬首した。頼義が激怒した理由は、彼にいわせれば「汝《なんじ》は先祖相伝の予《わ》が家僕《かぼく》たり(お前は先祖代々、我が家の僕《しもべ》だ)」という隷属的な主従関係を裏切ったことにある。

この源氏との関係が、後々まで奥州藤原氏のあり方を左右する。経清の子の清衡《きよひら》は出羽清原氏に養われて成長し(母が清原武貞と再婚した)、後三年合戦では義家に属して、清原武衡《たけひら》・家衡《いえひら》(義理の叔父と異父弟)と戦った。義家以後、源氏は次第に勢力を弱め、しかも義家の弟義綱が陸奥守となったのを最後に、陸奥守・鎮守府将軍を出さなくなった。そのため源氏は陸奥に手を伸ばせず、清衡の子の基衡《もとひら》や、その子の秀衡《ひでひら》は、源氏の郎等として活動した形跡がない。義家が奥州を去った後、清衡・基衡・秀衡の奥州藤原氏三代は実質上、独立した勢力として陸奥に君臨した。

しかし、対立する勢力（木曾義仲や平家）を滅ぼして、唯一武士を代表する組織の主となった源頼朝は、対等な独立勢力としての、奥州藤原氏の存続を許容できなかった。頼朝は、朝敵と認定された源義経を泰衡《やすひら》（秀衡の子）が匿《かくま》ったことを口実に、奥州藤原氏を滅ぼした。頼朝は、その泰衡追討を始める同意が朝廷から得られないことにしばらく悩んだが、最終的には「泰衡は累代《るいだい》御家人の遺跡《ゆいせき》を受け継ぐ者なり。綸旨《りんじ》を下されずと雖《いえど》も、治《ち》罰《ばつ》を加《くわ》へ給《たま》ひて何事か有らんや（泰衡は累代の家人なのだから、天皇の命令なくして彼を罰しても何の問題があろうか）」という論理で、合戦に踏み切った。[219] 頼義と経清の代までに形成された「先祖相伝の家僕」の関係が結局、奥州藤原氏の存亡を早めたのである。

†利仁流藤原氏の郎等化

こうして源氏に吸収されてゆく趨勢は、利仁流藤原氏でも変わらなかった。むしろ利仁流は、単なる主従関係を超えた密接な関係を、源氏と築いていた。

前九年合戦の黄海の戦いで頼義を守った七騎武者に、藤原景通という者がいた。子の景《かげ》清《きよ》の子孫は加藤家や遠山家となって中世を生き残り、その遠い末裔に「遠山の金さん」として有名な江戸幕府の町奉行、遠山金四郎景元《かげもと》が出る（ただし血はつながっていない）。その景通は、藤原利仁の子孫（六代後）だった。利仁は、武士の始祖というべき伝説的武人であるにもかかわらず、二人の子が鎮守府将軍になっただけで[220]、武人としても受領としても、子孫に目立った人物を輩出できなかった。

利仁は受領や鎮守府将軍として坂東・陸奥に赴任したが（第六章）、母方の血統も舅も越前の土豪だった彼にとって、根を下ろして足場を築くべき場は北陸であって、坂東には野心を抱かなかったようだ。利仁は越前で暮らし、子孫も越前（疋田《ひきた》・斎藤家）や隣国の加賀（富樫《とがし》・林家）などに土着して栄えた。彼の子孫で坂東に足場を持ったのは、平維盛に東国武士の恐ろしさを語ったことで著名な長井斎藤別当実盛《さねもり》くらいだが、彼も「武蔵国住人長井斎藤別当実盛は本《もと》加賀国の者にて[221]」と伝わるように、源平合戦期にようやく北陸から出た人物だ。

こうした地理的条件のため、利仁流藤原氏は将門の乱で勲功を挙げた形跡がない。遠く越前や京から動かず、そもそも乱と一切関わりを持たなかったのだろう。藤原秀郷や源氏・平氏が飛躍的成長を果たせた最大の契機が、将門の乱の戦功だったことを考慮すると、乱（の鎮圧）に一枚嚙んでおかなかったことは、手痛いハンディキャップだった。秀郷流藤原氏のように失脚した形跡がないのに、偉大な祖先を持つ利仁流藤原氏が順調に成長できず、源氏・平氏の下風に立たされたのは、この貴重なスタートダッシュの機会を取り逃し、皆が中世の武士へと飛躍してゆく潮流に乗り遅れたから、という以外に説明し難い。

同じく一人の勲功者も出さなかった藤原致忠・保昌の一家は、源満仲と姻戚関係を結ぶことで、保昌を一流の武士にできた。同様に、利仁流藤原氏も源氏と癒着するのが得策だったが、彼らは婚姻関係より密着度が高い、乳母子《めのとご》という形を発見した。古代〜中世では、身分ある人の子は乳母《めのと》に育てられ、乳母の子である乳母子と兄弟のように育ち、乳母子は誰よりも（下手な親族よりも）親しい、生涯の腹心となる習わしだった。

『尊卑分脈』には、右の藤原景通の伯父として親孝《ちかたか》という人物が見える。彼は『今昔物語集』(222)に、源頼信の乳母子として現れる藤原親孝だろう。親孝の母を頼信の乳母に任命したのは、頼信の父満仲に違いない。その満仲は天延元年（九七三）に二度目の強盗襲撃に遭った時、「前越前守源満仲」という肩書だった。満仲は直前頃まで越前守であり、任地の越前で、利仁以来根を下ろしていた親孝一家と知り合い、家人にしたのだろう。利仁流藤原氏は自ら外に出なかったが、源氏の方から越前に赴任してきた機会を逃さず、きちんと源氏と癒着し、まんまと頼信の腹心に食い込んだのである。

†反乱鎮圧戦を重ねて成立・強化する源氏との主従関係

顧みれば、源氏は安和の変の勝者となり、摂関政治が完成へと向かう流れに乗り、数度の反乱を着実に鎮圧して実力を示し、急速に武士の頂点へと上りつめつつあった。それと比べて平氏は、同じ流れには乗れたものの、同族間で私戦を繰り返し、平維良が下総国衙を焼き払ったような反逆まがいの事件まで起こしていた（源氏はこの段階まで、どちらも行った形跡がない）。その挙句、平忠常という反乱者を出し、同族の平氏は鎮圧の役に立たず、そうこうしているうちに乱を源氏に鎮圧されてしまって、源平の差が明瞭になった。

一方、秀郷流藤原氏は安和の変の敗者として早く政治的に没落し、摂関政治と癒着し損なった。平維良のように巨万の富を収奪し、国衙を焼いても許されたほどの強力な癒着を手に入れ損なったダメージは、あまりに手痛い。利仁流藤原氏に至っては、こうした政争から距離を置いたため、没落するリスクを負わずに済んだものの、摂関政治の完成という流れから完全に取り残され、飛躍のチャンスも摑《つか》み損ねてしまった。

かくして明暗を分けた四者がたどるべき必然的な結末として、源氏は頼信・頼義の二代で、平氏と秀郷流・利仁流藤原氏を吸収し、家人層に組み込んだのである。

そうして成立した源氏とその他の武士の主従関係は、戦乱のたびに再確認され、強化された。二度の平忠常の反乱では、平忠常も平維幹も源頼信の従者として振る舞い、戦乱の収拾が全く源氏の主従関係に依存して成し遂げられた。もはや源氏と家人の主従関係は、単なる個人間の関係を超えて、国土の治安に直結する最重要問題へと進化していた。

　また、前九年合戦で源頼義は苦戦を重ね、黄海の戦いのような絶体絶命の危機にまで追い詰められたが、それは長い目で見れば源氏の利益になった。死地を生き残ったことで、共闘した家人たちとの絆はさらに強固になったからだ。特に黄海の戦いで孤立した頼義と最後まで行動をともにし、源氏と最も強い絆を築いた「七騎武者」のうち、藤原則明・藤原景通は利仁流藤原氏だった。則明の子孫は後藤家、景道の子孫は加藤家として、源頼朝に仕え、鎌倉幕府・室町幕府を生き残ってゆく。特に、藤原（後藤）則明の子孫は、後に秀郷流藤原氏と融合して、中世の九州北部に強大な権勢を誇った大友氏を出すに至る。

†後三年合戦という苦戦の共闘経験

　後三年合戦もまた、そのような、源氏と郎等が苦戦を共闘して生き残った機会だった。前九年合戦で安倍氏が滅んだ結果、安倍氏が支配していた陸奥の奥六郡は、頼義の援軍（事実上、安倍氏を滅ぼした主力）だった出羽の豪族清原武則の支配下に入った。その武則の子の武貞《たけさだ》は、頼義によって斬首された藤原経清の妻を引き取り、自分と再婚させた。彼女は経清との間に儲けた息子清衡（奥州藤原氏の祖）とともに清原氏に入り、さらに再嫁した武貞との間に家衡《いえひら》を儲けた。武貞にはすでに、彼女を母としない真衡《さねひら》という嫡子があり、武貞の死後は真衡が奥六郡を継承していた。

そうした中、永保《えいほう》三年（一〇八三）、真衡の傲岸な振る舞いに親類の吉彦秀武《きみこのひでたけ》が怒り、出羽で挙兵した。この秀武に誘われて清衡・家衡兄弟も同意し、秀武討伐のため出羽に出陣していた真衡の、留守中の館を包囲した。ちょうどこの頃、頼義の子の義家が陸奥守として赴任したばかりで、義家の郎等の藤原正経《まさつね》・伴助兼《すけかね》（資兼）という者が検田使《けんでんし》（国内の田地の現況を調べる役）として国内を巡回していたが、たまたま真衡の留守宅の近くにいた。そこで真衡の妻は彼らに連絡を取り、協力を要請して承諾された。これにより、清衡・家衡兄弟は義家の郎等を敵に回し、義家の参戦を招いて敗れ、降伏した。義家は彼らを許し、しかもちょうど真衡が急死したため、奥六郡を清衡・家衡兄弟に分割相続させた。

ところが、それに不満を抱いた家衡は清衡を襲い、清衡の家族を殺戮した。一人生き延びた清衡は家衡の非道を義家に訴え、加勢を要請した。義家は、自分の裁定に反抗した家衡の討伐を決定したが、家衡が籠城した沼柵《ぬまのさく》（「柵」は蝦夷と対峙する地域に特有の城砦《じょうさい》）を攻めあぐね、敗退した。この状況で、家衡の叔父（武貞の弟）の武衡《たけひら》が家衡軍に加わり、二人で屈指の要害の金沢柵《かねさわのさく》に移って籠城した。義家軍はこれを兵糧攻めにし、多数の被害を出しながらも、寛治《かんじ》元年（一〇八七）冬、数ヶ月の包囲の後に陥落させて武衡・家衡を討った。しかし、義家が朝廷に一連の顛末の報告書を出したところ、「わたくしの（個人的な）敵《かたき》」を討っただけの私戦と見なされ、賞を得られず、獲得した敵の首を捨てて空しく京に帰った。

†奥州の戦争で刻まれた源氏と郎等の結合回路

しかし、重要なのは恩賞の有無ではない。恩賞というなら、前九年合戦でも、大した恩賞があったわけではない。前九年合戦で朝廷から恩賞を直接得た頼義の郎等は二人（藤原季俊・物部長頼）しかおらず、しかもそれは下級の官職（右馬允・陸奥大目《だいさかん》）で、これといった収益源になるものではない[223]。頼義は軍功のあった郎等十余人の恩賞を朝廷に申請したが無視され、頼義自身は伊予守に任じられたものの、恩賞問題の遅れのため二年間も任地に赴けず、伊予から朝廷に納める官物（年貢）の二年分を私費で払うなど、むしろ赤字に追い込まれていた[224]。

義家も出羽守に任じられたが不満で、「欠員が出た越中守に転じたい」と願い出ている[225]。表向きの理由は「伊予守となった父頼義と離れすぎて親孝行を尽くせない」ということだったが、真の理由は恐らく清原氏との微妙な関係を避けるためだっただろう。出羽は清原氏の勢力が強すぎ、しかも清原氏のおかげで勝てたといっても過言ではない前九年合戦の借りがあって、清原氏には頭が上がらない。それでは受領として君臨できず、旨みが乏しいのである。
　このように、実は前九年合戦でも、源氏は期待したほどの恩賞を得られていない。しかし、重要なのはそこではない。前九年合戦も後三年合戦も苦戦の連続であり、それを家人とともに乗り越えた経験そのものが、重要な財産となったのである。
　後三年合戦でも、沼柵が数ヶ月攻撃しても落ちず、大雪によって寒さと兵糧不足が義家軍を襲い、乗馬を殺して食べるほどの飢餓に陥って、多数の家人が凍死・餓死するという苦戦を強いられた。この時、義家は凍死寸前の家人を抱きかかえて温め、蘇生させたと伝わる。[226]
　また、沼柵以上に難攻不落の金沢柵の包囲戦では、前述の通り、「剛（甲）の座」「臆（乙）の座」を設け、毎日の戦闘ごとに、勇敢と評された者を「剛の座」に、それ以外を「臆の座」に就かせた。それは郎等たちの名誉心・羞恥心を直接刺激し、「臆の座」に就いて恥をかかぬよう、翌日の戦闘で奮い立たせる効果を持った。また落城前日には、義家が落城を予知して、包囲軍の仮屋を焼かせ、郎等に暖を取らせたという。[227]
　このように、義家は郎等とともに苦戦を生き抜き、郎等を督戦して〈源氏将軍の叱咤激励のもとで死力を尽くして戦う郎等〉という構図を染みつかせた。この合戦に参加した義家の郎等のうち、姓名が明らかな人物の多く、具体的には兵藤大夫《ひょうどうたいふ》（藤原）正経《まさつね》・伴次《ばんじ》郎《ろう》傔仗《けんじよう》（伴）助兼《すけかね》・大三大夫《だいぞうたいふ》（大宅）光任《みつとう》・鎌倉権五郎《かまくらのごんごろう》（平）景正《かげまさ》・三浦平太郎《みうらのへいたろう》（平）為次《ためつぎ》・藤原資道《すけみち》らは、いずれも子孫を残して、鎌倉幕府・室町幕府を生き残った。

主人と郎等の主従関係では、建前上、「相伝の家人」という永続性がしばしば主張されるが、一度主従関係を結んだら永遠にその関係が変わらず続くほど、甘くはない。社会情勢の変化に伴って、主従関係は実際にはかなり流動的であり、時と場合によって結合・離散を繰り返し、結合度合いの強弱も変化した。大多数の者が力ある者を主人と仰ぎ、力を失った主人を見捨てて去るのは、古今東西を問わない普遍的な現象だ。

源氏の郎等も、後に述べるような源氏の零落を眼前に見て、いつまでも源氏に隷属するほどのお人好しばかりではなかった。たとえば、相模の佐伯経範は頼義に三〇年も仕え、前九年合戦の黄海の戦いで頼義に殉《じゅん》じて戦死したほどの忠義を尽くした。しかし、その子孫である波多野義通《よしみち》は、妹が義朝の子（朝長《ともなが》）を生むまで義朝に仕えていなかった。その婚姻・出産も、ちょうど朝長が生まれた頃に義朝が進めていた力づくの相模制圧（第八章末尾。第十章でも詳しく述べる）に波多野家が屈服した結果、つまり波多野家にとって不本意なものだった可能性が高い。実際、平治の乱の前年の保元三年（一一五八）に、波多野義通は仲違いして義朝のもとを平然と去った[228]。その波多野家や、後三年合戦で義家の身辺で戦っていた藤原資道の子孫である山内首藤《やまのうちすどう》家は、後に頼朝が挙兵した際、頼朝の行動を手厳しく非難し、同調しなかった（彼らは頼朝の強い怒りを買い、幕府が成立すると、波多野家や山内首藤家は一度、存亡の危機に立たされている）。

そのように、前九年・後三年合戦の源氏の郎等の子孫が、源頼朝率いる鎌倉幕府に再結集するまでの道程は決して平坦ではなかったし、一度形成された主従関係がいつまでも無条件に効力を保ったわけでもない。主人の側も常に、郎等から非難・離反されるリスクを抱え、実際にそれに悩まされた。源氏の郎等の多くは離散し、後に源氏は諸国を駆け巡って、再度スカウトせねばならなかった。

頼朝は後に、文治五年（一一八九）に奥州藤原氏の泰衡を征伐する際、「累代《るいだい》の御家人の遺跡《ゆいせき》（泰衡は代々の家人だった家の継承者）」という理由で、朝廷の許可を得ずに出兵した。頼朝はあくまでも〈奥州藤原氏は、頼義以来の源氏の家人〉という建て前を崩さなかったが、それは戦争・権力闘争のための後づけの政治的宣伝《プロパガンダ》に過ぎない。頼朝自身も判っていたと思われるが、頼義時代の家人関係は、頼朝が喧伝したほど万能ではない。しかしそれでも、前九年で足かけ一二年、後三年合戦で足かけ五年、合計一七年も辺境の寒冷地で苦しい戦いをともにした経験は、間違いなく義家や郎等たちの子孫が、後世に再結集する強い理由となった。それは、単体で主従関係を何世紀も保たせるほど強力ではないが、うまく時勢に絡めて活用すれば、そして当事者間で利害さえ一致すれば、再結集を正当化する都合のよい口実としていつでも機能するよう、太く深く刻まれた回路だったということだ。

第十章 「源平」並立体制へ——源氏の内紛と平氏の台頭

†義家不在の穴を埋める弟義綱

以上で、〈将門の乱で武士の底辺にいた源氏が、なぜ武士の頂点へとのし上がったのか〉という問題は、ほぼ述べ終わった。あとは、こうして源氏に圧倒され、明らかに凌駕《りょうが》されていたはずの平氏が、なぜ源氏と並び立ち、「源氏平氏」「源平」と並び称されるに至ったかを述べれば、本書の目的は達成される。

その段階で起こったことは単純だ。要するに、源氏の内紛であり、それに伴う源氏の弱体化であり、それに乗じた平氏の台頭である。

源義家には義綱《よしつな》・義光《よしみつ》という弟があった。石清水八幡宮《いわしみずはちまんぐう》で元服して「八幡太郎」と名乗った義家に対して、義綱は京都北東の賀茂《かも》社で元服したので「賀茂次郎」と名乗り、義光は近江の新羅明神《しんらみょうじん》（園城寺《おんじょうじ》の鎮守社）で元服したので「新羅三郎《しんらさぶろう》」と名乗った。その義光は、奥州で清原武衡・家衡と義家が合戦を始めると、左兵衛尉の官職を拋《なげう》って京を出奔し、義家のもとへ駆けつけた。彼は義家に懐いていた様子で、少なくとも単独の勢力として義家から独立しようとしていた形跡がない。

しかし、義綱は違った。彼は兄義家の応援に駆けつけなかったし、むしろ義家が後三年合戦で中央の政界から遠ざかっている間、中央で独自の勢力として成長しつつあった。それは必ずしも、義綱の野心といい切れないところがある。

前述の通り、武士の成長、特に源氏・平氏の台頭は、摂関家からの要請によるという一面が否めなかった。摂関家は富の源泉として、また地方統治の要としての役割を期待して、彼らを繰り返し受領に登用した。ただし、それだけが源平の武士の役割ではない。彼らは京で、摂関家や朝廷行事の警備の要としても、期待されていた。そのため、道長の家が焼けた時に源頼光がすぐ任国から上京して莫大な見舞い品を届けたように、必要に応じて自在に任国と京を往来し、京で必要とされる物資や軍事力を提供した。

ところが、頼義のように一二年も、また義家のように五年も奥州に貼りつき、当面の戦争に全力を傾注していては、その京での役割を果たせない。頼義には少なくとも二人の弟がいたが、父頼信は長男頼義だけを武士として育て、次男頼清は武士でない下級官僚として育て、三男頼季は役立たずなので立身させない、と公言していた[229]。したがって、頼義の世代には、頼義一人しか武士がいない。その頼義が息子たちも含めて一家総出で前九年合戦に没頭すれば、頼信の子孫で頼義の代役が務まる者は京にいなくなる。頼信の兄たち（頼光・頼親）の子孫ならいたが、彼らは頼信にとっての忠常の乱のような、東国に足場を築き、東国の武士と強固な主従関係を結ぶ契機を持たなかったから、頼信・頼義親子ほどの勢力を持たず、やはり頼義の代役は務まらない。

ならば平氏に期待したいところだが、前述の通り、もはや平氏には源氏と同等の能力を期待できなかったし、平氏の主要な人々は伊勢などの地方に散って、京の政界と距離を置き始めていた。つまり前九年合戦の段階では、頼義レベルの武士は京に不在で、その物理的な制約を朝廷・摂関家は受け入れざるを得なかった。

しかし、後三年合戦に義家が没頭していた段階になると、話が変わってくる。彼には父と違い、武士となった弟が二人もいた。特に次弟の義綱は若年の頃から、兄義家と並ぶ扱いを受けていた。そのことは、前九年合戦の褒賞で、義家が出羽守に任じられたのと同時に、義綱も左衛門尉に任じられた事実に明らかだ（末弟の義光は受賞者に含まれなかった[230]）。後三年合戦勃発の直前の永保元年（一〇八一）には、義家・義綱が並んで白河天皇の石清水八幡宮行幸を警備したように[231]、義綱は義家と同質の存在として、朝廷に居場所を築きつつあった。義家が京での役割を果たせなくとも、血統的・家柄的に義家と同等の能力を期待できる弟義綱が京に残っているなら、義綱が義家に代わって担えばよい。

義家には、彼特有の役割があった。まず、前九年合戦の終戦から八年後の延久《えんきゅう》二年（一〇七〇）、下野守だった義家は、陸奥で反乱を起こした藤原基通《もとみち》を追討して降参させた。(232)次に、九年後の承暦《じょうりゃく》三年（一〇七九）、美濃で私戦を起こして朝廷に召喚され、これに応じなかった源重宗《しげむね》（満仲の弟満政の曾孫）を追討した。(233)また、検非違使とともに園城寺の悪僧を逮捕し、(234)天皇の賀茂社行幸の警護や、(235)春日社行幸の警護を担当した。(236)要するに、白河天皇の警護と反抗的勢力（特にこの頃から活発化し始めた寺社の嗷訴《ごうそ》）の抑圧である。白河は、奥羽で戦に没頭してそれらを果たせなくなった義家の地位に、代役の義綱を就けた。

†義家・義綱兄弟の衝突未遂事件と白河院政

しかも、時代が変わりつつあった。白河天皇は摂関家を外戚としない天皇で、摂関家の支配を受けずに政治の主導権を自ら握ろうとする意欲が旺盛で、周知の通り、日本で初めて院政を行った。彼は応徳《おうとく》三年（一〇八六）、ちょうど義家が奥州で合戦に熱中している最中に、子の堀河天皇に譲位し、院政を開始した。義家が陸奥に赴任して帰ってみたら、院政期という新時代が始まっていたのだ。

その白河院政の開始からわずか五年後、後三年合戦の終結から四年後の寛治五年（一〇九一）、義家と義綱の緊張関係が表面化した。義家と義綱の郎等同士が、河内国の所領をめぐって争い、互いに郎等を庇《かば》う義家と義綱が、京中で正面衝突寸前に至ったのである。

義家も義綱も互いに「相手が攻めてくるという風聞があったので、防備を固めたまでであって、こちらから攻撃する意図はない」と弁明し、結局衝突は回避されたが[237]、これこそ、以後うち続いた源氏の内部抗争の序章だった。そして、後三年合戦にはほとんど何の関心も示さなかった朝廷が、この事件（未遂）には、「天下の騒動、此《これ》より大《だい》なるは莫《な》し（これ以上に深刻な天下の騒動はない）」というほど度肝を抜かれたという[238]。

こうした義家と義綱の緊張関係を、白河院の陰謀と捉える説があった。政治的に強くなりすぎた義家を警戒した白河院が、その勢力を抑圧するため、弟義綱を対抗馬に仕立て上げて義家にぶつけ、潰《つぶ》し合って弱体化するよう仕向け、ひいては源氏全体を弱体化させる。それによって、源氏をこれまで走狗《そうく》として権力を維持してきた摂関家を掣肘《せいちゅう》しようとした陰謀である、と[239]。

義家・義綱の衝突の噂が流れると、白河院は直ちに、諸国の国司の随兵《ずいひょう》（配下の武士）、特に前陸奥守義家の随兵が入京することを禁じ、同時に、諸国の百姓が好んで田畠を義家に寄進することを禁じた。右の説によれば、これは、本来なら貴族社会を底辺で支える軍事力に甘んじるべき武士の義家が、上級貴族と同じように荘園領主となることが、白河院を含む貴族層にとって耐え難い思い上がりに映ったからだという(240)。

しかし、この解釈は強引だ。義家・義綱兄弟の衝突未遂事件と義家への荘園寄進禁止令は、一つの出来事である。しかし、右の説に従うと、衝突未遂事件は摂関家の掣肘を狙った白河院の陰謀だが、禁止令は源氏の増長に対する白河院と貴族層の反感となり、二つの出来事の原因が無関係になってしまうし、禁止令の動機が単なる嫉妬心に矮小化されてしまう。そもそも、白河院は貴族層の一員ではなく、その上の超越的地位から貴族層を意のままに従える君臨者を目指した専制君主である。また、従来の貴族社会は摂関政治を前提に完成されたもの、したがって白河院が打破する対象であって、白河院は決して当時の貴族社会の代弁者ではないし、利害を共有してもいない。右の説では、説明のつかないことが多くなりすぎてしまう。

†義家は晩年に時代の流れに敗れ義綱と文代

荘園寄進禁止令は、義家の庇護を期待して多くの人が田畠を寄進したため、義家の荘園が急速に肥大化していた傾向を抑制するために出された。その法令が、義家・義綱の衝突を回避させるための義家郎等の入京禁止令と同時に発令されたからには、両者は一つの問題だったはずだ。具体的には、荘園寄進禁止令もまた、義家・義綱の衝突を避ける効果を期待されたはずである。衝突未遂事件の発端は、河内の土地をめぐる義家郎等と義綱郎等の紛争だった。ならば、その紛争が、ある土地を「義家の荘園だ」と主張する義家郎等と、「そうではない」と主張する義綱郎等の争いだった、と考えなければなるまい。

義家のもとに田畠の寄進が殺到すればするほど、それに比例して「その土地は自分のものだ」と主張するほかの有力者との紛争も増える。その有力者が義綱のような、義家と同等の強力な武士だった場合、両者の衝突が日本の治安を脅かす「天下の騒動」になってしまう。そこで白河は、問題の根源を絶つべく、義家への田畠寄進を禁じたのだろう。

多数の土地（荘園）の寄進を受け入れることで、土地をめぐる複雑な人間関係まで、義家は抱え込んでしまった。その人間関係の中で紛争が起こると、義家は寄進者を庇わざるを得ず、敵もまた義綱などの庇護を頼った。その結果、彼らの紛争が火種となって、義家と義綱がその代理戦争を背負わされかけたのである。

白河はこの構造を見抜き、問題の根源を抑え込もうとしたのであり、必ずしも義綱に肩入れしたわけでもなさそうだ。もっとも、翌寛治六年にも義家が諸国に荘園を立てるのを禁じる命令が出されているから(241)、禁令にもかかわらず、義家への土地寄進はやまなかったらしい。もはや、時代の流れは義家の意図を超えて、義家に紛争の火種を投げかけ続けたのであり、義家は時代の流れに負けたといっても過言ではない。

この騒動以後、従来義家が担った役割を義綱が果たす事例が目立ち始める。義綱が陸奥守だった嘉保《かほう》元年（一〇九四）には、出羽守を襲って財物を奪った平師妙《もろたえ》・師季《もろすえ》親子を討ち取り、その賞で従四位上に昇った。この時、義綱は京から陸奥に向かう前に、郎等を派遣して二人を討ち、残党も降参したといい、藤原宗忠《むねただ》という廷臣は感心して「武勇の威、自《おの》づから四海《しかい》に満《み》つるの致す所か（武勇に基づく威厳がひとりでに天下に満ち、手を下さずとも自動的に結果を出したということか）」と日記に書いている。(242) 義綱は兄義家に並ぶ武勇・武威（武力に基づく威厳）の持ち主だと、社会に認定されつつあった。

また翌年には、美濃国で荘園を運営して「非道」な振る舞いを重ねていた延暦寺の悪僧を、美濃守の義綱が朝廷に訴え、朝廷の命令で義綱が悪僧らを追討している。悪僧らは抵抗して合戦となり、死者や捕虜を出したため、日吉《ひえ》社（延暦寺の鎮守社）が神輿《しんよ》（みこし）を担ぎ出して嗷訴し、朝廷が検非違使や武士に防がせる騒ぎになった。(243)

こうした謀反人《むほんにん》・犯罪者・悪僧の排除は、かつて義家が担った仕事そのものだ。前述の説は、これを、義家に代えて義綱を意図的に登用する白河院の陰謀と見なしたが、義家は嘉承《かしょう》元年（一一〇六）に六八歳で没している。六〇歳前後の老境に入った義家が引退し、その役割を別人に継承させる時期にあたっていただけ、と考えて何ら差し支えない。没する八年前の承徳《じょうとく》二年（一〇九八）、義家が院の昇殿《しょうでん》（院の生活空間に上がる特権）を聴《ゆる》され、白河院政の重要人物という待遇を形で示されたのも、六〇歳を迎えた義家に白河院が与えた老後の名誉の一つだろう。

そして何より、義家がかつてと同様に活動したのでは、義綱との衝突は早晩再発するに決まっていた。義家・義綱のあり方そのものが、日本と京の治安を危険に晒し、源氏を内部分裂で弱体化させる最大のリスク要因となっていたのだ。源氏のどちらかがあり方を変えなければ、日本の治安も源氏も破綻するのが目に見えていた。どちらかが手を引くなら、より老齢の兄が引退するのが自然であり、それを機に世代交代に着手するのが自然だ。それが、義家の仕事を義綱がもっぱら担い始めた理由として、最もありそうなことである。

†源義親の反乱事件

ところが、義家の晩年は、そのまま穏やかに終わらなかった。康和《こうわ》三年（一一〇一）、義家の次男で対馬守となった源義親《よしちか》(244)が、九州を統轄する大宰府の命令に従わず、九州に上陸して国衙や民を襲ったのである。

翌康和四年、「濫行《らんぎょう》を宗《むね》と為《す》る（不法行為ばかり行う）」義親について、大宰府から朝廷に苦情が出された。目に余ると判断した朝廷は、官使《かんし》（太政官の使者）を現地に派遣して実態を調査させ、義家も（恐らく白河院からの圧力によって）義親の身柄を取り押さえるために郎等を派遣した。その郎等は藤原資道で（記録により「輔通」「佐通」「資道」と表記が違う）、かつて後三年合戦で寛治元年（一〇八七）に義家が金沢柵を包囲した時、一三歳で義家の身辺に仕えた側近だった[245]。それから一五年後、二八歳になった資道は、義家の命令で義親の身柄確保のために九州へ下向した。

ところが、資道は現地で義親と同調し、こともあろうに朝廷が派遣した官使を殺害してしまい[246]、四ヶ月後に資道は捕らえられて投獄された[247]。自分の次男が複数の国を襲って指名手配された上に、腹心の郎等がそれに同調して朝廷の使者を殺したことで、義家の立場は救い難いまでにまずくなった。

朝廷は義親を対馬守から解任し、隠岐国に流罪、郎等二人も周防・阿波に流罪と決定した。また、義親に同調した前肥後守の高階基実《もとざね》という者も、除名（位階・勲位《くんい》の剝奪）の上、贖銅《しょくどう》（罰金として銅を納める刑罰）に処された[248]。

前著で詳しく述べた通り、現地に居座る前任の国司が、今の国司の統治を妨げて国を荒らすというのは、平安前期以来の典型的な王臣子孫の無法だ。しかも、数ヶ国の国府を襲うのは、将門の乱と同じである。義親は、父の代までに進化を重ねて完成に近づきつつあった武士の家に生まれながら、初期の武士やそれ以前の王臣子孫のあり方に、退化してしまったらしい。

この事態を収拾できるのは、義親の父であり、「武士の長者(日本の武士の頂点)」にある義家しかいない、はずだった。しかし義家は義親を制止できず、責任を取って討つこともできなかった。その結果、武士団の長としての義家の統率力の欠如、特に実の子さえ管理できず、あまつさえ謀反人に育ててしまった後継者育成能力の欠如、そして源氏の結束力の欠如と反社会的な素顔が、露呈してしまった。晩年の義家は、あまりに精彩を欠いた。

†白河院政に順応する義光、順応できない義家一家

そうした中、これらの義家・源氏の欠点をさらに印象づける事件が、嘉承元年(一一〇六)に東国の常陸で起こった。義家の弟義光と、義家の三男義国《よしくに》の合戦である。

この合戦で義光は、平重幹《しげもと》(繁幹)と結託した。重幹は貞盛の弟繁盛の曾孫で、平忠常の乱で源頼信に協力した常陸の平維幹の孫(為幹《ためもと》の子)である。維幹・為幹親子は常陸大掾となり、子孫は常陸に根を下ろして〝常陸平氏〟と呼ばれる。重幹には、致幹《むねもと》・清幹《きよもと》という男子があった。前述の通り、兄致幹の娘は源頼義との間に一女を儲け、その孫娘が奥州の清原成衡(真衡の養子)に嫁いだ。それに倣《なら》ってか、弟清幹も源氏と姻戚関係を作っ

た。娘を源義光の子の義業《よしなり》に嫁がせ、昌義《まさよし》という男子を儲けたのである。(249) この昌義は常陸国久慈《くじ》郡の佐竹《さたけ》郷に土着して、江戸時代まで続く佐竹家の祖となる。

源義光は、すでに常陸に土着して大勢力を築いていた常陸平氏（平重幹）の力を取り込み、常陸に地盤を作る道を模索していた。嘉承元年段階で、義光と重幹が常陸で手を組んでいたことは、その計画がすでに始動していたことを意味する。義光には常陸介だった経歴が伝えられているので、(250) この関係は常陸介の在任中に始まったのだろう。

一方、彼らと戦った義国は足利家の祖で、後には下野国足利を拠点としたが、この頃はまだ常陸進出を狙っていたようだ。義国は朝廷に召喚され、その身柄確保の責任は義親事件の時と同じく父義家が負ったが、(251) 義光・重幹は召喚された形跡がない。したがって朝廷はこの件で、義国に非があると疑っていたことになる。実際、後に義光・重幹の子孫（佐竹家と常陸大掾家）が常陸に残り、義国の子孫（足利家）が下野に残った事実から見ても、この衝突は義国側の敗北に終わったのだろう。

もっとも、勝敗は重要ではない。義家の子弟がまたしても、しかも当事者の両方として、治安を乱して戦争行為に及んだことが問題だった。これにより、ただでさえ義親問題で表面化していた源氏に対するネガティブな印象が、決定的になってしまった。しかも、最終的に義光が常陸に生き残り、義国に非があるとされたらしいことは、〈源氏の中でも特に義家の子は問題児ばかり〉という印象を強めたに違いない。

義光も問題児には違いないが、実は、彼は白河院政に順応していた。後に義光の子孫が根を下ろす常陸の北に隣接して、陸奥国菊田《きくた》荘という荘園があった。その領有権を、白河院の寵臣だった藤原顕季《あきすえ》と、義光が争っていた。顕季の主張が正当で、義光がそれを侵害する形だったようで、顕季は白河院に訴えて義光を排除しようとしたが、白河はいつまでも勝訴の裁定をくれない。ある日、白河と顕季が二人きりで話している時、話題がそれに及び、白河は顕季を諭した。「あれは義光に与えよう。顕季はいくつも荘園を持ち受領でもあるから富裕で、あの荘園一つがなくとも困らないだろう。ところが義光は『一所懸命』、あの荘園一つに命を懸けていると申している。それを顕季に取られては、野蛮な武士のことだから、顕季の命を狙うかも知れない。私はそれを懸念していたのだ」と。

顕季は院の配慮に感謝し、すぐに義光を呼んで、菊田荘を手放して義光のものとする証文を書き与えた。すると義光もその場で「二字」を書いて、顕季に捧げた。「二字」とは実名のことで、「義光」と実名の二文字を書き記した名簿《みょうぶ》という紙を捧げたのだ。名簿の献呈は「従者になる」という意思表示である。義光は、顕季の家に参上して昼夜祗候《しこう》したりしなかったが、顕季が少ない供で夜に移動する時、どこからともなく鎧を着た武士が五〜六人現れ、顕季の牛車の前後を包囲した。顕季が恐れて何者かと訊くと、「夜にお供もなくお出かけなので、主人義光の命令で警護します」と答え、以後、夜間の外出ではいつも義光の郎等に守られたという。(252)

義光は院の寵臣の所領を侵害し、また白河院からも暴力性を危惧される野蛮な武士と見なされて、決して優等生ではなかった。しかし院の機転で、荘園一つと引き替えに顕季の従順な従者となった。院は、寵臣顕季を通じて、結果的に義光を手懐けたのであり、義光もまた、自分の意図とは無関係に、白河院政に忠実な僕《しもべ》として組み込まれたのである。

†義家は「武士の長者として多く罪無き人を殺す」

そのように順応する力と機会が、義家の子たちにはなかった。義親の弁護の余地がない濫行《らんぎょう》と、白河院政に忠実になった義光を敵に回した義国の行動で、義家一家の悪印象は強まるばかりだった。源氏（頼義の子・孫世代）には結束力がなく、義家には一族に対する統率力がなく、特に子に対して威厳がなく、そして源氏は反社会的な一族だ、という世論の印象・認識は、いよいよ動かし難くなった。もはや明らかに、源氏は社会のお荷物となり始め、義家も頼れる「武士の長者」ではなくなった、ということだ。

そうして義家への失望と非難が渦巻く中、常陸の合戦のわずか一ヶ月後、嘉承元年七月に、義家は六八歳で、失意のうちに没した。藤原宗忠は「武威は天下に満ち、誠に大将軍に足る者なり」と賛辞を贈り、同じ日に没した儒学者藤原敦基《あつもと》と合わせて「文武の道、共に以《もっ》て陵遅《りょうち》（衰える）か」と惜しんだ。[253] しかし、右の実態を見れば、朝廷の軍事・治安維持を全面的に委ねるべき「大将軍」の力を、もう義家が失っていたことは明らかだ。源氏は今や、治安を乱す側として、有力で忠義な武士に追討されるべき側にいた。

かつて宗忠は、「義家朝臣は天下第一武勇の士なり」と評したことがあった[254]。確かに、天下一の武勇の持ち主を決めるとしたら、それは義家以外にない。しかし、それは義家個人の能力と精神であり、一家や郎等が同じ忠義の精神を持っていたわけではないし、義家の武勇も、義家の意思に反する行動を一家・郎等に思い止まらせるほどの抑止力にはならなかった。

「武士団では、長の命令に背けば重罪であり、武士の世界で重罪といえば斬首のことだ」と平忠盛の郎等の加藤成家が後に語ったが（第二章）、なぜ成家が忠盛の処罰を恐れたように、源氏の一族・郎等は義家の処罰を恐れなかったのか。

理由は簡単だ。罪を犯して捕縛されれば、生き残れる可能性はない。しかし、捕まらなければ話は別だ。義親は遠く対馬・九州で、義国や義光は遠く坂東で、それぞれ国衙の統治を蹂躙して思うさま合戦に没頭した。九州も坂東も京から遠すぎ、京の義家は迅速に手を出せない。まして、国司や押領使・追討使などに任命されて国家の公権を行使できる権限を得るならまだしも、あくまで義家の家中の問題として、義家個人として義親や義国を召喚するよう朝廷が命じたため、義家は郎等を派遣する以外の手立てを取れず、しかもその郎等が召喚対象と同じくらい反社会的な性格を持っており、信頼できないときていた。義家がどれほど恐ろしい武勇の士でも、朝廷が相応の官職を与えない限り、遠く離れた九州や坂東なら簡単に手出しできない。それを知った源氏一族は、地の利を生かして、辺境で秩序を踏みにじって生きる道を選んだ。

　この子弟らの反社会性について、義家に責任がないわけではない。義家が没した二年後、藤原宗忠は義家を回顧して「故義家朝臣《あそん》、年来、武士の長者として、多く罪無き人を殺すと云々《うんぬん》。積悪《せきあく》の余り、遂に子孫に及ぶか」と、的確に事態の本質を見抜いている[255]。「義家は、確かに『武士の長者（すべての武士の頂点）』といえる最高の武士だった。しかし、彼がしてきたことは、無辜《むこ》の人の殺戮にほかならない。自分一人では償いきれないその悪行の報いが、子孫にも及んだということか」という筆誅《ひっちゅう》である。義家自身が、実は義親・義国・義光らに通じる反社会性を持ち、大いに実践していたのだ。

　事実、義家が清原武衡・家衡らを滅ぼした後三年合戦は、家衡と清衡の私闘に、武衡と義家がそれぞれ加担した合戦であり、誰が国衙に直接敵対したわけでもなく、朝廷が判断した通り、ただの大規模な私戦でしかない。ならば、清原氏の征伐や捕虜の殺害は、国家

（朝廷）から見ればただの私闘の殺戮である。

しかも義家は、金沢柵を兵糧攻めにするにあたり、早く敵の城内の兵糧が尽きるよう、一人も脱出させない方針を採った。それを徹底するため、城中から脱出してきた女子供を、義家は全員殺害し、誰も脱出しようと思わないように仕向けた。また、武衡が何度か和睦を打診したが、義家は断固拒否し、あくまで全員の殺戮を目指して実現した。それは、全軍の面前で武衡の従者に義家が罵倒されたことを恨んでのことで、全く義家の武衡に対する私怨に基づく戦争だった。[256]朝廷が私戦と断じたのは当然である。そして確かに、義家は自分の都合で、女子供を含む多数の無辜の人々を殺戮してきた。

後世、それを源氏や郎等の輝かしい過去として顕彰し、「後三年合戦」などと名づけるから我々は気づかないが、後三年合戦はかなり露骨な、私怨のぶつかり合いに由来する大量殺戮事件だった。その点で、次男義親や郎等藤原資道らが繰り返した暴虐は、全く義家の行動様式の延長上にある。常識的に考えれば当然のことだが、義親や資道の暴虐さは、義家の暴虐な振る舞いをきちんと継承して生み出され、培《つちか》われてきたものだ。

とすれば、義親事件に代表される源氏の多数の暴虐な事件は、結局、頼信や満仲の暴虐さを連綿と継承・発展させた当然の成果なのであり、源氏発展の礎《いしずえ》を築いた満仲が、気に入らぬ者を虫のように殺す「殺生放逸」の性格によってそれを成し遂げた段階で、必然的に約束された結末だったといえる。まれに見る暴力性で発展を勝ち取った源氏は、その起点に埋め込まれた暴力性・反社会性が裏目に出て、反社会的勢力として世間の輿望《よぼう》を大きく減退させた上、一族間で血で血を洗う争いに明け暮れ、弱体化していった。

†源義親の反乱再発

これほど子弟の統制力に欠けた晩年の義家でも、亡くなってみると、少しは抑止力になっていたらしいことが判明した。義家が没して間もなく、隠岐に流罪になったはずの義親が逼塞《ひっそく》をやめ、大々的に出雲で暴れ始めたからである。義親は流刑地の隠岐を抜け出し、対岸の出雲に渡海して近隣を荒らし、最初の大仕事として出雲守の目代《もくだい》（任国に赴任しない国司の代理人を勤める家人）を殺害した。もはや国家への反逆となる一線を義親は軽々と超えたわけだが、彼がしでかしたことは、そこに留まる問題ではなかった。

目代を殺された出雲守は、藤原家保《いえやす》だった。彼の父は顕季、つまり白河院の寵臣で、義光と菊田荘を争って折れ、代わりに義光を従者にした、前述の顕季だ。彼は〝六条藤家《とうけ》〟と呼ばれた家の始祖で、子孫は四条《しじょう》家・油小路《あぶらのこうじ》家・山科《やましな》家などとして中世を生き残った。

重要なのは、顕季と白河院の関係だ。顕季は、白河院の母方の伯父である藤原実季《さねすえ》の猶子《ゆうし》（義理の子）となって朝廷に出仕し、彼の母は白河院の唯一の乳母《めのと》であり、つまり彼は白河院の乳母子、つまり最も信頼すべき腹心の一人だった。そのため、白河院政期に顕季は抜群の恩寵を与えられ、白河天皇の在位中から三〇年にわたって諸国の受領を勤め、典型的な院政期の専業受領として巨万の富を築き、白河院政を支えた。息子の家保にもその恩寵や力は及び、家保も親と並行して受領を歴任する、白河院の寵臣となった。

義親は、その家保が受領を勤める出雲で凶悪事件を起こし、しかも家保の家人である目代を殺したのである。それは白河院政に対する、正面切った宣戦布告以外の何ものでもない。白河院は直ちに本腰を入れて義親の始末に取りかかった。白河院は義親の追討を決定し、その役割を平正盛《まさもり》に委ねた。

†平正盛の追討使起用

平正盛は、将門と戦った貞盛の子の維衡を祖とする。平氏のこの一派は、維衡・正度《まさのり》・正衡《まさひら》の三代で伊勢に拠点を築きつつ、受領や武官を歴任して地方や京の治安維持の一端を担ってきた。その正衡の子が正盛で、事件当時は因幡守だった。因幡は伯耆《ほうき》の東隣で、伯耆は出雲の東隣だ。つまり、因幡は出雲に近く、討伐軍の編成や拠点形成に有利だった。その因幡守に、たまたま義親追討を期待できる平正盛が在任していた、と考える説もあるようだが、恐らくそうではない。前年まで因幡守は別人で、正盛の因幡守在任が最初に確認されるのはまさにこの事件の時だ。正盛は偶然に因幡守だったのではなく、義親追討のために、この時わざわざ因幡守に任命されたと考えた方がよい。

正盛は義親追討のため、嘉承二年の一二月に京を出て出雲へ向かったが、一ヶ月あまり後の翌天仁《てんにん》元年（一一〇八）正月末には、早くも義親の首を京へ届けてきた。(257) 何ら有効な手を打てずに時間を浪費した父義家と比べて、あまりに速やかで鮮やかな解決だった。

この件は、かつて次のように説かれた。摂関家が源氏を武力として活用したのに対抗して、白河院は自分の武力として平氏を活用する方針を採り、平氏を成長・台頭させるために意図的に活躍の機会を与えた。正盛自身が帰京もしないうちから恩賞の人事を行って彼を但馬守（受領の中でも「第一国」といわれる高ランクの国）に任じたのも、平氏の存在感を無理やり強調する白河院の演出で、そのため届いた首が本当に義親の首かどうかさえ、院は問題にしなかった、と。(258)

確かに、あの義家さえ手こずった義親をこうも簡単に討ち取った正盛の劇的な活躍は、一つの疑惑を生んだ。正盛が持ち帰った首は、義親でない別人の首ではないか、という疑念だ。その疑念が、後に何度も義親と名乗る人物の出現を招き、源氏の一族間抗争をさらに救い難いものにしてゆく。

ただ、事情は恐らくもっと単純だ。もはや義家に義親のコントロールが期待できず、源氏全体が社会から信頼を失っていた中で、平氏を登用する以外に、どんな選択肢があったというのか、と考えた方がよい。

かつて、摂関政治最盛期の道長の時代には、平氏は源氏と全く対等の、強大な「武士の長者」で、源氏と平氏は他氏の追随を許さない最高峰だった。その後、平氏は分裂と反乱で弱体化し勢力が分散する一方、源氏は数度の反乱鎮圧・戦争で強大化し勢力を集中させて、摂関政治末期〜白河院政期の数十年で、源氏と平氏の実力差は開くばかりだった。しかしそれでも、平氏の来歴や実力は、源氏以外の他氏より高い。端的にいえば、秀郷流藤原氏や利仁流藤原氏などに、義親制圧という仕事を任せられる人材などいなかったのだ。その仕事に平氏が選ばれたのは、ほかに選択肢がない状況での必然と考えねばならない。

†平正盛は院政の申し子

では、数ある平氏のうち、なぜ正盛に白羽の矢が立ったのか。私がそう問う理由は、正盛がそもそも、平氏の主流派ではなかった可能性があるからだ。

将門の乱を生き抜いて平氏の礎を築いた平貞盛は、実子・養子合わせて多数の子を持ったが、経歴から見て、一人で八ヶ国もの受領を歴任した維衡《これひら》が、明らかに後継者だった。維衡の子は正度《まさのり》・正済《まさなり》の二人が知られ、三ヶ国の受領と多数の官職を歴任した経歴から見て、兄正度が後継者だ。弟正済は出羽守の経歴だけが知られ、子孫の正弘《まさひろ》・家弘《いえひろ》親子らは保元の乱で崇徳上皇に加担して滅びた。

兄正度には維盛《これもり》・貞季《さだすえ》・季衡《すえひら》・貞衡《さだひら》・正衡《まさひら》らの子がいて、このうち正衡が正盛の父だ。長男維盛の子孫は著名な武士を出さなかったが、維盛の曾孫業房《なりふさ》が後白河院の近親で、後白河の寵姫高階栄子《たかしなのよしこ》（丹後局《たんごのつぼね》）の前夫だったことから羽振りがよく、子の教成《のりなり》が中納言藤原実教《さねのり》の養子となって、廷臣山科《やましな》家の祖となるという、意外な発展を見せた。次男貞季の子孫には、保元の乱で後白河方に参加した和泉判官信兼《いずみのほうがんのぶかね》や、その子で源頼朝の挙兵時に最初に襲われて殺された山木《やまき》判官兼隆《かねたか》、また平氏嫡流（平家）の家人となった家貞《いえさだ》とその子家継《いえつぎ》・貞能《さだよし》兄弟らがいる。彼らは正盛の子孫が急速に成長する中で、その家人に収まっていったようだ。三男季衡の子孫は目立った武士を出していないが、後に足利家に仕え、室町幕府の政所執事《まんどころしつじ》（将軍家の家政・財政の統括者）を世襲した伊勢家を出している。四男貞衡の子孫は安濃津《あのつ》・桑名・鷲尾などと名乗り、伊勢に土着していった。

そして正衡は、系図上は彼らの末弟だ。官歴も出羽守しか知られず、正度の嫡子ではなかった可能性が高い。正衡の兄の子や孫も数が多かったが、そうした中で、義親の追討使として正盛が選ばれた理由は様々にあろう。源氏の祖経基のように、目に見えて武士として能力が不足したならさすがに登用されないだろうから、一定以上の武勇は知られていたのだろう。その武勇が評価される契機という意味でも、彼の登用で最も大きな意味を持ったのは、彼が白河院の近臣だったことである。

義親の首を届けて直ちに正盛が但馬守に任じられたのを見て、藤原宗忠は「件《くだん》の賞、然《しか》るべしと雖《いえど》も、正盛は最も下品《げぼん》の者にして第一国に任ぜらる。殊《こと》なる寵《ちょう》に依《よ》るものか。凡《およ》そ左右《とこう》を陳《の》ぶべからず。院の辺《わたり》に候《そうろ》ふ人は、天の幸に与《あずか》る人か」と苦言を呈した[259]。「恩賞は与えるべきだが、正盛のような地位の低い者に一足飛びに但馬のような最上級の国の受領を与えるのは不釣り合いで、白河院が特別に寵愛しているのだろう。とやかくいうべきでないが、院に側近く仕える者には天が幸いを与えるようだ」という。宗忠はまた、「世 甘心《かんしん》せず。就中《なかんづく》、未だ上洛せざる前なり。院の北面に候ふに依るなり」ともいう。「正盛を但馬守にする人事に世間は違和感を持っているし、何よりまだ本人が京に戻ってもいない。それでも院の北面だからこの賞を得たのだ」と。

要するに、正盛は院の寵臣であり、院の北面だった。北面とは、白河院が設置した院の近臣集団の一つで、院司《いんじ》（院の家政機関を司る官僚集団）となる公卿たちとは別に、諸大夫・侍層を院の側近くに仕えさせたものだ。その院の北面のうち、武士である者を「北面の武士」という。院の信頼篤い側近であり、院が最も簡単に動員できる手勢として、院政期には重宝された。正盛はその地位にあり、院の信頼は保証済みで、しかも院の身近にいたから、その実力も院自身が最もよく知るところだった。加えて、白河院の近臣の中でも、特に目をかけられていた。この関係が、正盛を登場させたのである。院政に微妙に順応できていない源義家一家と比べて、平正盛は院政の申し子といってよい。

†武士の代表格が「源平」になった日

正盛の台頭と義親追討の成功により、武士社会のリーダーシップの所在が、明らかに変化してきた。今や、源氏は治安を守ることより乱すことが多く、この国の治安維持を委ねられなくなってきたのに対して、その穴を埋められる人材が、ようやく平氏から登場してきた、と正盛は世間に印象づけたのである。もちろん、一世紀前後の時間をかけて蓄積された源氏と平氏の差は、簡単には埋まらない。動員力・経済力も含めた武士としての勢力では、平氏はまだ源氏に及ばなかったと思われ、源氏を越えて一挙に地位を逆転できる状況ではなかった。

それでも、〈源氏が駄目なら平氏がいる〉という印象を世間に与えた意義は大きい。ここにようやく、〈武士の代表格は源氏か平氏〉という認識が形成される土台ができた。まさにそれを証明するように、藤原宗忠の日記『中右記』に、ある一文が書き留められた。

天仁元年（一一〇八）、ある仏教界の地位をめぐって東寺と延暦寺が対立した。白河院は東寺の長にその地位を与えたが、延暦寺の大衆《だいしゅ》（下級の僧）たちはそれを不服として、嗷訴を実行した。

延暦寺の嗷訴は、延暦寺の守護神である近江の日吉社の神輿を担いで京へ殺到し、神の怒りと称して延暦寺の要求を呑ませようとする。嗷訴は最終目的地として、内裏《だいり》（天皇の住居）を目指す。朝廷としては、内裏を蹂躙《じゅうりん》させるわけにいかないので、京の出入口や京中に防衛線を敷き、物理的に嗷訴の進行を食い止めるのが通常の対応だった。その防衛線は、京中や京都郊外の治安維持に責任を持つ検非違使が担うべきだが、数千人が殺到する嗷訴に対して、検非違使の数が話にならないほど劣勢なので、武士も動員される。

天仁元年の延暦寺の嗷訴では、防衛態勢のために動員された武力の内訳が、「検非違使、幷《なら》びに源氏平氏、天下の弓兵の士、武勇の輩、数万人」だった[260]。第二章でこの一文を紹介した時に述べた通り、この嗷訴こそ、源氏と平氏が並列に併記されて「源氏平氏」と記録された最も古い事例だ。そして実は、この嗷訴は、平正盛が義親の首を届けたわずか二ヶ月あまり後の出来事だった。

それらの事実の時系列的関係から推察すれば、事態は明らかだろう。源氏と平氏を武士の代表格として同格に扱い、二つ並べて「源氏平氏」という熟語として使う感覚、つまり「源平」という概念は、平正盛が源義親追討を成功させた結果生まれたものと見て、まず間違いない。源氏の一人勝ちだった状況から源氏の凋落《ちょうらく》、それを好機とした平氏の台頭、という経緯を経て、ここに〈武士の代表格＝「源平」〉という認識が生まれたのである。

とすると、ここでいう「源氏」とは、直前に没した、朝廷の「大将軍」にふさわしい「武士の長者」源義家と、彼が率いた一族・郎等の武士団をイメージしていたことになる。それは、東国・奥羽の多数の武士を家人に編成するという、地域的な広がりや数的な大規模さを持ち、武勇や忠義心が抜群の「精兵」を多数、家人に編成する品質の高さを持ち、複数の大戦争を勝ち残った実戦経験＝豊かな実績などを合わせ持つ、〈最大規模にして最高品質の武士団〉である。ならば、そうしたイメージを抱かれる「源氏」と併記された「平氏」もまた、同じ〈最大規模にして最高品質の武士団〉を率いる「武士の長者」というイメージを背負ったことになる。その圧倒的な存在感で「武士の長者」として並び立つ「源氏平氏」と、彼らに家人として編成される側のその他の武士がはっきり区別されて、「源氏平氏、天下の弓兵の士」と書き分けられたのは、当然だった。

†内訌と義親復活事件で身内の殺戮を繰り返す源氏

以後、平氏は急速に成長して、源氏に代わる社会的地位を固めてゆくが、その話をする前に、源氏の末路を述べておこう。義家の死後の源氏は、凄惨《せいさん》と混沌《こんとん》の二語に尽きる。

嘉承元年（一一〇六）に義家が没すると、息子の義親や義国が反社会的な問題児として認知されたため、家督は彼らの弟の義忠《よしただ》が継承することになった。義親の長男為義《ためよし》を養子にすることが、継承の条件だった。

ところが三年後の天仁二年（一一〇九）、平正盛が義親を誅《ちゅう》した一年後、義忠が何者かに殺された。犯人は不明だったが、生前の義家と張り合っていた弟義綱の子義明《よしあき》に嫌疑がかかり、そこから義綱こそ黒幕ということになった。弁明を受け入れられなかった義綱は、息子たちと、近江南部の嶮岨《けんそ》な山岳地帯である甲賀《こうか》山に奔《はし》って立て籠もった。これに対して朝廷は、養父義忠の死後に源氏の家督を継いでいた一四歳の為義に、義綱一家の追討を命じた。義綱の息子たちは攻められて全滅し、義綱は捕らえられて佐渡に流され、後に為義によって殺された。哀れにも、後に義綱たちは冤罪《えんざい》だったことが判明する。真相は不明のままだが、義忠の家督継承に、義家の弟義光が不満を抱いて殺した、という伝承がある。[261]

こうして義家の後を継ぐ源氏の長は、近親間の壮絶な殺し合いの結果、若年の為義に決まった。しかし、源氏同士の殺し合いはまだ終わらず、義親復活事件として続いてゆく。

永久《えいきゅう》五年（一一一七）、九年前に討たれたはずの源義親が、実は生きていて、越後で平永基《ながもと》に匿《かくま》われていると噂された（永基は、前九年合戦の鬼切部の戦いに参戦した平繁成の孫）。そこで朝廷は、義親の身柄を差し出すよう求めた。しかし、永基は言を左右にして応じず、最後には義親の首と称して、誰とも知れぬ首を一つ送ってきたという(262)。

その翌年、今度は常陸に義親と称する者が現れ、南に隣接する下総の受領だった源仲正《なかまさ》(頼光の子孫で、頼政の父)が捕らえようとしたが、取り逃がした(263)。その五年後の保安四年(一一二三)、仲正は遂に彼を捕らえて都へ送った。白河院・鳥羽天皇が見物までする騒ぎになったが、結局、彼は偽物として処理された(264)。

さらに六年後の大治《だいじ》四年(一一二九)、東国から義親と称する者が入京し、しかも鳥羽院の意向によって、前関白藤原忠実の邸宅の鴨院《かもいん》(鴨院殿《かもいどの》)に滞在していると判明した(265)。彼を知る複数の人物によって面通しが行われたが、過半数が偽物と報告した一方、本物だと報告する者もあった。またその頃、故義家の郎等が熊野で義親に会ったという噂が流れた(266)。

最も奇妙だったのは、翌年の大治五年、近江の大津にもう一人の自称義親が出現したことだ(267)。彼もまた京に入ってきたが、すでに京にいた鴨院の義親と夜間に京中で遭遇し、そのまま闘争になった挙句《あげく》、大津の義親は殺されてしまう(268)。そして翌月になると、生き残った鴨院の義親も、何者かに襲撃されて殺された。夜中のことだったが、数百人が見物する中での闘乱だった。鴨院の義親が、源光信《みつのぶ》の自宅の門前で大津の義親を殺したことに光信が腹を立て、報復として殺したのだという(269)。

複数の自称義親のうち、誰と誰が同一人物なのか。その中に、本物はいたのか。なぜ、死んだはずの義親を名乗る者が多数出現したのか。なぜ彼らは、京中で襲われて全滅したのか。そうした数々の疑問は一つも解決しないまま、事件は終わった。ただ、正盛が討ったはずの義親が実は生きていたとなると、正盛が虚偽の戦功を報告した詐欺事件になってしまう。当時、すでに正盛は没して息子忠盛《ただもり》の代になっていたが、忠盛としては、義親に生きていてもらっては困るのであり、自称義親たちを殺す理由がある、と疑われた[270]。しかし、忠盛は容疑を否認し、事件は完全に迷宮入りになった。

もっとも、本書で重要なのは、事件の真相ではない。〈近親者同士で際限なく殺し合う源氏〉という世間の印象をさらに強めた点と、複数の義親が殺し合うという常軌を逸した現象を起こして、もはや、源氏をまともな一族と見なすことさえ困難になったことが重要である。

源氏郎等の分裂・淘汰と暴力的再スカウト

こうした源氏の内紛の被害者は、源氏の人々だけではない。源氏の郎等も各派に別れて殺し合い、次々と落命していった。たとえば、後三年合戦で一度も「臆の座」に就かなかった剛の者として歴史に名を残した藤原（腰滝口《こしのたきぐち》）季方は、源義綱の子たちが全滅した時、一緒に殺された。

しかも、為義は生涯一度も受領になれなかった。それは、受領として赴任した国々で、現地の武士を家人に編成する機会がなかったことを意味する。さらに、こうして内訌《ないこう》・殺戮を繰り返して弱体化してゆく源氏は輿望《よぼう》を失い、郎等の中に源氏から離れてゆく者が現れた。顕著なのは波多野家で、前述の通り、頼義の腹心だった佐伯経範を祖とするはずの波多野家は、為義・義朝《よしとも》親子の頃には源氏への奉仕をやめていた。

こうして郎等を減らす一方の源氏は、受領でなくとも諸国へ足を運び、地元の武士を訪ねて、一族から郎等を差し出すよう迫るという、脅しに近いスカウト活動を繰り返してゆく。たとえば、永治《えいじ》二年（一一四二）に源友員《ともかず》という者が殺された事件で検非違使が作成した事情聴取の記録「散位源行真申詞記《さんにみなもとのゆきざねもうしことばき》」によって、為義のスカウト活動の具体相が判明する。(271)

為義は近江の源道澄《みちずみ》という者を郎等にし、保延《ほうえん》二年（一一三六）に近江に下って道澄の家に滞在した。その時、道澄の舅の源行真が為義に挨拶に訪れた。すると、為義は行真に「名簿《みょうぶ》が欲しい」、つまり「郎等になれ」と要求した。「すでに別の主人に仕えている」として行真が断ると、為義は「ならば子を一人従者に欲しい」と食い下ったので、行真は息子の行正《ゆきまさ》に挨拶させ、為義の郎等にしたという。

このように、為義は各地の郎等の拠点に赴いて、関係者に郎等となるよう要求するという手法で、郎等を増やしていた。曾祖父頼義や祖父義家のように、受領・鎮守府将軍として大戦争で一挙に根こそぎ獲得するのが不可能なので、足で稼いだのである。

ところが、そこに源氏特有の不和が干渉してくる。為義の長男義朝は、為義や弟たちと犬猿の仲で、最後には保元の乱で敵同士に分かれるほど険悪だった。義朝は東国で生まれ育ったらしく、近江などで郎等獲得を進める為義に対して、義朝は坂東で同じことをした。彼は為義よりも祖父義親の暴力性を色濃く継承しており、暴力に任せて以前の源氏郎等の子孫を制圧し、郎等に再度繰り込んでいった。

たとえば、康治二年（一一四三）、下総の相馬御厨《そうまのみくりや》をめぐる紛争に義朝が介入した。相馬御厨は、あの箕田源二（源）宛と一騎討ちで戦い引き分けた村岡五郎（平）良文の所領に始まる伊勢神宮領の荘園で、現地管理者の地位は、良文の孫で、後に平忠常の乱を起こした忠常に継承された。その子孫の平常澄《つねずみ》とその従兄弟の常重《つねしげ》は、相馬御厨の権益をどちらが継承するかで揉めていた。そこに義朝が現れ、常澄と結託して、常重の所領だった相馬御厨を脅し取った[272]。常澄の子の平広常《ひろつね》と常重の子の千葉常胤《つねたね》は、ともに保元の乱で義朝の郎等として参戦し[273]、頼朝の鎌倉幕府創立にも参加した。この騒動で、義朝は千葉家（常重・常胤親子）を屈服させ、郎等に組み込んだのである。

その翌年の天養元年（一一四四）、義朝は相模に現れた。相模の大庭御厨《おおばのみくりや》という伊勢神宮領の荘園は、平景正《かげまさ》、つまり後三年合戦で片目を射られてなお奮戦したエピソードで名高い義家の郎等、鎌倉権五郎《ごんごろう》景正が開発した荘園で、子孫の大庭景宗《かげむね》が下司《げし》（現地管理者）を相伝していた。ところが、その天養元年、東にほぼ隣接する「鎌倉の楯《たて》（館《たて》）」に住んでいた源義朝は、三浦半島の三浦庄司吉次《しょうじよしつぐ》（平義次）や相模西部の中村庄司（平）宗平《むねひら》らと結託し、大庭御厨に所属する高座《たかくら》郡の鵠沼《くげぬま》郷を、鎌倉郡の領域内だといい張って、大庭御厨に乱入した。彼らは収穫物や下司の私財を強奪し、神人《じにん》（伊勢神宮に奉仕する民）に暴行して、神職の一人の頭を問答無用で「打ち破り」、瀕死の重傷を負わせた。[274]

事件のその後は明らかでないが、下司大庭景宗の子の景能《かげよし》・景親《かげちか》兄弟が一二年後の保元の乱で義朝の郎等として参戦している。[275] 義朝の武力侵攻に屈した景宗が、屈服の証として息子二人を郎等に差し出した結果と見て、まず間違いない。義朝の郎等獲得は、話し合いで済んでいた為義のそれとは異なり、有無をいわさぬ襲撃と暴行で進められたのだった。

†源氏郎等の離散・壊滅・雌伏

こうした郎等獲得活動を、義朝が坂東で、為義は畿内近国で、地域的に棲み分けて行っているだけなら問題ない。しかし、仲違いする両者は、各地で紛争の火種をばらまいた。

為義が近江で郎等にした源道澄・行正らは、佐々木荘という荘園の下司を世襲した佐々木家の一族だが、後世有名になった佐々木家とは血統が違い、佐々貴山公《ささきのやまのきみ》という氏姓の古代氏族の末裔で、「本佐々木」と名乗った。それに対して、鎌倉・室町幕府を生き残って六角《ろっかく》家・京極《きょうごく》家などの戦国大名へと発展した有名な方の佐々木家は宇多源氏で、当時は秀義《ひでよし》という人が当主だった。その佐々木秀義は、保元の乱で義朝の郎等として参戦した(276)。つまり、近江の佐々木荘で緊張関係を孕《はら》みながら同居していた本佐々木家と佐々木家の、前者を為義が郎等にし、後者を義朝が郎等にしたのだ。為義と義朝は必ずしも棲み分けず、同じ土地で地元勢力を別々に郎等に取り込んで、対立を助長していたのである。

為義は不仲の義朝に代えて、次男義賢《よしかた》を嫡子とし、南関東の制圧を進める義朝に対抗して北関東に送り込んだ。しかし、上野国に住んだ義賢は、久寿二年（一一五五）、つまり保元の乱の前年に、義朝の長男義平《よしひら》に攻められて戦死した。また、殺された義賢は、弟の頼賢《よりかた》を養子にしており、養父を殺された頼賢が仇討ちのため信濃に下った。ところが、京都で突然、彼に「鳥羽院の荘園を侵略した」という嫌疑がかけられ、頼賢は犯罪者として追討される身となり、その討手に義朝が指名された。院を敵に回した頼賢は勝ち目がないと悟り、逃げ延びて京へ戻った。翌年の保元の乱で、彼が父為義や弟たちとともに崇徳院陣営に参陣した理由には、鳥羽院政のもとで彼らの排除が一年前から具体化していたことが大きい。

為義とその一家（義朝を除く息子たち）は団結して義朝と敵対し、その対立がそのまま保元の乱に持ち込まれ、敗れた崇徳上皇方に参加した為義一家は、義朝の手で斬られて全滅する。それは、絶対数の減少によって源氏が弱体化するだけでなく、分裂した源氏郎等の一方が壊滅したという意味でも、源氏を弱体化させた出来事だった。こうして義朝の段階まで、源氏は氏族全体の弱体化や後先をほとんど考えずに、分裂してそれぞれ勝手に勢力伸長を図り、潰し合い、地方の対立を助長し、そして保元の乱で殺し合った。

そこまでで十分、世間や郎等層の信望を失い、勢力を弱らせてきた源氏は、さらに三年後の平治の乱で、義朝が反逆者として敗北したことで、致命的なダメージを負った。義朝は殺され、息子の義平・朝長《ともなが》も殺され、頼朝・希義《まれよし》らは流刑、幼少の牛若丸（義経）らは流浪の人生を強いられた。義朝の最期まで残っていた家人も、主人を失って散り散りとなり、平氏の郎等として吸収されたり、再起を期して長い雌伏の時間を強いられた。

†頭数が増えて分裂抗争し弱体化した源氏

こうした源氏の内訌、特に義家の死の前後の義家vs義綱の対立や、義忠殺害事件での為義による義綱一家の誅殺などの裏に、白河院の意図が働いていたとする説がある。義家が健在の頃から義綱を登用したり、義綱一家の追討を為義に命じたことなどは、白河院が意図的に源氏同士を競合させ、戦わせて潰し合いをさせ、源氏の勢力を削減することを目的とした、という。(277)だが、白河院が源氏を意図的に弱体化させようとしていたという説そのものが、先に述べた通り成立し難いと考えられ、一概に白河院の陰謀と見なすには躊躇を覚える。

一連の抗争を見れば、最大の非は、明らかに源氏自身にある。九州で国衙や住民に対して強盗殺害を繰り返し、出雲の目代を殺した義親や、常陸での義光と義国の抗争、そして一方が全員死に絶えるまで徹底して陰惨な殺し合いを続けた為義一家と義朝を見れば、源氏の暴力性と反社会性が当時の社会で際立ち、常軌を逸していたことには疑う余地がない。

この暴力性と反社会性は、先祖の頼信や、その同母弟の頼親や、その父の満仲の段階から存在した、顕著な源氏の特質だった。そして第七章で述べた通り、その暴力性と反社会性は、満仲が生来持っていた性質の上に、伝説的強盗の藤原保輔を生んだ藤原致忠の血が加わって、倍加・濃縮されたものだった。そうして高められた、人を「虫ナドヲ殺ス様ニ殺」す「殺生放逸」「殺人の上手」の性質は、その荒ぶる攻撃性によって、武士としての成長・実績作りを助けた側面が否めない。しかし、最後はその殺人衝動が身内に向かい、身内の大多数を殺し尽くして、源氏とその武士団を崩壊させた。

義家の後半生から源氏内部の対立と反社会性が顕わになり、内訌《ないこう》に勤しむようになったのは、平氏と同じ理由だろう。平氏は頭数が多すぎて、平氏内部での競争・淘汰が過酷になり、平氏同士で潰し合って平氏全体の力と信望を落とし、源氏に後れを取った。一方、源氏は頼信の代で三人しか武士がおらず、主流となった頼信の子世代では、頼義一人しか武士がいなかった。この頭数の少なさは、分裂抗争を物理的に防ぐ、源氏の強みだった。

ところが義家の世代になると、義綱・義光を含めた三兄弟が、全員武士であり、特に義綱が義家と対等の立場に近づいていた。彼らはそれぞれ多数の子を儲け、それぞれの子がさらに多数の孫を儲けて、源氏が急速に鼠算式に増え始めた。それが義家の代に初めて源氏を見舞った現象であり、そして平氏では貞盛の代で経験済み、かつ（弱体化を強いられつつも）克服済みの現象だった。源氏はこれを教訓化できず、平氏が失敗した轍《てつ》を後から踏んだのである。

平治の乱で義朝が敗死し、その子らも敗死したり罪人として離散した後、もはや頼信の子孫は「武士の長者」と呼べる内実を、完全に失った。では、頼光の子孫で生き残っていた頼政に「武士の長者」の地位が継げたかといえば、そうではない。保元・平治の乱を経て、生き残った武士の中では平清盛の存在感があまりに大きく、絶対的な規模の問題として、「武士の長者」と呼べるのは彼しかいなくなった。義家の死以来、存在しなかった

〈一人の強力な武士の長者〉が、半世紀を経て、平氏によって再生されたのである。源氏が潰し合いに浪費した半世紀を、平氏は成長のために活用した。そして平氏は、源氏が採らなかった究極の戦略を採用したことで、誰も想像しなかった肥大化を遂げ、図らずも次の時代を用意してしまうことになる。

第十一章　平氏政権の達成と「源平」並立の空洞化

†平氏は実績不足を白河院政との密着で埋める

　前述の通り、平正盛は源義親の追討を（真実かは別として建前上）成功させ、源氏と並ぶ扱いを受ける足場を築いた。とはいえ、最大の問題は、源氏と違って豊かな実戦経験を持たないことだった。以前の源氏のような〈最大規模にして最高品質の武士団〉を形成するのに欠かせない大戦争、特に官軍として朝廷の正義を双肩に担って大戦争を戦った経験が、平氏には皆無に等しかった。それは平氏が「武士の長者」となるにあたっての、最大の弱点の一つだった。その穴を埋めない限り、「源氏平氏」と並び称される朝廷での扱いに、相応の内実を持たせられない。しかし逆に考えれば、問題は単純でもある。問題が経験の蓄積の有無にあるなら、今後じっくり経験を重ねればよいだけのことだ。

とはいえ、数度の大戦争を経て源氏の影響力が強く浸透している東国で、平氏が源氏のシェアを削りながら新たに武士たちを編成して、経験を重ねてゆくのは不合理だ。しかも、小競り合いならともかく、後三年合戦の終結以後、東国や奥羽で大規模な反乱は起こらなくなった。

そうなると、平氏が経験・実績を重ねる場には、西国がふさわしい。最初の実績、つまり平正盛の出撃を促した源義親の挙兵も、偶然ながら西国での出来事だった。その延長で、西国で実績を重ねてゆくのがちょうどよい。正盛は永久元年（一一一三）の興福寺・延暦寺の嗷訴の入京を防ぎ、元永《げんえい》二年（一一一九）に京中の盗賊を追捕し、また九州で武装蜂起して謀反人と認定された平直澄《なおずみ》を討つなど、西国で実績を重ねた。

平氏にとっては幸運なことに、西国には、東国に存在しない深刻な治安問題が存在した。平安前期以降、群盗が全国で蜂起したのと並行して、九州沿岸や瀬戸内海で強盗行為を重ねた「海賊」、つまり〈海の群盗〉の横行である。その取り締まりは地方統治の重要課題であり続けたが、まともな成果が一度も挙がらず、藤原純友に大規模な反乱を許すに至ったという、苦い過去があった。

海賊は〈海の群盗〉であるから、問題の本質は群盗問題と同じで、したがって解決方法も同じだ。東国では、将門の乱を機に坂東全域が武士の熾烈《しれつ》な戦場となり、強い武士によって平定されたことで、群盗問題が解決した。ならば西国でも、強い武士を投入すれば、海賊問題の解決には一定の期待を持てるはずだ。正盛の息子忠盛やその家人たちは、大治四年（一一二九）、長承《ちょうしょう》三年（一一三四）、保延元年（一一三五）と、立て続けに西国の海賊退治に従事し、成果を挙げた。(278)そうして平氏は、「源氏平氏」と並び称される建前に実体が追い着くよう、実績を蓄積する努力を重ねた。

それでも、源氏にとっての前九年・後三年合戦のような大きな戦争は経験せず、実績面で源氏に後れを取っていたことは否めない。しかし、足りないなら別のもので補えばよい。平氏は白河法皇やその孫の鳥羽法皇など、院政の専制君主と密着し、可能な限り従順に振る舞うことで、社会的地位を上げていった。

嘉保三年（一〇九六）に白河院の長女媞子《やすこ》内親王（郁芳門院《いくほうもんいん》）が亡くなると、翌年、正盛は彼女の菩提所《ぼだいしょ》の六条院《ろくじょういん》に伊勢の所領を寄進して、(279)白河院に接近し、前述の通り白河院の北面の武士に収まった。また京の東郊、白河の南の六波羅《ろくはら》（六波羅蜜寺の南）に仏堂を設け、たびたび白河院を迎えた。(280)この仏堂が、後に忠盛・清盛親子の拠点となる六波羅邸の原点である。

†清盛の白河院落胤説と平氏の生存戦略

その六波羅堂には、永久元年（一一一三）に白河院の寵姫だった祇園女御《ぎおんのにょうご》も訪れて、一切経《いっさいきょう》の供養（すべての経典を収める一切経の奉納を祝う仏事）を行っている。[281] この祇園女御こそ、白河院政と平氏を結ぶ最も重要な女性の一人だ。それは、清盛が白河法皇の実の息子だったという伝説と関わる。

文献によって、清盛の生母は祇園女御とされたり、彼女に仕えた女房（女官）とされたり、彼女の妹とされたりと区々《まちまち》で、実際のところはよく判らない。ただ、いずれにせよ、祇園女御かその近くの女性が白河院の子を宿し、妊娠が判明した後に院から平忠盛に与えられて、男子が生まれ、忠盛の長男清盛として育てられた、という点では一致している。

この清盛落胤《らくいん》説が、どこまで真実であったかは、今日となっては確かめようがない。落胤だと伝えるのは『平家物語』や『源平盛衰記』などの軍記物、また鎌倉時代に書かれて内容にも疑問が呈されている『仏舎利相承《ぶっしゃりそうしょう》系図』という記録など、後代に作られて、しかも信憑性に問題のある文献ばかりだ。

しかし、生物学的に白河院と清盛が親子でないかどうかは、実はさほど重要ではない。最も重要なのは、それが当時の社会でどれだけ信じられたか、である。落胤説は後代の、あまり信頼できない文献にしか見えないと書いたが、この問題では従来、大切なことが見落とされてきた。それは清盛の官歴だ。

平治の乱で源義朝が滅び、平清盛がただ一人「武士の長者」として生き残ることが確定した永暦《えいりやく》元年（一一六〇）、清盛は参議になった。参議は公卿の末端だが、武士出身で公卿になった人物など、それまで誰もいない。祖父正盛は朝廷では「最も下品《げぼん》の者」と蔑視されていたし、父忠盛が内昇殿《うちのしようでん》（天皇側近として天皇の生活空間＝清涼殿《せいりようでん》に上がれる資格）を聴《ゆる》されただけで、当時の朝廷では非難と嫉妬が殺到したという（『平家物語』）。まして公卿の一員に昇るなど、この一家の家柄では考えられない、驚天動地の出世だった。

ところが、清盛は翌年に早くも一ランク上がって権中納言《ごんのちゆうなごん》（定員外の中納言）に昇り、四年後の永万《えいまん》元年（一一六五）にはまた一ランク上がって権大納言《ごんのだいなごん》（定員外の大納言）に昇り、一年後の仁安《にんあん》元年（一一六六）には何と内大臣（左大臣・右大臣に次ぐ大臣の末席）にまで昇った。そして一年後の仁安二年には、右大臣・左大臣を飛ばして一挙に太政大臣に昇った。太政大臣は臣下が就任できる最高の官職で、院政期の就任者は摂関家かその近い分家の当主にほぼ限られた、貴人中の貴人の地位である。

公卿になるだけでも驚くべきだが、清盛の功績や父忠盛の段階までの出世を考慮すれば、それはまだ判らなくもない。しかし、急速な中納言・大納言への昇進や、大臣への昇進は全く説明不可能で、太政大臣に至っては、驚きを表す言葉さえ見つからない。賭けてもいいが、廷臣の「家」が次第に固定化し始め、家格（血統）と出世コースが定型的になりつつあった当時、父系で正盛・忠盛の血を引く者が太政大臣に昇れる可能性は、絶対にない。

太政大臣は、摂関家なみの血統でなければ就任できない。したがって、清盛がその出世を重ねた当時、清盛が忠盛の子ではなく、摂関家と同等以上の血統の持ち主だと信じられたのは間違いない。つまり、清盛が白河院の落胤だと信じられていたのは確実だ。

この件には、息子の二条《にじょう》天皇との確執を経て、二条の弟憲仁《のりひと》親王（高倉《たかくら》天皇）の皇位継承を確実にしようとした後白河院の思惑が絡んでおり、私が先に著した『「京都」の誕生』や『平治の乱の謎を解く』（ともに文春新書）で踏み込んで扱ったので、詳しくはそちらを参照されたい。ただ、清盛が天皇落胤と信じられた最大の証拠は重要なので、簡単に示しておこう。それは、右大臣・左大臣を経ずに直接、太政大臣に昇るという官歴だ。

それと同じ官歴を経た人は、それまでの歴史上、大友皇子《おおとものみこ》・高市《たけち》皇子しかいない。なお、奈良時代の道鏡も右大臣・左大臣を経ずに「太政大臣禅師《ぜんじ》」となったが、称徳天皇の時期に特有の異常事態で、僧であり、厳密には太政大臣ではないし、反逆者として失脚したので、先例としては無視してよい。

大友皇子は天智天皇の子で、壬申の乱で天武天皇に滅ぼされなければ天皇になっていたはずの、天智の皇太子である。高市皇子は天武天皇の子で、継母の持統天皇が息子の皇太子草壁《くさかべ》皇子に先立たれた直後に太政大臣に起用し、皇太子に近い地位にあった。つまり、左右大臣を経ずに太政大臣に昇れたのは、それまで、天皇の子、それも皇太子かそれに近い皇子だけだった。それと同じ官歴を歩んだ清盛は、天皇の子と同等に遇されたのであって、これこそ清盛が白河院の落胤と信じられた強力な証拠である。

すでに白河院は、孫の妻（鳥羽天皇の妻の待賢門院《たいけんもんいん》）と密通して、崇徳天皇を産ませたと信じられており、彼の常軌を逸した男女関係の乱脈さは公然の秘密だった。彼なら、妊娠させた女性を忠盛に与えて生まれた男子を後継者にさせる、という程度のことならやっただろう、と誰もが信じた。そう考えてよい。

左右大臣を飛ばして太政大臣の地位を与えても問題ないと判断したほど、人事権を握る後白河法皇は清盛の真の出自を確信していた。そこまでの確信が生まれたからには、どう見ても明らかな理由があったに違いない。記録からは確かめられないが、恐らく容貌などの判りやすい点で、露骨に忠盛に似ず、露骨に白河院に似た形質があったのではないか。

平忠盛は、平氏が白河院政と密着して社会的地位を上げてゆく方針を極限まで推し進めた場合、どこまで可能かを考えた。答えは明らかだった。白河院の血を平氏に流入させること、つまり白河院の男子を平氏の家督に据えることだ。忠盛の血統は、次男以下の実子を儲けて継がせればよい。忠盛の子孫が栄えるために、何が何でも平氏の家督を自分の血統で保つことにこだわる必要はない。平氏の家督に皇族を迎えることが平氏の繁栄を最大化するなら、自分の子孫はその一族の一員として繁栄を享受すればよい。そう割り切って、懐妊中の白河院の寵姫を妻に迎え入れる。それが、逆立ちしても埋められない源氏との実績の差を埋めて一発逆転できる、平氏の起死回生の戦略だったと考えられるのである。

†平氏政権の達成①武官と武士の一致——正当な待遇

かくして、「源氏平氏」が並び立って武士の長者となる体制が固まった。ただし、源平が真に並立していたといえるのは、長く見積もっても、平正盛が源義親の追討使に選ばれた嘉承二年（一一〇七）から、平治の乱の戦後処理が完了した永暦元年（一一六〇）までの五三年間に過ぎない。その末期の保元の乱では、源義朝の軍勢二百余騎に対して、平清盛の軍勢が三百余騎もいた。[282]保元の乱段階ですでに、都で動員できる軍事力は平氏が源氏を上回っており、源平のバランスは崩れつつあった。そして、三年後の平治の乱で源氏の主流は壊滅し、郎等は四散し、義朝より遥かに弱体な頼光流の頼政らしか残らなかった。

その結果、「武士の長者」と呼べる勢力は平氏しか残らなかったが、興味深いのは、その段階で平氏のゴールがもはや「武士の長者」にとどまっていなかったことだ。清盛は唯一の「武士の長者」になるや否や、目にもとまらぬ速さで公卿の階段を駆け上がり、朝廷の支配者へと邁進《まいしん》していったのである。清盛を白河院の落胤と信じてこの出世を与えた後白河院が、その間に二条天皇とどれほど重大な暗闘を繰り広げ、それが清盛の出世とどれほど密接に関わったかは、従来気づかれなかった平治の乱の真相と関わる。それらすべては、最近世に問うた『平治の乱の謎を解く』で詳しく扱ったので、参照されたい。

今、重要なのは、仁安二年（一一六七）に清盛が太政大臣になったという現象そのものだ。太政大臣は、ただの大臣ではない。太政官では、政務の実務は左大臣以下が取り仕切るので、太政大臣になっても太政官を掌握したことにはならない。ただ、太政大臣は〈天皇の師〉となるに値する人が就く官職で、適任者がなければ空席にする特別なポストだ。飛鳥・奈良時代に、皇太子やそれに近い皇子（大友皇子・高市皇子）が就任して朝廷政治を主導した事実から明らかなように、摂政（天皇の代行者）という仕事も本来は太政大臣から生まれたもので、〈単なる人臣とは別次元の、それを超えた特別待遇の超重要人物〉という意味合いが、太政大臣にはある。清盛は、その待遇を手に入れた。

清盛は翌年に病で職を辞して出家したが、それは引退を意味しない。清盛は単なる「武士の長者」、それも源義家のような地位が実力に追い着かない実力者ではなく、人臣の頂点たる地位に立って名実を兼ね備えた最高実力者となった。その地位は、出家などでは失われない。清盛の弟や息子たちも廷臣として厚遇され、相次いで公卿となった。長男重盛と三男宗盛に至っては、兄弟並んで近衛府の長官＝左近衛大将《さこんえのたいしょう》（左大将《さだいしょう》）と右近衛大将《うこんえのたいしょう》（右大将《うだいしょう》）に任じられた。左大将・右大将は武官の頂点で、「顕職《けんしょく》」といわれる、誰もが羨《うらや》む名誉ある職だ。それを兄弟二人で独占するのは、朝廷の歴史上もまれな栄達だった。

その事実が象徴するように、平氏は武官の頂点に立ち、朝廷の軍事を全面的・独占的に担い、なおかつ貴族の一大勢力となった。朝廷の軍事部門をほぼ丸ごと請け負う武人の一族全体に、貴族の高い待遇を与えたこの体制は、武人の重要性にきちんと比例するように正当・相応の地位を保証するという、日本史上初の武官・武人のまともな待遇だった。後白河院政は、それを成し遂げた点で、画期的な政権といっていい。

いい換えれば、武士が朝廷の官職制度と正しく合致した、ということでもある。それは、全く当たり前のことではなかった。嗷訴が京を襲撃する際に、検非違使と源氏平氏の武士が動員されたように、源氏平氏は京の防衛を職務とする官職を帯びていなくとも、つまり、つきつめれば無官であっても、それとは無関係に召集され、防衛に当たらされた。それは動員する側から見れば、武士という新興社会集団を、既存の制度と擦《す》り合わせる調整も制度改革も要らない、大変便利な召集方法ではあった。

しかし、そうして手を抜いた分、武士を制度内にきちんと捕捉することができなかった。

検非違使や武官でないなら、京の防衛を担わされる義務や責任など、本質的にはないのだ。義務でなく、責任範囲外のことをさせるなら、それは命令ではなく依頼になる。形式は命令だが、実質は依頼だ。依頼なら、無料《ただ》ではできない。命がけの仕事ならなおさらだ。武士はそのために給料を得ているのではないから、追加の恩賞が必要になる。その恩賞は武士を奮起させる材料にはなるが、恩賞が要らないと割り切るなら、その依頼を断る自由が武士にはある。国土の治安を維持するために、王が恩賞を餌として傭兵集団に（命令ではなく）依頼せねばならないなど、まともな王国のあり方ではない。

まして、治安維持を担う者に、継続的に責任ある地位と収入を与えず（つまり維持費を負担せず）、危ない時だけ呼び出して、出来高払いの一過性の恩賞で済ませようという発想は、あまりにけちくさい。それが、〈治安維持には相応のコストが必要だ〉という認識の欠如によるものなのか、必要と知りながら知らん顔をした吝嗇《りんしょく》なのかは、定かでない。

もう一つ、大問題があった。職位と無関係に人を動員してしまえば、もはや職位には大した意味がなくなる。検非違使でなくとも京の治安維持に責任を負い、その役割を期待され、それを実際に果たしてしまうなら、検非違使という職位に何の意味があろうか。そうして官職制度の意義が薄れ、空洞化してゆく。

しかし、平重盛・宗盛兄弟が武官の頂点である左大将・右大将を独占し、平時忠《ときただ》（清盛の妻時子《ときこ》の弟）が警察の長官というべき検非違使別当になったことで、武力の実際の担い手と肩書が合致した。それはしばしば、平家による官職・国家の私物化のようにいわれるが、それは物ごとの一面に過ぎない。平家が官職・国家を私物化したように見える現象は、国家が平家を公的仕組みに捉えた現象として、評価せねばならない。武士に相応の地位を保証した点でも後白河院政は画期的だが、武士をきちんと武官・警察官の制度に組み込み、役割と実力に対応したトップの地位を与えた点でも、後白河院政は大いに評価に値する。そのあたり前のことを、武士の登場以来、初めて行った政権なのだから。

†平氏政権の達成②平氏と朝廷の融合——外戚化とクーデター

かくして、朝廷制度と、その制度外に生まれた武士が合致したことで、武士は本格的に朝廷そのものと融合した。しかも、清盛の娘徳子《のりこ》（建礼門院《けんれいもんいん》）が高倉天皇に嫁ぎ、生まれた男子が治承四年（一一八〇）に安徳《あんとく》天皇となるに及んで、平氏は天皇の外戚となり、血統上も朝廷と融合した。

血統だけではない。その前年、後白河と不和に陥った清盛は、大軍を率いて隠居所の摂津の福原から上洛し、後白河を幽閉して院政を停止させるクーデターを起こしていた。このクーデターで、朝廷は高倉天皇の親政、摂関は関白近衛基通《もとみち》という体制になったが、高倉は清盛の婿であり、近衛基通は清盛の娘盛子《もりこ》の養子（亡夫基実《もとざね》の子）であるから、政権は清盛が掌握したも同然だった。狭い意味では、このクーデター以後を〝平氏政権〟と呼ぶ。

かくして、平氏と朝廷の融合は治承三年〜四年にかけて急速に進み、平氏は朝廷そのものとなった。白河院の落胤と皆が信じる出生を清盛が背負い、それが平氏の繁栄の方向性を決めてきた以上、朝廷との融合は必然的な結末といってよい。

しかし、朝廷そのものとなってしまった平氏は、肥大化しすぎた。それは、次のことを意味した。平氏を倒すには、倒す側の勢力も、平氏と対等に争える程度まで肥大化せねばならない、と。治承四年に挙兵した源頼朝は、平氏と対決するために力を蓄えるべく、対決を先送りし、二〜三年かけて坂東全域の実効支配に取り組み、実現してしまった。ある地域が、それもあれほどの広域が、丸ごと特定の武士団の排他的な支配圏になってしまったのは、日本史上初めてだ（平将門の場合、坂東で反撃の機を窺う藤原秀郷や平貞盛を最後まで制圧できなかった）。

頼朝に続いて信濃で挙兵し、平氏軍を撃破しながら北陸を制圧して京に迫り、寿永二年（一一八三）に平氏を都から追い落とした木曾（源）義仲もまた、そのような、排他的に地域を実効支配する支配者だった。都落ちした平氏は仕方なく、同様に瀬戸内海の沿岸諸国を排他的に支配するという、似たような形を取らざるを得なくなり、日本国を三つの武士団が地域的に分断するという事態が出現した。これも史上初の異常事態だ。

†鎌倉幕府を用意する平氏政権①——大規模の一強体制

頼朝は後白河と交渉して、自分が単なる国土の侵奪者ではないことを示すため、広域の軍事だけを頼朝勢力に任せ、国司や荘園領主の支配は元通りに戻すことを保証する、という形に落ち着かせた。その際、元来から頼朝が実効支配していた東海道・東山道だけでなく、義仲が実効支配していたはずの北陸道まで頼朝の勢力圏にすると合意してしまったため、義仲は怒って後白河と決裂し、最終的には武力衝突に至った。寿永二年（一一八三）の末、義仲は後白河の住む法住寺殿《ほうじゅうじどの》を襲い、後白河院政はまたも停止され、院は幽閉された。しかし、これで義仲は隠れもない反逆者として確定した。頼朝は満を持して動き、弟の範頼・義経に率いさせた大軍を義仲討伐に向かわせ、翌年、義仲を滅ぼした。

もともと、頼朝と義仲の関係はうまくいくはずがなかった。義仲の父は、義朝の長男義平に殺された義賢である。義仲は生まれつき、義朝一家に恨みを抱いていたのであり、義朝の子の頼朝も親の仇というべき存在だった。源氏は平氏との直接対決を遂げる前に、まず前述の、源氏の内紛の清算を迫られたのである。

頼朝が挙兵した直後から、源義光の子孫である甲斐の武田家や常陸の佐竹家、また義国（義家の子）の子孫である新田家などを強硬な手段で屈服させたのも、全く同じことだ。誰にもずば抜けたリーダーシップがなく、誰もが自分の利益を追求して内輪もめを繰り返すという源氏の弱点を克服し、〈頼朝一強〉という形を作らねば、朝廷と一体化した強大な平氏政権は倒せない。頼朝が生涯、源氏一門の粛清に熱意を注いだ理由は、そこにある。

そしてそれが達成された時、そこに私たちは、〝幕府〟と呼ぶにふさわしい武家政権の誕生を目撃するのである。

†鎌倉幕府を用意する平氏政権②——東国配流、挙兵誘発、天皇との切断

鎌倉幕府とは何か。それは、生まれたプロセスから割り出すしかない。

治承四年（一一八〇）の四月に安徳天皇が即位すると、翌五月に以仁《もちひと》王の乱が起こった。以仁王は後白河法皇の子で、前年の法皇幽閉・院政停止は許し難いので挙兵する、と主張した。彼は源頼政と組んで平氏政権に反旗を翻し、すぐに鎮圧されて、主謀者は全員死亡した。しかし以仁は、とんでもない置き土産を残した。挙兵と同時に、全国の源氏に対して、「自分たちと同様に反旗を翻せ」と促す令旨《りょうじ》（命令書）をばらまいていたのである。

それを知った清盛は、全国に散らばる源氏の生き残りに対して、一挙に警戒心を強めた。

特に、平治の乱で処刑せずに助命しておいた義朝の子たち、伊豆の頼朝や土佐の希義らは、最も危険な存在だった。奥州藤原氏の秀衡に庇護されていた義経には手出しできないが、摘める反乱の芽は、速やかに摘まねばならない。清盛は諸国の源氏の粛清を開始し、哀れにも土佐の希義は、間髪を入れずに消されてしまった。

ところが、伊豆の頼朝は、監視役だったはずの現地豪族の北条家と癒着し、北条時政の娘政子と結婚までしていた。さらに頼朝には、かつての縁で流刑地にいても支えてくれる縁者が多く、しかも伊豆や東隣の相模の武士で、かつて義朝に仕えた人々の信望を多く得ていた。希義と違い、頼朝には少なからぬ味方がおり、したがって希義にはなかった選肢が頼朝にはあった。座して一〇〇%の死を待つか、それとも、わずかな可能性に賭けて立ち上がって生を勝ち取るか。力さえあれば、後者を採るに決まっている。そして頼朝は、北条家や伊豆・相模の武士と結託することに成功し、その力を得て、後者を選択した。

すでに清盛の腹心の大庭景親が、頼朝対策の特命を帯びて京から下ってきていた（かつて義朝が大庭御厨を蹂躙して強引に郎等に組み込んだ、大庭兄弟の弟である）。頼朝には一刻の猶予もなかった。頼朝は先手必勝と考え、平氏一族で頼朝の監視役だった山木（平）兼隆を襲殺し、挙兵した。大庭景親は相模や近隣の武士を召集して頼朝追討に動き、頼朝は石《いし》橋山《ばしやま》の合戦で大敗するが、辛くも生き延びて房総半島に渡る。そして、房総半島や武蔵を制圧しながら鎌倉に入り、以後、鎌倉を拠点として、坂東の実効支配を推進してゆく。

以上の経緯を見れば、幕府がなぜ生まれたかは明らかだ。頼朝は、平氏に殺されないために挙兵し、生き残るために戦い続けるうちに、坂東の実効支配を確立し、その間に形成された頼朝の家臣団が、そのまま幕府となった。平氏が諸国の源氏の粛清に着手しなければ、頼朝が挙兵することはなく、したがって幕府も生まれなかった。以仁王の令旨に皆が振り回された観があるとはいえ、清盛が先に仕掛けなければ、幕府は生まれなかった。その意味で、鎌倉幕府が成立する導火線は、以仁王が用意し、清盛が着火したようなものだ。

しかも、清盛率いる平氏と戦うなら、際立ったリーダーシップが存在しない、群雄割拠するような往年の規模の武士団では駄目だ。頼朝が生き残るには清盛に勝つしかなく、清盛に勝つには、清盛の平氏政権と同じ規模の政権を作り上げなければならない。だから頼朝は、後にあれほど大規模な地方政権を作り上げた。それが畿内近国で行われていたら、あるいは天皇や朝廷を取り込む努力を頼朝も行ったかもしれない。しかし、頼朝は伊豆の流人という地理的制約に縛られていた。平氏のように天皇や朝廷を取り込むことは、坂東では物理的に不可能だった。そのせいで、彼の地方政権は、天皇や朝廷と物理的に切れた、武士だけの政権になった。それが、我々が〝幕府〟と呼ぶ組織だ。そして、そうした組織を作らざるを得ない地理的制約を頼朝に与えたのは、彼の死刑を避けて辺境へ流刑するよう決断した清盛にほかならない。

こうしてみると、いくつもの重要な側面において、鎌倉幕府という画期的な組織があのような形で生まれるように促したのは、平氏（清盛）だったことに気づく。頼朝が圧倒的なリーダーシップと大規模な軍勢を自分一人に集約したのは、同等のリーダーシップと規模を持つ平氏に対抗するため。幕府が純粋な武士だけの組織になったのは、清盛の意向で地方に流されて天皇・朝廷と分断されたため。そして、天皇・朝廷と分断されても右の規模を作り上げられる動員力を頼朝が得られたのは、清盛の意向に従った朝廷が、よりにもよって、一世紀以上昔から源氏の郎等の最大の供給源だった東国に頼朝を流したからだ。

かくして、平氏は鎌倉幕府が成立するための重要な条件をいくつも提供してしまい、同じ規模の勢力まで成長した源氏との正面衝突、すなわち源平合戦に敗れ、武士のリーダー格としての命脈を終えた。

†平氏政権論の課題――〝幕府〟ではない何かをどう捉えるか

武士が初めて武人政権を成立させ、日本の最高権力者となったという意味で、平氏政権を〝六波羅幕府〟と呼ぶ中世史家もいる。(283)「幕府」は本来、〈将軍の陣営（本陣）〉を指すので、武人政権である平氏政権を幕府と呼ぶことは、全くの不当ではない。

ただ、私自身は、鎌倉幕府の二つの本質から、平氏政権を〝幕府〟と認定することには、あまり積極的でない。

一つは、鎌倉・室町・江戸幕府の本質が、存立の基盤を朝廷から独立して持っており、朝廷の外部から政府としての機能を奪ってゆく組織だったことだ。これに対して平氏政権は、武士だけで自立した政権を作らないまま、平氏一族が朝廷と融合した点に最大の特色があるので、後続の幕府とは大きく異なる。

もう一つは、鎌倉幕府が、独立性の高い御家人たちの連合体、いわば〈武士の組合〉であるという本質を持つことだ。鎌倉幕府の核心は、御家人同士の「傍輩《ほうばい》」関係（同じ主人を戴《いただ》く同僚関係）にあり、主君が力や権威で従わせた従者集団ではなく、武士たちが自発的で積極的な判断により、〈頼朝を助ける〉と決断し、そのための連合体を形成すると決断した組織だった。彼らが独自に行った一つの儀礼の分析からそれらを証明できるが、その詳細は別の機会に述べたい。一つだけいえるのは、鎌倉幕府がそうした傍輩関係を最も重視する儀礼を行ったのに対して、平氏政権がそれを行った形跡がないことだ。

平氏政権と鎌倉幕府では、このように、少なくとも二つの本質が異なる。特に、平氏政権を〝幕府〟と呼んでしまうと、〈朝廷と完全融合した史上初の武家政権〉という、後のどの幕府にもない平氏政権の特色が消えてしまう。しかもその形は、鎌倉幕府やそれを原型とした室町・江戸幕府を生み出す上で、どうしても必要だった過渡的な形だ。武家政権の成立・発展・安定という、六世紀以上に及ぶ歴史の基礎として、平氏政権が果たした特別重要な役割は、ほかと一緒くたに〝幕府〟と呼ぶことで霧消してしまい、特別な意味が軽視されてしまう。平氏政権をどうしても〝幕府〟のような学術用語で呼びたければ、別の言葉を見つけ出すか作り出して、割りあてるべきだと私は考えている。それにふさわしい言葉が何であるかは、日本史学界に課された宿題だ。

†鎌倉幕府を用意する平氏政権③——平氏滅亡という意外な結末

「源平」が、その言葉にふさわしい内実を持ったのは、繰り返すが正盛の義親追討から、平治の乱頃までの半世紀だった。年でいえば、正盛が出陣した嘉承二年（一一〇七）から、平治の乱が終息した永暦元年（一一六〇）である。それ以後の平氏は独走したため、源平がバランスよく日本の治安維持の二本柱として並立することはなくなった。保元の乱で源氏・平氏が内部分裂し、平治の乱で源平が正面衝突して源氏が壊滅した結果、もはや日本の武士の代名詞は「源平」ではなくなった。だから、鎌倉幕府（源頼朝）自身は、保元の乱以降を「源氏平氏の乱」と捉えた。

現代では、個人名を出して「〇〇の乱」といえば、〈〇〇が反乱を起こして世間を乱した事件〉という意味で使うことが多い（平将門の乱、大塩平八郎の乱など）。しかし、頼朝が自分を反乱者だと自認するはずがないから、頼朝が「源氏平氏の乱」という時、それは〈源氏・平氏が世の中を乱した〉という意味ではない。そうではなくて、〈源氏・平氏が乱れた〉ことを、彼は「源氏平氏の乱」と呼んだのである。源氏・平氏の正しい（理想的な）あり方は、保元の乱を最後に崩壊した。それが当事者たちの認識だった。

それではまずいと清盛は考え、せめて形式上だけでも源氏を平氏に並べようと、源頼政に従三位の位階を斡旋した。しかし、一家だけで何人も公卿を出し、家督の清盛が太政大臣まで極めた平氏と、平氏のお情けで辛うじて公卿を一人出せただけの源氏が、実質上、並び立つ可能性はない。もはや、平氏と源氏は構造的に分離してしまったのであり、清盛の斡旋も焼け石に水の気休めに過ぎなかった。

その源平が、再び相並ぶ存在としての実質を備え、世間からもそう認識されたのは、皮肉にも清盛が最も望まない形、つまり源氏の反乱が大成功して平氏政権と対峙するという、源平合戦の時だった。

その戦争では、「昔のように源平相並んで朝廷を守護しよう」という構想とともに、何度か和議が模索されたが、実現しなかった。一度目は頼朝からの提案だったが、「頼朝だけは死ぬまで許すな」という清盛の遺言が平氏を縛り、実現しなかった。この段階では、頼朝は平氏を滅ぼすことが唯一の結末とは考えていなかったようだ。そしてこれが、「源平」が昔のように並び立つ最後のチャンスだった。

清盛の妄執に囚《とら》われてこの好機を活かせなかった平氏は、後に自ら同じ提案を行ったが、今度は頼朝が耳を貸さなかった。状況が違ったからだ。前回は源氏と平氏の実力が伯仲していて、また並立する可能性があり得た。しかし、平氏に代わって京を押さえ、後白河率いる京の朝廷と万全の連携体制を築いた頼朝勢力にとって、瀬戸内海から京へ捲土重来《けんどちょうらい》できずにじり貧で九州方面へ後退してゆく平氏は、このまま力押しで一挙に潰すことが可能に思えた。前回より源氏は格段に有利な立場におり、平氏の先が見えてきた中で、「対等に並ぼう」という和議が成立する可能性は低かった、ということだろう。

そして元暦二年（一一八五）、途中まで誰も想像しなかったであろう〈平氏勢力の滅亡〉という意外な結末とともに、源平合戦は幕を閉じた。平治の乱までとは違い、総力戦をやり尽くした上での決着である。もはや、源氏の勝利は覆ることがなく、ここに「源平」という二頭体制は名実ともに社会から一掃され、源氏の一人勝ちが永続するかに見えた。

†源氏勢力が平氏勢力にすり替わる大逆転

しかし、源平の歴史はそこからさらに、驚くべき大逆転を見せる。ここまで述べてきた紆余曲折の末にようやく完成された、史上最大の規模と権勢を併せ持つ源氏勢力は、源頼朝の手で作られてからわずか四〇年足らずで、丸ごと、「北条」という名字を名乗る平氏のものになったのである。

鎌倉幕府は、源氏勢力として生まれながら、気づけば平氏勢力にすり替わっていた。古代から中世への逆戻りできない移行を決定的にし、武士だけを主要な構成員とした史上初の政府、そしてつい一世紀半ほど前まで七〇〇年近くも日本を支配してきた〝幕府〟という政体は、このあまりに鮮やかなすり替え手品の産物として完成したのだった。

その手品は、源氏将軍の外戚として北条家が実権を握るという形で果たされた。それはちょうど、摂関家が天皇の外戚として朝廷の支配者になったトリックと同じだ。しかし、それまでの源平の歴史上、当主の外戚が当主と互角以上の力を持ったことは一度もない。源平の武士団は、そのようなトリックを許さない仕組みになっていたとしか考えられない。とすると、北条家はその仕組みを初めて打ち破るという、武士の歴史上極めて珍しく重大な挑戦に取り組み、達成したことになる。

その挑戦とトリックは、一体いかなる必然性によって取り組まれ、なぜ可能だったのか。最後にこの謎と向き合い、そしてその先に何が見えるかを示して、本書を終えることにしたい。

終章

鎌倉幕府という平氏政権——北条家の勝ち残り方

†鎌倉幕府は源頼朝と北条家の二人三脚で創立

源頼朝の血統は、少なくとも男系では、頼朝の子世代で絶えた。頼朝に至るまで約二世紀もかけて源氏が重ねてきた生存・繁栄の努力や、最終勝利を手にするまでの戦争の数や大きさと頼朝らの苦難を思うと、それはあまりにあっけない幕切れだった。

頼朝の長男で二代将軍の頼家《よりいえ》は、将軍の地位を逐われて非業の死を遂げた。そして後を継いだ弟の三代将軍実朝《さねとも》は、周知の通り建保《けんぽう》七年（一二一九）に、頼家の子公暁《こうぎょう》によって殺された。

その実朝の暗殺は、実は源氏将軍断絶の最大の要因ではない。亡き兄頼家の息子たちが将軍家を継ぐことが可能だった。しかし、彼らは全員、僧として人生を終えるよう強制され、後継者候補から完全に排除された。その状況下で、源氏将軍が断絶した最大の要因は、暗殺時に二八歳という壮齢に達していながら、実朝が子を一人も儲けなかったことにある。実朝に男子さえいれば、源氏将軍は断絶しなかった。そして実朝に男子がなかったことは、どうやら、単に生物学的な繁殖能力が欠けていた、ということではなかったらしい。その問題に踏み込むには紙幅が足りず、本書の主眼からも逸れるので、別の機会に実朝論として発表したいと思っている。

今さしあたり重要なのは、源氏（特に頼朝）の血統を保存する努力が、つまりその血統へのこだわりが、実権を握りつつあった北条家に、思ったより希薄だったことである。頼朝の血統が最重要だったならば、そしてさらにいえば、頼朝との間に頼家・実朝兄弟を儲けた北条政子の血を引くことが不可欠だったならば、頼家の子を還俗《げんぞく》（僧から俗人に戻す）させて将軍を継がせればよいだけのことだ（現に、後の室町幕府で六代将軍足利義教が、その形で将軍職を継いでいる）。ところが、頼朝一家の長となった政子と、弟の執権北条義時らで構成された当時の幕閣は、頑なに頼家の遺児による将軍家継承を拒んだ。それがなぜなのかも、機会を改めて追究すべき、重大な問題である。

頼朝の兄弟は源平合戦の終戦までに全滅しており、父義朝の弟たちも保元の乱で全滅していた。義朝の父為義と、為義の父義親は、反逆者として滅んだので家祖にできない。義親の父義家までさかのぼって初めて、頼朝一家に最も近い源氏の同族を得られる。中でも義家の子義国の系統は、北関東に勢力を築いて足利家などの有力家を興しており、しかも繁栄して人数も多かった。

しかし、彼らも一切、実朝の後を継ぐ次の源氏将軍としては考慮されなかった。そして、実朝の死後に実質的な鎌倉殿《かまくらどの》(鎌倉幕府の長)として将軍家を代表した北条政子は、源氏将軍の初代頼朝に嫁ぎ、源氏将軍の二代目・三代目(頼家・実朝)を産んだにもかかわらず、次の将軍に源氏ではなく皇族を望んだ。政子・義時らは後鳥羽上皇に「皇子を一人、将軍として下されたい」と請願したが、「日本国を二つに割ることが目に見えている」と後鳥羽に一蹴され、仕方なく摂関家の九条道家《みちいえ》の子頼経《よりつね》を将軍に迎えた(頼経の母の西園《さいおん》寺掄子《じろんし》は、一条能保《よしやす》の娘全子《またこ》を母とした。全子は源義朝の娘を母とするので、頼経は女系で義朝の血を引いている)。

†看板の源氏＋運営の北条家(平氏)

なぜ政子らは、源氏の血統にこだわらなかったのか。その理由は様々に考えられるが、専門家も含めて多くの人が、大事なことを忘れている。

鎌倉幕府は、源頼朝が作って、それを外戚の北条家が乗っ取ったのではない。そもそも頼朝の挙兵など、北条家の全面的協力がなければ起こり得なかった。頼朝の挙兵は、したがって鎌倉幕府の創業は、最初から頼朝と北条家の二人三脚で企画された事業なのだ。奪うも何も、北条家は最初から共同経営者だったのである。実朝の死は、もう一方の共同経営者である源氏が死滅した、ということを意味するに過ぎない。そうして残された共同経営者の一方、もはや単独の経営者となった北条家が、傀儡の長を立てるのに、源氏にこだわる必要がどこにあろうか。

政子は三代将軍実朝の死後、源氏将軍を望まなかったし、そもそも実子である二代将軍頼家の死についても、背後で糸を引いていた疑いが濃厚だ。そのため、しばしば政子は冷たいとか悪女とかいわれるが、そうした言説は彼女の立ち位置を完全に誤解している。頼朝勢力における彼女の立ち位置は、〈嫁・母として源氏に尽くすこと〉ではない。そうではなく、弟の北条義時とともに、〈父の北条時政の手勢として、源氏の嫁・母となることで、北条家の繁栄に尽くすこと〉だったに決まっている。それが政略結婚だ。そうでなければ、没落の極みにあって無力な流人頼朝に、時政が娘を嫁がせるはずがないではないか。〈鎌倉幕府は、源氏を首領とし、それに尽くす御家人たちの組織として発足した〉というのは、幕府の公式歴史書である『吾妻鏡』が描いた神話だ。そこではあくまでも、頼朝の人徳・人望と正統性が描かれ、〈北条家は影ながらそれをお手伝いさせて頂いた〉という筋書きが一貫している。その『吾妻鏡』は、しかし北条家が専制的な権力を確立した鎌倉時代後期に、政権中枢の近くで作られた歴史書だ。つまり、北条家にとって都合の悪い事実は慎重に消され、歪曲されてある。

幕府の支配者となった北条家にとって都合のよいストーリーとは、こうだ。源氏の政権に郎等（御家人）の一人として参加しながら、不幸にも源氏が途絶えた後、たまたま外戚だった北条家が、幕府の人望を集めて、やむを得ず、仮に幕府の全権を預かり、次第にその幕府運営が評価され、〈北条家でなければ幕府運営は無理だ〉と誰もが思い、彼らの熱心な支持に押され、成り行き上、恒久的に幕府の全権を握ることになった。これである。

ところが、幕府が最初から源氏と北条家の共同経営・合作で、むしろ主体性が北条家の方にあった、いわば事実上最初から北条家のために作られた政権だった、ということが明らかになると、具合が悪い。大多数の御家人が、なぜ同格以下の北条家のために組織に参加し、貢献し、命がけで戦わねばならないのか。そうした批判に、北条家は答えられない。

そのため北条家は、〈源氏の政権として始まったこの政権を、成り行き上、自分たちが預からざるを得なくなった〉という筋書きを必要とした。だから『吾妻鏡』には、頼朝の圧倒的なリーダーシップを強調し、彼一人の主導で幕府を作ったかのような、一般向けの偽装物語《カバーストーリー》が用意された。

鎌倉幕府は成立後、かなり早い段階で北条家を首班とする政権になった。鎌倉幕府の歴史のほとんどは、北条家が政権の主導・運営に四苦八苦する歴史だ。だから私は、ある時から疑い始めていた。この組織は、最初から北条家の組織として企画・設計されたからこそ、軌道に乗るとすぐに北条家が支配者となり、その後も絶対的な支配を固めていけたのではないか、と。

その北条家は平直方の子孫、つまり平氏だ。鎌倉幕府は、表向き源氏の政権として発足しながら、実は源氏と平氏の二人三脚で生み出された組織であり、そして恐らく実質上、最初から主導権は平氏（北条家）にあった可能性が疑われる組織なのである。

しかしその平氏（北条家）は賢く、自分たちの存在感を消した方が有利だと気づいた。主導者の平氏（北条家）は影に隠れ、表に看板として源頼朝を立て、〈この勢力は源氏の勢力だ〉という印象を作り、清盛一家との対決を〈源平の対決〉となるように演出した。

そして、頼朝の二人の子が相次いで若くして没した後、平氏（北条家）は一挙に表舞台に躍り出て、真の支配者の地位を築き始めた。ただし、やはりこの平氏（北条家）は賢かった。あくまでも君主ではなく、君主の影にあって君主や組織を支える、裏方の事務総長のような地位にあることが、最も有利だと判断し、自ら将軍にならなかった。

これほどの規模の組織で、多数の海千山千の御家人を束ねるには、圧倒的な人望が不可欠になる。しかし、人望の一部は血統で担われるのが前近代社会の原則であり、平氏の庶流で田舎の豪族に転落していた北条家には、それほどのよい血統がなかった。しかし、人望が必要なら、人望を獲得できる者を表に立て、人望を担う役を分担させればよいだけだ、と北条家は気づいた。

自分たちにない人望を他人に肩代わりさせる、と割り切れたなら、その他人は源氏である必要がない。人望の源泉が何より血統に依存するなら、まず最高級の血統を移入せねばならない。政子・義時が皇族将軍を望んだのは当然であり、それが挫折した時、次に貴い摂家《せっけ》将軍（摂関家出身の将軍）を迎えたのは当然だった。

†親王将軍擁立構想は幕府の最初から

その摂家将軍は、右の経緯から明らかな通り、本来幕府（北条家政権）が望んだものではない、仮の解決だ。いずれ、皇族を迎えた方がよいに決まっていた。そして摂家将軍は、何度も北条家に反抗する人々の反乱未遂事件の首魁《しゆかい》として担がれ、幕府から追放される理由を作った。四代将軍の藤原頼経も、その子で五代将軍の頼嗣《よりつぎ》も、謀反《むほん》を理由に追放された。

謀反とは、本来は〈国家や帝王（天皇）に危害を加えようとする反乱〉であり、百歩譲っても、〈組織の長に対する反乱〉である。したがって、幕府の長である将軍が「謀反」するのは、論理的に成り立たないはずの矛盾だ。しかし、現に「謀反」の罪で将軍が廃位された事実がある以上、その矛盾こそが、鎌倉幕府の本質・核心を表していると考えた方がよい。それは、幕府の長が将軍ではない、という真実だ。北条家は摂家将軍の二人を「謀反」の疑いで追放し、この組織の真の長が誰かを示したのである。

そして、望んで迎えたわけではない、貴種として中途半端な摂家将軍を幸運にも始末できた結果、執権北条時頼は、満を持して宗尊《むねたか》親王（後嵯峨《ごさが》上皇の子）を将軍に迎えた。建《けん》長《ちょう》四年（一二五二）のことである。以後、宗尊親王・惟康《これやす》親王（宗尊の子）・久明《ひさあきら》親王（後嵯峨の孫。後深草《ごふかくさ》上皇の子）・守邦《もりくに》親王（久明の子）と、幕府の将軍はすべて親王将軍だった。

親王将軍とは、源氏が途絶えたから仕方なく摂家から将軍を迎え、それも途絶えたから仕方なく迎えたものではない。源氏将軍が途絶えた段階から、幕府は親王将軍を望んでいた。後鳥羽の拒否により、長年それが妨げられてきたが、執権時頼の時代になって、ようやくそれが実現したのである。

しかも、子に恵まれなかった三代将軍源実朝は、生前から〈後継者に皇族を迎えよう〉という方針で、政子・義時らと合意していた。[284] そしてそもそも、初代の源頼朝自身が、娘の大姫《おおひめ》を後鳥羽天皇に嫁がせ、生まれた皇子を将軍に迎えようと計画していた、という極めて有力な説がある(285)。

その大姫入内の件は実現しなかったが、しばしば、大姫入内の目的は頼朝が天皇の外戚となるためだった、と誤解されている。しかし当時、頼朝と手を組んでいた朝廷の実力者源通親《みちちか》が、すでに娘を入内させ、皇子を産ませて外戚となるプランを実行に移していた。その通親と手を組んだ頼朝が、通親の野望を台無しにしてその地位を横から奪う計画を、実行するはずがない、とその説の提唱者はいう。全くその通りで、これをきちんと論破した学説はない。後鳥羽の皇子の外戚となって権力を振るうのは、源通親と決まっていた。それを承知で、それを妨げずに頼朝の娘が後鳥羽に入内するなら、生まれた子は天皇になるはずがなく、それならば幕府の将軍に迎える計画だったと考えるのが、最も合理的だ。

とすれば、鎌倉幕府とは早い段階から、次世代の長の地位を親王将軍に譲り渡す計画で運営された組織だったことになる。実朝の後継者を皇族に求める案が、何ら揉めることなく合意に達したのも、それが頼朝段階からの基本計画だったとなれば、理解しやすい。

そしてそうであれば、摂家将軍の追放後、時頼が親王将軍を迎えたことの意味は、単なる将軍の傀儡《かいらい》化の極致ではない。それは、幕府創立の直後から計画されていた完成形なのであり、それが不運にも、それまで実現を妨げられてきただけなのだ。その障碍《しょうがい》が除かれたのを見て、執権時頼は満を持して、創業時からの計画通りに、ようやく幕府を完成させたのである。〈鎌倉幕府はいつ完成したか〉と問われたら、この時だ、と答えるしかないと私は考えている[286]。

†源氏の退場も想定内

それにしても、頼朝はなぜ、幕府を自分の意志と力で、多大な犠牲とコストを払いながら創り上げたにもかかわらず、その長の地位を子に継がせず、やすやすと親王将軍に譲り渡そうなどと考えたのだろうか。

その答えは、先に述べた話から導ける。この幕府は、頼朝が自分の意志と力で創ったのではないからだ、と。頼朝の幕府創立はただの外向きの偽装物語《カバーストーリー》で、本当は、北条家の意志と力で創り上げた組織、いわば最初から北条家のために設計された組織だったからだ、と。

この組織は、実は頼朝のものではない。だから頼朝の子孫が長を当然継承する権利など、最初からなかったと見るべきだ。頼朝一家には表向きの創業者として、彼にしかできない「源氏」としての役割を演じきってもらうが、それを果たせなくなったのなら「源氏」は退場して構わない。その後釜は、血統が圧倒的に貴い人なら誰でもよい。それが、挙兵の前後に描かれた、鎌倉幕府の大綱《マスタープラン》だったのではないか。実は、頼朝はそれに抵抗した形跡があるのだが、話すと長くなる。私は一つの仮説を思い描くに至ったが、その話は別の機会にしよう。

いずれにせよ、北条家という形で頼朝に近づいた直方の子孫の平氏が、誰よりも一枚上手だったと感心せざるを得ない。以仁王の乱や、それに伴う平清盛の義朝一家殺害指令などの偶発的要素が重なった時、北条時政は、頼朝の首を平氏政権に差し出して小さな恩賞をもらう道ではなく、地元にいた平清盛の手先を急襲して頼朝の将来に賭ける道を選んだ。その咄嗟の判断力と胆力には、舌を巻くしかない。そうして、源氏を担いで源平合戦という大戦争に持ち込み、源氏が勝ったと皆に信じさせながら、平氏の政権を作り上げたのだった。

しかし、それがペテンであることは、否定すべくもない。その政権には、あまりに多くのごまかしがあった。そのごまかしは、ことあるごとに軋《きし》む音を立て、人々の目を惹《ひ》いた。そのたびに、北条家は様々な陰謀をめぐらし、闘乱を誘発して、そのごまかしから目を背けさせ、北条家の競争相手を滅ぼしていった。その結果、そのごまかしを隠し通せなくなった時、もはや誰も北条家に表立ってそれを指摘できないほどの力を、北条家は身につけていった。

†武士の長者にふさわしい最後の源氏＝足利家

そうして完成したのが得宗《とくそう》専制政治だったが、問題の本質を解決しなかったため、それが北条家の命取りになった。この幕府を北条家が主導しているのはおかしい、それより将軍として主導者になるべき源氏がまだいるではないか、という気運は、常に幕府の底流にあった。その源氏が、源義家の血を引く足利家である。

足利家は毎世代、姻戚関係を北条家と結び、密着して、北条家の信頼を獲得・維持し続けた。しかし、時折生じる反北条の運動の中に、足利家も巻き込まれ、五代将軍藤原頼嗣が追放された政変の直前、詳細不明の事件で足利泰氏《やすうじ》が政治生命を失ったらしい。

その子の頼氏《よりうじ》は時頼政権を生き延びたようだが、その子の家時《いえとき》は、執権時宗（時頼の子）の時代に不審な死を遂げた。自殺という説が有力である。後に、室町幕府の創立に若年時代から参加していた足利一族の今川貞世《さだよ》は、著書『難太平記』に不穏な伝承を書き記している。源義家は「七代後までに天下を取ろう」と祈願したが、ちょうど七代後にあたる家時が、自分の代でそれを果たせそうにないことを悲観した。そして、「自分の命と引き替えに、三代以内に天下を取らせて欲しい」と祈願して自害し、ちょうど三代目（孫）の足利尊氏がそれを果たした、というのである。

義家の時代に「天下を取る」という発想があったとは思えないが、家時が北条家の政権と折り合いをつけるのに失敗し、自害した可能性は高い。足利家は「武士の長者」にふさわしい最後の源氏として、幕府内の期待と、北条家に対する恨みを蓄えていただろう。

幕府の末期に、鎌倉幕府打倒に燃える後醍醐天皇の檄《げき》に応じた畿内・西国の反乱に手を焼いた幕府は、北条家一族の若者である名越高家《なごえたかいえ》に、足利尊氏を組ませて二人の大将として、大規模な討伐軍を送った。その大将を任せるほど尊氏を信頼していたとしたら、当時の北条高時《たかとき》政権（実質的には、高時一家の家中を主導する長崎円喜《えんき》の政権）は甘いというしかないが、尊氏に心を許せないと知っていながら彼を動員するしかなかったのだとしたら、政権の人材不足には同情せざるを得ない。もっとも、その人材不足は、北条家がたび重なる政争で対立相手を滅ぼしてきたため、幕府の人材の絶対数が足りなくなった結果であって、自業自得ではある。

ともあれ、尊氏に気を許したのが高時政権の致命傷となった。その派兵の直前に尊氏の父貞氏《さだうじ》（家時の子）が病死しており、その喪に服して亡父の供養に専念したい尊氏を、幕府は無理に動員して戦場に送り込んだ。恐らくそれが、長年足利家に蓄積されてきた期待と怨念を、爆発させる引き金となったのだろう。京について間もなく、若くて未熟な名越高家が血気に逸《はや》って前線に躍り出て、いきなり戦死する。そうして独り幕府軍の大将として残った尊氏は、その幕府軍を抱えたまま反乱軍に寝返り、北条家が支配する幕府の出先機関だった京の六波羅探題に殺到し、これを滅ぼした。そしてほぼ同時に、足利家の一族の新田義貞が鎌倉を陥落させ、北条家一族を全滅させて、鎌倉幕府は滅亡した。元弘三年(一三三三)のことである。ごまかしによって作られた平氏の政権＝鎌倉幕府は、そのごまかしを糊塗するたびに、源氏の背負う期待と恨みを蓄積させ、最後にその爆発で滅亡したといえるだろう。

†虚構世界の礼賛対象となった近世の源氏

その結果ようやく、史上初めて、名実ともに源氏の政権である室町幕府が成立してゆく。建前上の長と真の権力者が一致した室町幕府は、三代将軍義満の時代に、全国の内乱を統一する強大な政権を作り上げ、北朝を支配し、南朝を吸収して、朝廷と幕府を一身に支配する史上初の最高権力者＝「室町殿《むろまちどの》」という地位を完成させる。その地位は嘉吉《かきつ》元年(一四四一)の嘉吉の変で六代将軍義教が謀殺されるまで、中世で最も強い権力であり続けた。ただ、強すぎる権力はひずみを生み、それが義教謀殺を誘発し、それで将軍の権威は地に落ちて、そのまま応仁の乱に突入し、あとは果てしない争乱の戦国時代へと突入してゆく。

その結果、一五代将軍義昭を最後に室町幕府は滅亡したが、その後に起こったことは第一章で述べた通りだ。もはや源氏・平氏にはこだわらない実力主義の戦国時代を、織田信長と豊臣秀吉が再統一してゆく。信長は一時期「平信長」と名乗ることで、〈武士の長者は源平であるべき〉という中世的な常識に、一定の配慮を払った。ある信頼できる戦国史の専門家が、「秀吉は中世の常識を逸脱しているが、信長にはまだ中世的なもの（中世の秩序の延長上にあるもの）を感じる」と語るのを聞いたことがあるが、確かにその通りだ。

信長の横死によって頓挫しかけた天下統一の後半をやり遂げた秀吉は、先例が支配する世界に割り込み、自分で新しい先例を作ることに熱心な人物だった。彼は新しい「豊臣」姓を作り、それを「武士の長者」の姓としたのである。しかし、不運にもなかなか男子を得られず、世代交代に失敗した隙に、徳川家康によって最後の果実を奪われた。

以後、武士が制度上消滅するまで、「武士の長者」は徳川家であり、そしてその徳川家は源氏を詐称した。徳川家が構築した幕藩体制は、前近代の日本史上、最も強力な国家権力だ。その権力の頂点が源氏を名乗り、その状態が二世紀半も続けば、それに迎合して、源氏を武士の総帥として讃える昔話が量産される。一二世紀半ばの、保元の乱の直前頃、源為義の八男で、九州で反乱じみた武力蜂起を行ってお尋ね者となった源為朝《ためとも》（鎮西《ちんぜい》八郎）を主人公にした、史実とはかけ離れた冒険小説『椿説弓張月《ちんせつゆみはりづき》』が大ヒットするなどして、源氏は現実離れした神話的なヒーローの世界から、武士を象徴し続けた。

興味深いのは、〈徳川家＝源氏〉という主張が詐称だったことだ。徳川家が源氏でないなら、源氏を熱心に礼賛する理由などこの時代にはないのに、詐称ではなく真実だと日本人全員が信じることに決めた結果、最高権力者の出自ではない源氏の礼賛がなされた。

†源平の郎等層に生き残った古代氏族の解明が課題

それは、むしろ源氏でない徳川家が征夷大将軍という形で最高権力者の地位を世襲するためにどうしても必要だった神話だった。よく考えてみれば、いつの時代も、古代から現代まで、政治には、支配される側を真実から遠ざけるよう誘導する神話が必要だ。〈源氏＝武士の長者〉という中世的な着想《ミーム》は、中世の終焉を前にして、いわば最後の力を振り絞って、近世社会の誕生に一役買い、生き残った。そして、権力と融合して、誰も手出しできない呪縛として、近世を生き残ろうとした。その結果どうなったかは、もはや本書の射程を超える。

徳川家の源姓が詐称だったという話は、本書では詳しく触れない。ただ、その問題は、本書で論じ残した大切な問題と、深く関わってくる。それは、古代氏族、特に軍事を世襲的に担った古代氏族や、地方の伝統的な有力豪族が、どのように中世社会へと生き残ったか、という問題である。

本書は源氏平氏の話だけに絞ったが、それは会社でいえば、社長・役員クラスの人々の話に過ぎない。会社を支える圧倒的多数の社員（源平の家人・郎等の層）の多くは、源平でも何でもない。しばしば、古代の武人氏族と中世の武士はつながらないと歴史家はいうが、違うのではないか、という疑いが私にはある。そしてその気になって調べてみれば、違うという証拠は山ほど見つかる。

古代の有力者が、武士の時代というべき中世にどう生き残ろうとしたか、その凄まじい努力と手練手管こそ、時代の転換点を見つめる歴史学の醍醐味でもある。徳川家の源姓詐称も、まさにその問題の一部だ。その問題を論じて初めて、〈武士はいかにして成立してきたか〉という、根本的疑問に最低限の解決を与えたことになるのだが、その話は機会を改めて世に問いたい。

あとがき

源平をテーマとして新書を出せたことは、私にとって特別な野望の達成である。

高校生の頃、私は新書という媒体と出会った。その頃から新書が好きだ。初めて手に取ったきっかけは、今でも鮮明に覚えている。高校の国語の先生が出した、夏休みの宿題だった。「何でもよいから文学賞に応募せよ」という。面食らったが、今にして思えば素晴らしい課題だった。

詩歌を味わうのは好きだったが、自分の詠んだもので人の心を動かせるとは、微塵も想像できなかった。私は消去法で、小説賞を狙うことにした。ちょうど私は、中学生で出会った隆慶一郎という不世出の時代小説家に心酔していた。物語の着想、場面の描写、登場人物の造型と台詞。網野善彦氏の歴史観を小説に展開した、秩序を翻弄して自由を貫く人々。死ぬ覚悟をするのではなく、すでに死んでいる前提で戦ういくさ人。何より凄いのは、説明的になりがちな歴史を扱いながら、歴史的状況の解説が説明臭くならず、そこでも読ませてしまう言葉選び。すべてが魅力的で、必要にして十分。一文字の不足も無駄もなく、一言一句が心に響く文体に憧れていた。氏を手本として、その文体で小説を書こう。題材は迷わなかった。中学生の時に『炎《ほむら》立つ』という大河ドラマに熱中し、前九年・

後三年合戦と源平合戦に魅了されていた。その後三年合戦で活躍した鎌倉権五郎景正が、ちょうど地元の神奈川県藤沢市に大庭御厨という荘園を開いていて、子孫の大庭景能・景親兄弟が保元の乱や源平合戦でいくつも魅力的な逸話を残していた。だから、隆慶一郎風に大庭兄弟の話を書きたいな。そうして高校生の青い熱意に火がつき、調査のために地元の公立図書館に入り浸った。

そこで新書に出会った。図書館の本は玉石混交だったが、研究者が書く新書の迫力は、高校生にも伝わった。当時の私はそれを言語化できなかったが、今なら〈重厚な研究史の消化と、それに立脚した実証的な研究、魅力的で壮大な歴史観〉と表現できる。圧倒的な説得力が、そこにあった。大学に行けば学術論文や研究書を主に読むことになるが、高校生にはまだ敷居が高い（高校の卒業研究のために系列大学の図書館に通って、それを思い知った）。新書は、プロの研究者が専門的な内容を述べていながら、本気を出した高校生なら読める敷居の低さに、無二の魅力がある。研究者でない著者の本に飽き足らなくなっていた思春期高校生の、未熟で無尽蔵の好奇心にはぴったりだった。

何よりの魅力は、著者たちの〝言葉〟にあったと思う。学術論文や研究書では、感情や想いはすべて胸のうちに秘め、冷静を装わなければならない。客観的事実とその論理的帰結のみを述べ、自分を消さなければならない。「思う」という言葉を使うな、「考える」も自分が主語だからだめ、「考えられる」と受け身にせよ、「私」という主語を使うな。論文指導をしてくれた先輩が、そう叩き込んでくれる。そうした言葉でしか表しにくい著者自身の想いを、新書なら存分に表明できる。高校生の私を魅了したのは、専門的な内容と、その著者の想いが絶妙な塩梅で同居して、強く訴えかけてきたからだった。

研究者は、ビジョンを持っている。その日までの情報収集や研究実績に基づいて、〈きっと世界はこうなっている（いた）んだろう〉と思い描く、それなりに壮大なビジョンである。実証は完了していないし、想いが多くを占めるから、学術論文での発表には適さない。しかし、新書ならそれを発表できる。しかも、想いを存分に込めて。そして、一部の専門家ではなく、広く世に問える。そうして新書の形でしか発表できないアイディアが、学界に影響を与えることもある。今谷明氏の『室町の王権——足利義満の王権簒奪計画』（中公新書）などはその代表格で、新書だが室町政治史の学術論文では不可欠の参考文献となった。

高校生の私はといえば、野口実氏の『武家の棟梁の条件——中世武士を見なおす』（中公新書）を何度も借り、そのうち返却期限を守れなくなったので、購入した（手もとの本は一九九五年の第三版だから、高校二年生の時だと思う）。野口氏の本は、一般書なのに実証的な新発見に満ち、そして何より、証拠の史料が逐一、明示されていた。小説という物語に脚色するのは、まずは史実を押さえた後だ、と考えていた私には、それが何よりの魅力だった。

私は野口氏の『鎌倉の豪族Ⅰ』(かまくら春秋社)なども入手して読み漁り、より専門性を求めて選書にも手を出した。高校三年生の時、出たばかりの川合康氏の『源平合戦の虚像を剝ぐ』(講談社選書メチエ)を買い、夢中になった。その本でも、熱量に圧倒された記憶がある。それから、岩波の新日本古典文学大系の『保元物語』も。注釈書としてすぐれていたばかりでない。付録として、一次史料(信頼性の高い記録や文書)が収められていたのがいい。当時の日記は、八〇〇年も昔の人の、生の声だ。それをこんな簡単に聞けるなんて。漢文で書かれていたが、この感動のためなら、漢文など壁ではなかった。私は書くことよりも調べることに熱中した。〈事実は小説よりも奇なり〉と実感してしまい、小説家を志望する資格を失った。以後、史実の探究より楽しいことを見つけられていない。

史実も、発見するだけでは足りない。発表し、共有してこその発見だ。私は研究者を志したが、いつか、私を研究者の道へと進ませた新書の形で、新しい知的興奮を世に問いたい、という野望を抱いた。幸いにも、本書と同じ筑摩書房の御厚意によって、その野望の第一歩となる『武士の起源を解きあかす――混血する古代、創発される中世』を出版できた。本書はその続編だが、よく見ると前著の出版が二〇一八年で、もう六年も経っている。

その間に、前に書いた下原稿に不満が募り、調べ直し、書き直して、気づいたら六年が経っていた。もし前著の続編を楽しみにして下さった方がいらっしゃるとしたら、大変申し訳なく思う。

本書は、狙ったわけではないが、同じ平安時代のど真ん中を扱う希有の大河ドラマの放送期間と、奇跡的に出版時期が一致した。ドラマでは正面から描かれないであろう武士の血みどろの話なので、需要があるか心配したが、それに限っては杞憂のようだ。ドラマも、のっけから血みどろの展開と聞く。本書も楽しんで頂けたら嬉しい。

ところで、応募した小説賞では最終選考まで残った(『新潮』平成七年[一九九五]四月号の一八三ページに証拠がある)。しかし、入選は逃した。すでに史実の探究に魅惑されていた私は小説家志望をやめ、歴史学者志望に転向した。歴史の叙述なら、史実の迫力が著者の文才不足を補って、どうにか読める文章にしてくれる。それでこうして本を出版させて頂ける。本書がこうして日の目を見るまでに、様々な支援や、厚意や、黙認を与えて下さったすべての皆様に、深い感謝を捧げたい。

令和六年三月六日

桃崎有一郎

参考文献

石井進「中世成立期の軍制」(『鎌倉武士の実像』、平凡社、二〇〇二年、初出一九六九年・一九七一年)
石井進「中世武士とはなにか」(前掲『鎌倉武士の実像』、初出一九八五年)
川合康『源平合戦の虚像を剝ぐ』(講談社、一九九六年)
川尻秋生『戦争の日本史4 平将門の乱』(吉川弘文館、二〇〇七年)
坂井孝一『源実朝――「東国の王権」を夢見た将軍』(講談社、二〇一四年)
佐々木紀一「北条時家略伝」(『米沢史学』一五、一九九九年)
佐藤進一『鎌倉幕府訴訟制度の研究』(岩波書店、一九九三年、初出一九四三年)
佐藤進一「幕府論」(『日本中世史論集』、岩波書店、一九九〇年、初出一九四九年)
佐藤進一「時代と人物 中世」(同編『日本人物史大系』二所収、朝倉書店、一九五九年)
佐藤進一『日本の中世国家』(岩波書店、二〇〇一年、初出一九八三年)
下向井龍彦『日本の歴史 第07巻 武士の成長と院政』(講談社、二〇〇一年)
髙橋昌明『増補改訂 清盛以前――伊勢平氏の興隆』(平凡社、二〇一一年、初出一九八四年)
髙橋昌明『平家と六波羅幕府』(東京大学出版会、二〇一三年)
戸田芳実「国衙軍制の形成過程」(『初期中世社会史の研究』、東京大学出版会、一九九一年、初出一九七〇年)
野口実『武家の棟梁の条件――中世武士を見なおす』(中央公論社、一九九四年)
野口実「「京武者」の東国進出とその本拠地について―大井・品川氏と北条家を中心に―」(『研究紀要(京都女子大学宗教・文化研究所)』一九、二〇〇六年)
野口実「伊豆北条家の周辺――時政を評価するための覚書」(『研究紀要(京都女子大学宗教・文化研究所)』二〇、

二〇〇七年）
元木泰雄『源満仲・頼光――殺生放逸　朝家の守護』（ミネルヴァ書房、二〇〇四年）
桃崎有一郎「鎌倉幕府垸飯儀礼の完成と宗尊親王の将軍嗣立」（『年報中世史研究』四一、二〇一六年）
桃崎有一郎『武士の起源を解きあかす――混血する古代、創発される中世』（筑摩書房、ちくま新書、二〇一八年）
桃崎有一郎『「京都」の誕生――武士が造った戦乱の都』（文藝春秋、文春新書、二〇二〇年）
桃崎有一郎『平治の乱の謎を解く――頼朝が暴いた「完全犯罪」』（文藝春秋、文春新書、二〇二三年）
森田悌「馬寮」（古代学協会・古代学研究所編『平安時代史事典』、角川書店、一九九四年）
安田元久『源義家』（吉川弘文館、新装版一九八九年、初出一九六六年）

注

第一章

（1）『鎌倉遺文』16‐一二三二二。

（2）佐藤進一‐一九四三（八頁）、佐藤進一‐一九五九（九頁）。

第二章

（3）『玉葉』治承二年一二月二四日条。

（4）『鎌倉遺文』18‐一三七六一。

（5）『鎌倉遺文』4‐二三八九。

（6）『鎌倉遺文』7‐四九五四。

（7）『鎌倉遺文』11‐七九五八。

（8）『鎌倉遺文』2‐七二九。

（9）『玉葉』元暦二年八月一日条。

（10）『玉葉』養和元年八月一日条。

（11）『玉葉』寿永三年三月一日条。

（12）『鎌倉遺文』2‐九三七。

（13）『兵範記』保元元年七月五日条。

（14）『兵範記』保元元年七月一一日条。

（15）『鎌倉遺文』2‐八五四。

（16）『吾妻鏡』寿永三年二月二五日条。

（17）川合康‐一九九六（七頁、九三頁、一五〇頁）。

（18）『源平盛衰記』5‐座主流罪事、『玉葉』承安三年四月一八日条。

（19）11‐大臣所労事。

（20）『吾妻鏡』治承四年九月二八日条。

（21）『吾妻鏡』養和元年九月七日条。

（22）『吾妻鏡』治承五年閏二月二三日条。

（23）『鎌倉遺文』31‐二三八七九。

（24）『吾妻鏡』文治四年三月一五日条。

（25）『玉葉』寿永二年三月一九日条。

（26）『兵範記』仁平二年正月二五日条。

（27）『吾妻鏡』建暦三年四月一六日条。

（28）『玉葉』文治四年二月二〇日条。

（29）『吾妻鏡』貞応三年七月一七日条。

（30）『鎌倉遺文』38‐二九三九二。

（31）『本朝世紀』久安三年七月一八日条。

（32）『中右記』嘉承三年四月一日条。

（33）『古事談』1‐王道后宮。

（34）『玉葉』養和元年八月六日条。

第三章

（35）下向井龍彦‐二〇〇一（五一～五四頁）。

(36)『日本紀略』延喜一六年八月一二日条。
(37)『扶桑略記』延長七年五月二〇日条。
(38)戸田芳実-一九七〇。
(39)石井進-一九六九・一九七一。
(40)石井進-一九八五。
(41)『貞信公記抄』天慶二年三月三日条。
(42)『貞信公記抄』天慶二年五月五日条。
(43)『類聚符宣抄』8-任符事-不待本任放還賜任符-天慶二年五月一七日宣旨。
(44)『周書』百済伝、『北史』百済伝。
(45)『続日本紀』延暦九年二月二七日条。
(46)『三国史記』高句麗本紀。
(47)『続日本後紀』承和四年六月二三日条、承和一〇年正月五日条。
(48)『続日本紀』天平神護二年六月二八日条。
(49)『日本紀略』天慶二年一二月二九日条。
(50)『本朝世紀』天慶二年五月一六日条、六月二一日条。
(51)『政事要略』23-年中行事23-八月下-二十日武蔵小野御馬事、同十三日牽武蔵秩父御馬事。
(52)『貞信公記抄』天慶二年二月一三日条。
(53)森田悌-一九九四。
(54)『類聚三代格』18-国飼幷牧馬牛事-寛平五年三月一六日太政官符。
(55)『公卿補任』延喜一九年-参議源悦。
(56)『藤原保則伝』。
(57)川尻秋生-二〇〇七(八六頁以下)。
(58)『養老令』獄令。
(59)『貞信公記抄』天慶二年六月九日条。
(60)『本朝世紀』天慶二年六月二一日条。
(61)『本朝世紀』天慶五年閏三月一日条。
(62)『貞信公記抄』承平二年四月二八日条。
(63)『扶桑略記』承平三年一二月一七日条。
(64)『扶桑略記』承平四年裏書七月二六日条など。
(65)『日本紀略』承平四年一〇月二二日条。
(66)『将門記』。
(67)『扶桑略記』承平五年裏書正月九日条。
(68)『本朝世紀』天慶二年一二月二一日条。
(69)『日本紀略』天慶三年正月一日条。
(70)『園太暦』貞和三年一二月二四日条。
(71)『日本紀略』『本朝世紀』天慶三年正月九日条。
(72)『本朝文粋』2-官符-天慶三年正月一一日太政官符。
(73)『日本紀略』『貞信公記抄』天慶三年正月一四日条。
(74)『貞信公記抄』天慶三年正月一四日条、『扶桑略記』二月八日条、『将門記』、『尊卑分脈』。

(75)『将門記』。
(76)同前。
(77)同前。
(78)『尊卑分脈』乙麿卿孫（②四九七〔『新訂増補国史大系』本の巻・頁を以下このように略記する〕）。
(79)『類聚符宣抄』7-押領使-寛弘三年三月九日太政官符。
(80)『吾妻鏡』宝治元年九月一一日条。
(81)『貞信公記抄』天暦元年閏七月二四日条。
(82)『扶桑略記』天慶三年三月九日条。
(83)『日本紀略』天慶三年一一月一六日条。
(84)『扶桑略記』天慶三年三月九日条。
(85)『吾妻鏡』養和元年九月七日条、貞応三年閏七月二九日条。
(86)『吾妻鏡』治承五年閏二月二三日条。
(87)『左経記』長元七年正月二四日条。
(88)『吾妻鏡』承元三年一二月一五日条。
(89)『吾妻鏡』文治五年九月七日条。

第四章

(90)『新撰姓氏録』左京諸蕃上-漢-太秦公、同秦忌寸。
(91)『日本書紀』欽明天皇即位前紀、欽明天皇元年八月条、斉明天皇四年一〇月一五日条。
(92)『続日本紀』天平一二年一一月二一日条。
(93)『本朝世紀』天慶四年一一月二九日条。
(94)『二中歴』。
(95)『扶桑略記』天徳四年一〇月二日条。
(96)『扶桑略記』応和元年五月一〇日条、『古事談』4-勇士。
(97)『日本紀略』天延元年四月二四日条。
(98)『今昔物語集』19-4-摂津守源満仲出家語。
(99)『小右記』永延元年八月一六日条。
(100)19-4-摂津守源満仲出家語。
(101)同前。
(102)元木泰雄-二〇〇四（一九頁）。
(103)『類聚符宣抄』8-任符事-延喜二〇年三月二八日宣旨。
(104)14-29-橘敏行発願従冥途返語。
(105)『本朝世紀』天慶四年一一月五日条、『扶桑略記』天慶三年一一月二一日条所引『純友追討記』。
(106)『日本紀略』天慶七年二月六日条。
(107)『本朝世紀』天慶五年六月三〇日条。
(108)『貞信公記抄』天慶元年五月二三日条。
(109)『扶桑略記』天慶五年裡書五月二三日条。
(110)25-3-源充平良文合戦語。

(111) 28-2-頼光郎等共紫野見物語。
(112)『本朝世紀』康保四年六月一四日条。
(113)『日本紀略』安和元年八月二三日条、九月一四日条。
(114)『日本紀略』安和二年三月二五日条。
(115)『日本紀略』安和二年三月二七日条。
(116)『日本紀略』安和二年四月一日条、二日条。
(117)『日本紀略』安和二年四月三日条。
(118)『日本紀略』安和二年三月二六日条。
(119)『古事談』2-臣節。
(120)『栄花物語』5-浦々の別。
(121)『尊卑分脈』藤成孫（②三八六）。
(122)『将門記』。
(123) 25-9-源頼信朝臣責平忠恒語。
(124)『皇代記』。
(125)『日本紀略』安和元年一二月一八日条。
(126)『吾妻鏡』寿永三年二月二一日条。
(127)『日本紀略』天元二年五月二二日条。
(128)『尊卑分脈』藤成孫（②三八八、三九九）。
(129)『小右記』永延二年一〇月三日条、『類聚符宣抄』8-任符事-永延二年一〇月五日太政官符、『権記』長保三年二月一二日条。
(130)『師守記』貞和三年一二月一七日条。
(131)『尊卑分脈』桓武平氏（④二七）。
(132)『尊卑分脈』桓武平氏（④二二）。
(133)『続左丞抄』1-寛和三年正月二四日太政官符。
(134)『尊卑分脈』桓武平氏（④一二）。
(135)『今昔物語集』25-9-源頼信朝臣責平忠恒語。
(136)『今昔物語集』25-4-平維茂郎等被殺語。
(137)『今昔物語集』25-5-平維茂罰藤原諸任語。
(138)『吾妻鏡』嘉禄二年四月一〇日条。
(139)『古事談』1-王道后宮。
(140)『日本後紀』天長五年閏三月九日条。
(141)『今昔物語集』19-4-摂津守源満仲出家語。
(142)『扶桑略記』寛仁元年三月八日条。
(143)『御堂関白記』寛仁元年三月一一日条。
(144)『古事談』4-勇士。
(145)『今昔物語集』25-10-依頼信言平貞道切人頭語。

第五章

(146)『朝野群載』17-仏事-下-寛平二年八月五日藤原良尚蔭子菅根等連署庄園施入帳。
(147)『日本三代実録』元慶元年三月一〇日条。
(148) 同前。
(149) 同前。
(150)『日本後紀』弘仁一〇年正月七日条。

(151)『尊卑分脈』武智麿公孫（②四二二）。
(152)『続日本紀』延暦九年七月一七日条。
(153)『続日本後紀』承和一〇年六月一日条。
(154)『日本紀略』序、『日本文徳天皇実録』天安元年一〇月一二日条。
(155)『日本文徳天皇実録』仁寿二年一二月二二日条。
(156)『藤原保則伝』。
(157)『類聚符宣抄』9-文章生試-17、『貞信公記』天暦二年六月一二日条。
(158)『尊卑分脈』武智麿公孫（②四二三）。
(159)『小右記』長和二年七月一六日条。
(160) 19-7-丹後守保昌朝臣郎等射母成鹿出家語、25-7-藤原保昌朝臣値盗人袴垂語。
(161) 覚一本6-廻文。
(162) 1-義朝都落の事。
(163)『今昔物語集』25-7-藤原保昌朝臣値盗人袴垂語、『宇治拾遺物語』2-袴垂合保昌事。
(164)『宇治拾遺物語』11-丹後守保昌下向のとき致経父逢事。
(165) 同前。
(166)『今昔物語集』19-7-丹後守保昌朝臣郎等射母成鹿出家語。

第六章

(167) 2-新島守。
(168) 26-17-利仁将軍若時従京敦賀将行五位語。
(169)『侍中群要』9-受領罷申事。
(170)『日本紀略』延喜一六年八月一二日条。
(171)『日本紀略』『扶桑略記』裏書延喜一五年二月一〇日条。
(172)『尊卑分脈』桓武平氏（④一五）。
(173) 25-5-平維茂罰藤原諸任語。
(174) 佐々木紀一－一九九九、野口実－二〇〇六、野口実－二〇〇七。
(175)『栄華物語』16-もとのしづく。『御堂関白記』寛弘七年一一月二五日条、同八年四月一三日条。
(176)『小右記』治安三年一一月七日条。
(177)『御堂関白記』長和元年閏一〇月一六日条。
(178)『小記目録』治安二年四月一三日条。
(179)『小右記』長和三年二月七日条。
(180)『百練抄』長保五年二月八日条。
(181)『権記』長保五年四月二三日条。
(182)『権記』長保五年九月五日条。
(183) 22-諸国雑事上。
(184)『日本紀略』永延二年九月一六日条。

(185)『御堂関白記』長和五年八月二日条。
(186)『小右記』寛仁二年六月二〇日条、二八日条。
(187)『続本朝往生伝』。

第七章

(188)『日本紀略』『権記』長保元年一二月二七日条、『小右記』二五日条、二八日条。
(189)『小右記』長保元年一一月一九日条、『権記』一一月一一日条、一二月一三日条。
(190)『日本紀略』長元七年一一月八日条。
(191)『宇治拾遺物語』11-保輔盗人たる事。
(192)『日本紀略』永延二年閏五月八日条～六月一七日条、『小右記』閏五月九日条～六月一八日条。
(193)『続古事談』5-諸道。
(194)安貞元年四月七日条。
(195)『玉葉』建久九年正月七日条、正治三年正月一日条。
(196)『和歌作者部類』『尊卑分脈』。
(197)『小右記』永延二年一〇月二九日条。
(198)19-4-摂津守源満仲出家語。
(199)『小右記』逸文永延元年八月一六日条。
(200)『尊卑分脈』武智麿公孫（②四二三）。
(201)『御堂関白記』寛仁元年三月一一日条。
(202)『小右記』寛弘三年六月二七日条。
(203)『元輔集』（冷泉家時雨亭叢書『平安私家集三』所収本〔『私家集大成』1-一一一〕-一五一、正保版本『歌仙家集』所収本〔同一一二〕-一五四）に、常陸介として赴任する満仲に贈った元輔の歌がある。
(204)28-38-信濃守藤原陳忠落入御坂語。
(205)『小右記』天元五年三月一一日条。
(206)『古事談』2臣節。

第八章

(207)25-9-源頼信朝臣責平忠恒語。
(208)注（203）に同じ。
(209)『小右記』長保元年一二月一日条。
(210)佐藤進一-一九五九。
(211)『陸奥話記』。
(212)『詞林采葉抄』5-鎌倉山、『吾妻鏡』治承四年一〇月一二日条。
(213)『天養記』、『吾妻鏡』治承四年一〇月七日条。

第九章

(214)『今昔物語集』25-13-源頼義朝臣罰安陪貞任等語。
(215)『吾妻鏡』建久三年四月一一日条。
(216)『尊卑分脈』藤成孫（②三八七）。
(217)『陸奥話記』。

(218)『尊卑分脈』藤成孫（②三八七）。
(219)『吾妻鏡』文治五年六月三〇日条。
(220)『尊卑分脈』時長孫（②三〇五）。
(221)『源平盛衰記』28-源氏追討使事。
(222)25-11-藤原親孝為盗人被捕質依頼信言免語。
(223)『陸奥話記』。
(224)『本朝続文粋』6-源頼義申文。
(225)『朝野群載』22-源義家申文。
(226)『康富記』文安元年閏六月二三日条。
(227)『奥州後三年記』。
(228)『吾妻鏡』治承四年一〇月一七日条。

第十章

(229)『中外抄』上。
(230)『陸奥話記』。
(231)『水左記』永保元年一〇月一四日条。
(232)『扶桑略記』延久二年八月一日条、一二月三〇日条。
(233)『為房卿記』承暦三年八月一七日条、『水左記』二一日条。
(234)『水左記』『為房卿記』『扶桑略記』永保元年九月一四日条。
(235)『水左記』永保元年一〇月一九日条。
(236)『水左記』永保元年一二月四日条。
(237)『後二条師通記』寛治五年六月一一日条、一二日条。
(238)『百練抄』寛治五年六月一二日条。
(239)安田元久-一九六六（一一八頁、一二一頁）。
(240)安田元久-一九六六（一二〇頁）。
(241)『後二条師通記』寛治六年五月一二日条。
(242)『中右記』嘉保元年三月八日条。
(243)『中右記』嘉保二年一〇月二三日条。
(244)『殿暦』康和三年七月三日条、『中右記』同六日条、『百練抄』同七日条。
(245)『奥州後三年記』。
(246)『殿暦』『中右記』康和四年二月二〇日条。
(247)『殿暦』康和四年六月五日条、三〇日条。
(248)『殿暦』『中右記』康和四年一二月二八日条。
(249)『尊卑分脈』『常陸大掾系図』。
(250)『尊卑分脈』清和源氏（③二二四）。
(251)『永昌記』嘉承元年六月一〇日条。
(252)『十訓抄』9、『古事談』1-王道后宮。
(253)『中右記』嘉承元年七月一六日条。
(254)『中右記』承徳二年一〇月二三日条。
(255)『中右記』天仁元年正月二九日条。
(256)『奥州後三年記』。
(257)『殿暦』嘉承二年一二月一九日条、『中右記』天仁元年正月二九日条。
(258) 安田元久-一九六六（一六八頁以下）。
(259)『中右記』天仁元年正月二四日条。
(260)『中右記』天仁元年四月一日条。
(261)『尊卑分脈』清和源氏（③二三六～七）。
(262)『朝野群載』11-廷尉-召上追討人庁下文-永久五年五月五日検非違使庁下文。
(263)『中右記』永久六年二月五日条。
(264)『百練抄』保安四年一一月一日条。
(265)『中右記』大治四年九月五日条、一六日条、同五年一一月一三日条。
(266)『長秋記』大治五年九月九日条。
(267)『長秋記』大治五年八月三日条、九日条。
(268)『中右記』大治五年一〇月一四日条。
(269)『中右記』『長秋記』大治五年一一月一三日条。
(270)『長秋記』大治五年一一月一三日条。
(271)『平安遺文』6-二四六七。
(272)『平安遺文』6-二五八六。
(273)『保元物語』。
(274)『天養記』（『平安遺文』6-二五四四、二五四八）。
(275)『保元物語』。
(276)『保元物語』。
(277) 安田元久-一九六六（一六〇頁）。

第十一章

(278)『朝野群載』11-廷尉-検非違使移-大治四年三月検非違使移、『中右記』長承三年閏一二月一二日条、『中右記』保延元年四月八日条・六月七日条。
(279)『平安遺文』5-一八二六。
(280)『殿暦』天永四年二月二五日条、閏三月二日条。
(281)『殿暦』『長秋記』永久元年一〇月一日条。
(282)『兵範記』保元元年七月一一日条。
(283) 髙橋昌明-二〇一三。

終章

(284) 坂井孝一-二〇一四（二二八～二三一頁）。
(285) 佐藤進一-一九八三（一〇五頁以下）。
(286) 桃崎有一郎-二〇一六。

ちくま新書
1785

平安王朝《へいあんおうちょう》と源平武士《げんぺいぶし》
——力《ちから》と血統《けっとう》でつかみ取《と》る適者生存《てきしゃせいぞん》

二〇二四年四月一〇日　第一刷発行
二〇二四年五月二〇日　第二刷発行

著　者　桃崎有一郎（ももさき・ゆういちろう）

発行者　喜入冬子

発行所　株式会社 筑摩書房
東京都台東区蔵前二-五-三　郵便番号一一一-八七五五
電話番号〇三-五六八七-二六〇一（代表）

装幀者　間村俊一

印刷・製本　株式会社 精興社

ISBN978-4-480-07613-7 C0221

ちくま新書

1369
武士の起源を解きあかす
――混血する古代、創発される中世
桃崎有一郎
武士はどこでどうやって誕生したのか。日本を長期間統治した彼らのはじまりは「諸説ある」として不明とされていた。古代と中世をまたぎ、日本史最大級の謎に挑む。

1471
室町の覇者 足利義満
――朝廷と幕府はいかに統一されたか
桃崎有一郎
朝廷の支配者であり、幕府のトップ。その権力の源泉は儀礼の奥義と、無言の恫喝とジョークで、それは天皇まで翻弄した。知られざる義満の正体を深掘りする。

734
寺社勢力の中世
――無縁・有縁・移民
伊藤正敏
最先端の技術、軍事力、経済力を持ちながら、同時に、国家の論理、有縁の絆を断ち切る中世の「無縁」所。第一次史料を駆使し、中世日本を生々しく再現する。

1207
古墳の古代史
――東アジアのなかの日本
森下章司
社会変化の「渦」の中から支配者が出現した、古墳時代の中国・朝鮮・倭。一体何が起こったのか。日本と他地域の共通点と、明白な違いとは。最新考古学から考える。

692
江戸の教育力
高橋敏
江戸の教育は社会に出て困らないための、「一人前」になるための教育だった！ 文字教育と非文字教育が一体化した寺子屋教育の実像を第一人者が掘り起こす。

618
百姓から見た戦国大名
黒田基樹
生存のために武器を持つ百姓。領内の安定に配慮する大名。乱世に生きた武将と庶民のパワーバランスとは――。戦国時代の権力構造と社会システムをとらえなおす。

650
未完の明治維新
坂野潤治
明治維新は〈富国・強兵・立憲主義・議会論〉の四つの目標が交錯した「武士の革命」だった。それは、どう実現されたのだろうか。史料で読みとく明治維新の新たな実像。